志在超车

——智能网联汽车的中国方案

苗圩◎著

人民邮电出版社

北京

图书在版编目（CIP）数据

志在超车 : 智能网联汽车的中国方案 / 苗圩著.
北京 : 人民邮电出版社, 2025. -- ISBN 978-7-115
-66171-5

Ⅰ. F426.471

中国国家版本馆 CIP 数据核字第 2025BC1973 号

内 容 提 要

本书系工业和信息化部原部长苗圩基于自身丰富的实践经验与深刻的理论思考，透彻剖析在汽车产业变革的新时代，智能网联汽车如何成为全球竞争的新高地，并对中国在这一领域的前瞻性布局展开深度解读。

本书阐述了汽车从传统功能型向智能型演进的趋势，聚焦引领汽车智能化革命、形成汽车领域新质生产力、推动中国智能网联汽车产业高质量发展等主题，通过国内外自动驾驶汽车的众多发展案例，翔实展现了产业跨界融合的实践探索与严峻挑战，探究了中国在智能化汽车领域的独特发展路径，并对单车智能与车路云协同的关键议题予以细致入微的剖析。同时，本书还理性分析了中国在发展智能网联汽车方面的优势与面临的挑战，并对未来出行革命的前景及全球汽车行业的发展趋势进行了前瞻性的展望。

本书不仅为业界提供了具有洞见性的思考成果，也为政策制定者、产业实践者和智能汽车爱好者提供了宝贵的参考信息。本书旨在汇聚跨行业的力量，激发业界共识，加强协同合作，共同推动中国汽车产业的高质量发展，真正实现换道超车。

◆ 著 　 苗 　 圩
　　责任编辑　韦 　 毅　王 　 威
　　责任印制　马振武

◆ 人民邮电出版社出版发行　　北京市丰台区成寿寺路 11 号
　　邮编　100164　　电子邮件　315@ptpress.com.cn
　　网址　https://www.ptpress.com.cn
　　北京捷迅佳彩印刷有限公司印刷

◆ 开本：720×960　1/16
　　印张：20　　　　　　　　　　2025 年 3 月第 1 版
　　字数：272 千字　　　　　　　2025 年 3 月北京第 1 次印刷

定价：139.00 元

读者服务热线：(010)81055410　印装质量热线：(010)81055316
反盗版热线：(010)81055315

序

近 140 年前，世界上诞生了第一辆内燃机汽车，汽车成为"改变世界的机器"，汽车工业成为现代工业文明的基石。直至今日，汽车产业依然是大国竞争与合作的战略要地。21 世纪以来，汽车的电动化、智能化、绿色化发展成为推进汽车产业转型升级的核心动力，更是中国汽车实现换道超车的关键变量。

近几年，智能网联汽车的创新势头迅猛，备受社会关注。随着产业布局更加完善、技术系统不断成熟，中国智能网联汽车焕发出强大的创新能力。苗圩同志的新作《志在超车：智能网联汽车的中国方案》应时而出，为我们勾勒出一幅壮丽的愿景图卷。

2014 年 5 月，习近平总书记在考察上汽集团时指出"发展新能源汽车是我国从汽车大国迈向汽车强国的必由之路"，为我国汽车产业的创新发展坚定了信心、指明了方向、提供了根本遵循。我国的汽车产业坚持以科技创新引领市场创新，到 2024 年底，我国新能源汽车市场渗透率不断攀升，产销量连续十年位居世界第一。

终日长程复短程，一山行尽一山青。21 世纪初以来，数字化、网络化、智能化逐浪而来，对经济社会发展和变革产生了巨大的推动作用。2017 年 7 月，国务院发布了《新一代人工智能发展规划》，提出了面向 2030 年我国新一代人工智能发展的指导思想、战略目标、重点任务和保障措施。由于汽车产业是国民经济的支柱产业，智能网联汽车成为重点领域，自动驾驶被列为第一批开放平台，智能网联新能源汽车成为汽车行业转型升级的核心驱动力和未来竞争的制高点。

近年来，习近平总书记多次考察我国重点汽车企业，高度评价了新能源汽车发展和智能网联汽车技术创新及应用实践。2020年7月，他在一汽集团考察时指出："现在，国际上汽车制造业竞争很激烈，信息化、智能化等趋势不断发展，对我们来讲有危有机，危中有机。"他强调，"推动我国汽车制造业高质量发展，必须加强关键核心技术和关键零部件的自主研发，实现技术自立自强，做强做大民族品牌"。我国政产学研各界深入贯彻落实习近平总书记关于推动汽车产业高质量发展的重要指示精神，积极布局智能网联汽车发展，持续完善相关政策法规与标准体系，各部门、各地方出台一系列支持智能网联汽车产业发展的措施，使智能网联新能源汽车成为我国汽车产业布局新赛道的重要抓手。企业苦练内功，力图将科技研发做深做实，加大关键技术的研发力度，增强产品的国际竞争力。各地政府主管部门致力于新型基础设施建设，为"车路云一体化"道路铺设坚实路基。

试登山岳高，方见草木微。本书兼具高度与深度，是一部内行人剖析行业、探知未来的力作，透彻解读了我国智能网联汽车发展的缘起、历程与走向，论述了智能网联技术对整车和零部件系统的变革，从整车电子电气架构、软硬件解耦和融合、车路云智能化协同、自动驾驶安全先行的内涵等方面，详尽阐释了我国探索发展智能网联汽车的路径和方案，提出对做强做优汽车产业的真知灼见。

必具识见高者，方能语其精义。随着智能网联新能源汽车的发展，汽车产品不再是简单的出行工具，汽车和交通行业百余年来形成的分工模式面临重大变革。让汽车变得更聪明，交通变得更便捷，出行变得更安全，为经济社会创造更大的效益，相关企业要更新观念，主动适应这百年未有之大变局，在跨界融合发展中抢占先机。我赞同书中提出的观点：在智能网联汽车发展方面，我国既有汽车市场规模大的优势，也有雄厚的信息技术实力，只要坚定正确方向，集中力量办大事，脚踏实地做下去，就有很大希望走向世界前沿。

拓展科学前沿，打牢技术根基。在汽车产业浸润多年的人，更能认识到智能网联汽车涉及面之广、复杂性之高，也深感所涉及科技创新的艰辛和产业变革的艰难。智能网联汽车产业链是一个多元化的体系，需要多学科的人才、多领域的技术，产学研用深度合作，体制机制创新更要同步推进。虽然在智能网联汽车这一领域，中国已经与世界先进国家并行甚至领跑，但我们还应进一步加快智能网联基础软硬件的研发，在车用芯片、操作系统、计算平台、关键零部件、关键材料、制造工艺等方面加快创新攻关。

聚集各方力量，深化国际合作。智能网联汽车行业持续发展壮大，需要进一步集聚国家战略科技力量和市场创新主体，培育壮大新型零部件、新型基础设施等新质生产力，加强产业协同融合，构建产业发展新生态；还要坚持走符合市场需求的发展道路，持续提升智能化水平，促进跨区域示范与多领域应用，破解技术创新中的堵点、示范应用中的卡点、跨界融合中的难点；面向汽车产业高端化、智能化、绿色化升级，要推进绿色、低碳、智能制造等前沿领域科技创新和产业化应用，加强人工智能、大数据、数字孪生、边缘计算等先进技术研发，促进其在汽车和交通领域的全面应用。同时，也必须深化高水平开放合作，拓展全球汽车产业交流合作，进一步完善多双边合作平台建设，为全球提供适应多元化清洁能源、多样化环境保护需求的高质量智能网联汽车产品，实现绿色、低碳、安全、智能的共同愿景。

　　我与苗圩同志相识多年，在智能网联新能源汽车的赛道上，我们是同行者。他曾经掌舵大型汽车企业，担任过工业和信息化部部长职务，为汽车产业的发展倾注了大量心血。苗圩同志深度参与了我国汽车行业的转型升级，见证并推动了新能源汽车产业和智能网联汽车产业的崛起。苗圩同志以其独到的见解和深厚的行业底蕴，为我们贡献了观察新一轮汽车产业革命的全新视角和深刻洞见。

　　回顾中国汽车工业波澜壮阔的奋斗史，从无到有，从弱到强，一座座里程碑，是自力更生、改革开放的成就，更是亿万中国人民智慧和汗水的结晶。我们要立这个志向，让智能网联新能源汽车走向世界，为应对全球气候变化做出中国贡献。千仞易陟，天阻可越。我相信，政产学研各司其职，协同发力，抓住机遇，建设汽车强国的世纪梦想一定能够实现！

　　是为序。

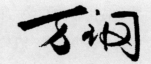

中国科学技术协会主席

2025 年 1 月

前言

2003 年底，在 CCTV 中国经济年度人物颁奖典礼上，颁奖嘉宾问了我一个问题：中国品牌的汽车、中国自己知识产权的汽车什么时候才能够辉煌起来？我回答说，打造中国品牌的汽车、让它们走向世界，一直是我们几代汽车人的奋斗目标；我相信，在我退休之前，一定能见到具有中国自主知识产权、自主品牌的汽车大放光彩。

2014 年 5 月 24 日，习近平总书记考察上汽集团时强调，汽车行业是市场很大、技术含量和管理精细化程度很高的行业，发展新能源汽车是我国从汽车大国迈向汽车强国的必由之路，要加大研发力度，认真研究市场，用好用活政策，开发适应各种需求的产品，使之成为一个强劲的增长点。我在现场聆听，记忆犹新。

沿着习近平总书记指明的发展方向，依托新能源汽车的换道突破，10 余年来，我国汽车产业取得了长足进步。2023 年，我国汽车产销量双双超过3000 万辆，创造了历史新高，连续 15 年位居全球第一，其中新能源汽车的产销量均超 900 万辆，连续 9 年位居世界第一，新能源汽车市场渗透率达 31.6%。

但是我们也必须清醒地看到，距离习近平总书记提出的建设汽车强国的目标，我们还有很大差距。我国汽车企业只是在围绕动力变革展开的"上半场"竞赛中取得了全球领先的优势，而决定胜负还在"下半场"。围绕汽车智能化网联化革命展开的下半场竞赛，竞争会更加激烈，我们绝不能盲目自信，更不能掉以轻心。为了赢取"下半场"的主动权，我们汽车行业的首要任务就是高质量发展，加快形成汽车产业新质生产力，迎接自动驾驶汽车时代的到来。

2018 年 10 月 31 日，习近平总书记在中共中央政治局第九次集体学习时强调，"人工智能是引领这一轮科技革命和产业变革的战略性技术，具有溢出带动性很强的'头雁'效应"，"充分发挥我国海量数据和巨大市场应用规模优势，坚持需求导向、市场倒逼的科技发展路径，积极培育人工智能创新产品和服务，推进人工智能技术产业化，形成科技创新和产业应用互相促进的良好发展局面"。

智能网联汽车是最典型的人工智能创新产品和服务，是人工智能技术产业化的最大应用。事实上，汽车智能化网联化的大变革已经拉开帷幕。2023 年上半年，我国具备 L2 组合驾驶辅助功能的乘用车新车销量占比达到 42.4%，为 L3 及以上级别的自动驾驶汽车发展打下了坚实的基础。2024 年 6—7 月，我国公布了首批智能网联汽车准入和上路通行试点联合体名单，以及智能网联汽车"车路云一体化"应用试点城市名单，这可以类比 2013 年在"十城千辆"试点示范基础上开始的新能源汽车全面推广。总体来看，智能网联汽车已经从小范围的测试、验证，迈向了技术快速演进、规模化应用发展的关键时期；智能网联汽车产业规模化发展迈出了实质性的一步。而从技术的发展趋势来看，车端控制正从分散走向集中，跨域控制正从概念走向产业化落地。尽管现阶段大部分企业还是采用分域控制，但今后会进一步发展到中央集成控制，甚至车云协同控制。一些汽车企业正采用全栈自研的方式，推动搭载车载系统向车控系统演进，打通车载系统和车控系统成为必然趋势。此外，通用大模型的发展成为实现自动驾驶的最大助力。特斯拉公司率先打通了"端到端"的整车计算平台，依靠神经网络完成了从物体识别到环境理解，再到决策的全过程，凭借其在数据、算力、算法方面的积累，与其他汽车企业相比，在自动驾驶技术上形成了一定的领先优势。"开哨"即高潮，"下半场"竞争之激烈，由此可见一斑。

鉴于当前汽车产业处于百年未有之大变局，智能化、网联化技术和产品仍然在快速迭代，应用场景、商业模式、竞争格局等还没有确定，我国具有集中力量办大事的体制优势和汽车大市场的优势，智能网联汽车的发展仍处在关键的窗口期，未来有限的几年是决胜的关键时期。在此背景下，我们必须以时不我待的紧迫感，统筹谋划，巩固扩大智能网联新能源汽车产业的领先优势。

具体说来，凝心聚力、打造开放的产业生态至关重要。大多数汽车企业并不具备研发车用操作系统的能力，软件开发企业也需要充分理解汽车的功能需求以及安全性、可靠性等要求，这存在着相当大的难度。各自为战、相互封闭只会导致资源的进一步分散，让企业在激烈的国际竞争中陷于被动。"下半场"竞赛不能仅靠单家汽车企业单打独斗，必须组织起来打团体赛，还要实行跨行业的融合发展。应该采用系统工程的方法，在统一思想的基础上，加强协同。基于数据确权，实现行业数据的开放和共享，探讨建立数据有偿使用机制，建立公共数据大平台和面向行业的智算中心，将大家组织起来，集各家所长，同时有效保障各方权益。凝聚起各行业力量，联合共建开源人工智能大模型的底座＋汽车企业主导开发的自动驾驶功能软件＋车端人工智能专用芯片的产业生态，共同打造开放、开源的智能网联汽车生态，使之成为汽车企业和软件企业的共识。推而广之，智能网联汽车是跨界融合的产物，涉及汽车、交通、通信、测绘、安全、IT 等不同领域，靠单一行业、单一部门单打独斗是难以形成有效推动力的，需要采取更有力的措施，凝聚跨行业的力量，抢抓产业发展的窗口期。

近年来，美国政府在大算力芯片、图形处理单元（Graphics Processing Unit，GPU）、中央处理器（Central Processing Unit，CPU）等领域，一而再、再而三对我国实行禁运。但是我国企业，如华为、地平线、黑芝麻等，也正迎难而上、奋起直追，借助我国汽车大市场的优势，在一部分车型上应用了自主高性能芯片。自动驾驶芯片的算力固然重要，但同样不可忽视的是，先进的算法、软件开发技术的支持也是至关重要的。我们必须充分认识到这一点，并给予足够的重视。

对我国来说，发挥优势、不断探索"车路云一体化"方案是谋求突破的重要途径。发展"车路云一体化"是我国独有的优势，我们要在单车智能的基础上发挥我国的制度优势，基于试点实施不断积累经验，搭建起"车路云一体化"推进的协同机制。我们要面向未来，抓紧谋划新未来、新产品，提升产业发展的内生动力。我们还应该加强产业链上下游的资源共享、协同创新，补齐关键技术短板，加快新技术、新产品的研发和推广应用，进一步提升产业发展的内生动力。

呈现在各位读者面前的这本《志在超车：智能网联汽车的中国方案》，主旨就是把我本人对引领汽车智能化革命、形成汽车领域新质生产力、推动中国智能网联汽车产业高质量发展等主题的认识和思考记录下来，结合这些年来的工作经验和调研结果，对产业发展中出现的各种现象和问题进行客观评述。一方面，试图探索产业发展的基础逻辑，总结出某些可供业内人士参考的带有规律性的基本原则；另一方面，尽最大可能，以通俗平实的语言，介绍汽车智能化革命的基本内容，阐释自动驾驶技术及其生态，为广大汽车爱好者了解智能网联汽车和自动驾驶提供参考。

这本书与我在 2024 年 1 月出版的《换道赛车：新能源汽车的中国道路》是姊妹篇，它们可以说是关于当代中国汽车产业"换道超车"宏伟目标和探索实践的上下篇。这两本书都是我在 2020 年转任政协职务后开始动念、动笔写作的，经过几年的反复打磨，终于完稿付梓。这两本书的写作目的，都是为我国汽车产业的发展"鼓"与"呼"，客观评述与发展成绩同步出现的不足和问题，并力图提供破解思路，期待全行业共同努力，推动我国汽车产业更有活力、更加健康地高质量发展，争取早日实现汽车强国的梦想。

本书的体例与《换道赛车：新能源汽车的中国道路》一致，同样分为九章，中间穿插三篇专题访谈。这两本书不同的地方在于，《换道赛车：新能源汽车的中国道路》一书的重心放在梳理中国新能源汽车发展脉络、介绍相关产业政策的出台过程与落实结果，以及总结汽车企业在换道赛车过程中竞争力升降的经验教训上，而这本《志在超车：智能网联汽车的中国方案》则聚焦汽车智能化革命大趋势、自动驾驶技术发展路径和产业生态、我国如何发挥自身优势走出差异化发展智能网联汽车新路的方案选择、如何全方位打造智能网联汽车产业生态等主题。如果说《换道赛车：新能源汽车的中国道路》是一本关于产业发展历程的科普书，那么我更乐于把《志在超车：智能网联汽车的中国方案》定义为一本关于行业趋势的通识读物。它们都着眼于今天，展望明天，但前者着重讲述怎么从昨天走到今天、走向明天，后者更强调今天将会如何塑造和影响明天。

比起"上半场"发展新能源汽车的客观条件,"下半场"我国发展智能网联汽车具有更成熟的政策环境、更先进的市场发展水平、更强大的技术迭代能力、更创新的商业模式和更完善的基础设施建设,起点更高,这就要求我国汽车产业以更前瞻的洞察、更高效的创新,抢占科技和产业发展的制高点,推动大数据、人工智能、大算力芯片等新兴技术与汽车产业的深度融合,巩固扩大智能网联新能源汽车产业发展的领先优势,真正实现换道超车。

目录

01

第一章　汽车智能化革命

　　汽车产业正经历"新四化"的变革，在很大程度上体现了人工智能技术在汽车相关领域的具体应用，而汽车的智能化升级从辅助驾驶开始，经过部分自动驾驶阶段，最终将实现无人驾驶。智能汽车是人工智能技术的最大应用场景。智能网联汽车是汽车产业升级和技术创新的重要方向。

21 世纪以来，以互联网、大数据、云计算、人工智能等为核心的新科技浪潮汹涌而至，其核心驱动力来自数字技术的迅猛发展。数字技术的进步已展现出广阔的发展空间，而数字技术与传统产业的融合发展正强劲地推动经济和社会的深刻变革。这一变革与我国社会主义现代化建设进程相交汇，共同谱写出历史的新篇章。作为新时代的见证者与参与者，我们有责任顺应潮流，把握机遇，加速发展，为国家的未来贡献力量。

新一轮科技革命和产业变革无疑给汽车产业带来了巨大冲击和影响，这对全球汽车产销量和保有量最大的中国来说，是挑战，更是机遇。抓住机遇，主动迎接挑战，才能让我国汽车产业"换道超车"，实现汽车强国的梦想。著名管理学家彼得·德鲁克说得好，真正重要的不是趋势，而是趋势的转变。如果把汽车动力变革、发展新能源汽车比作体育比赛的上半场，那么汽车智能化革命、发展智能汽车就好比体育比赛的下半场；我国汽车行业已经取得了"上半场"领先的优势，在新能源汽车发展方面走在了世界前列，但是比赛胜负最终还取决于智能汽车发展的"下半场"。

1.1 | 汽车大变局

在汽车领域，百年未有之大变局体现在动力系统、供应链体系等的变化上，更实实在在地体现在从功能汽车向智能汽车的转变上。

1.1.1 从舶来奢侈品到民生大产业

1886 年，发明家卡尔·本茨设计开发了世界上第一辆汽车。自那之后，他创建了公司生产这款汽车，品牌用了自己的姓氏 Benz，这就是鼎鼎大名的

"奔驰"。

德国人把 1886 年称作汽车的"诞生年"。奔驰的这辆三轮汽车，现在珍藏在德国慕尼黑科技博物馆（如图 1-1 所示），保存得完好无缺，至今还可以发动，车旁边悬挂着"这是世界第一辆汽车"的解说牌。

图 1-1　世界上第一辆汽车

当时的汽车，从外形和整个驾驶情况来看和马车非常相似，实际上就是把内燃机作为动力安装在欧洲贵族使用的马车上。由于欧洲人把马车叫作 sedan，这个词也就沿用到了新出现的汽车产品上，传入中国时，有了中文译名"轿车"。中国古代的"贵族"出门要坐轿子。轿子又分四抬大轿、八抬大轿等，皇帝出门通常用十六抬大轿，以体现其至高无上的权势。类比欧洲贵族出门时乘坐的交通工具，"轿车"一词可谓按照同样的实用功能意译的神来之笔。直至今日，许多人还把轿车的大小、内饰的豪华程度作为选车的标准。大型轿车一般比小型轿车卖得贵，神龙公司早期引进的富康两厢轿车，因为"有头无尾"，不为当时的国人所接受，不得不增加了一个后备厢，这才逐渐得到用户青睐。

光绪二十八年（1902年），慈禧太后67岁大寿，直隶总督兼北洋大臣袁世凯花一万两银子采买了一辆奔驰轿车献礼。这据说是北京城的第一辆进口汽车。不少思想保守的大臣上奏劝谏慈禧千万不要坐这辆车，以免"坏了祖宗的章程"和"中了洋人的邪气"。慈禧却一心想开开洋荤，不顾群臣反对，懿旨令司机开这辆轿车送她去颐和园。只是慈禧见到司机不仅与她平起平坐，甚至还是坐在自己前面，觉得有辱身份，遂命司机跪着开车。人跪着当然无法开车，可懿旨又岂能违抗，司机无奈，只好手脚并用操作汽车，差一点撞到墙上。此后慈禧再也没有坐过这辆车。图1-2里展示的就是这辆车，它至今还保存在颐和园的德和园里。现在我们知道这辆车的品牌其实并不是奔驰，而是美国的杜里埃，后者只生产了13辆汽车就关门大吉了。甚至连奔驰公司自己都把这辆车认作其古董车，究竟是哪个环节出了问题，那就有待史家考证了。

图1-2　1946年，3名正在北平休假的美国海军军官观看慈禧太后的"不用马拉的马车"，这据说是北京城的第一辆进口汽车

在中华人民共和国成立之前，一些志士仁人也在谋划发展我国的汽车产业，但是在20世纪上半叶遭受内忧外患的历史背景下，我国根本就不具备发

展汽车产业的条件。我国真正建设现代汽车工业还是在中华人民共和国成立之后，依靠艰苦奋斗，在苏联的帮助下，只用了 3 年时间，就在一穷二白的基础上建成第一汽车制造厂（以下简称一汽），拥有了年产 3 万辆中型卡车的生产能力。

与国际上一些后发国家发展汽车工业的思路不同，我国汽车工业从一开始就是定位为制造业而不是组装业，以一汽为代表的中国汽车工业体系是完整的，从汽车总成和零部件的毛坯开始，同步建设了包括铸造、锻造、热处理等在内的产业链供应链体系。为保障汽车企业所需的原材料供应，我们动员了全国的钢铁、有色金属企业为一汽的产品共同努力。

但是，受当时的经济基础和发展思路所限，我国汽车产品结构以中型卡车为主，在很长一段时间里品种相对单一。基于当时的情况，社会各界普遍认为应该先生产后生活，卡车可以载人运货，属于生产资料，而轿车只能用来载人，是消费品。直到 1958 年，我国开发了红旗牌轿车。可想而知，在那个工业基础薄弱的年代，仅凭热情造出来的车型，质量难有保障，每年的产量也很低。而一汽的明星车型解放牌卡车由于投入不足，从 1956 年投产以来，头 30 年一贯制，没有做过大的更新换代，与国际汽车工业先进水平的差距越来越大。

在改革开放之前，我国汽车产品结构呈现出"缺重（重型卡车）少轻（轻型卡车）"的特点，轿车领域更是几乎空白。党的十一届三中全会确定以经济建设为中心，我国社会主义建设重新走上了正轨。党中央决定实行对外开放政策，针对我国汽车产业发展中存在的突出问题，大胆引进外资、引进技术，与国内的汽车企业实行合资合作。从那时开始，在商用车和乘用车方面，一大批新产品投放市场，逐步改变了我国汽车产业落后的局面。

21 世纪以来，随着我国经济的快速发展，人民群众的收入不断提高，轿车进入寻常百姓家从梦想一步步变成了现实。2009 年，我国汽车年产销量第一次超过美国，至今一直保持着全球汽车产销量第一大国的地位。

然而，汽车普及带来了石油资源需求量不断上升的问题。多年来，我国石油对外依存度一直在 70% 左右。汽车普及带来大气污染的问题，一些大中城市受到雾霾天气的困扰，汽车尾气排放难辞其咎。汽车普及还带来日益严重的交通拥堵问题。如何趋利避害，在保持汽车产业发展的同时，寻求走出一条与发达国家不同的、具有中国特色的发展道路，是我们必须研究的重大问题。

发展新能源汽车是破解难题之道。回溯到 21 世纪初，科技部确定了以纯电动汽车、混合动力汽车、燃料电池汽车三种整车产品为"三纵"，以电池及其管理系统、电机及其控制系统、多能源动力总成控制系统为"三横"的新能源汽车发展技术路线图，持续支持我国汽车企业在新能源汽车技术上实现突破，加之我国借助锂离子电池生产大国的优势，大力推进新能源汽车锂离子动力电池的应用，从而与新能源整车产品形成了相互促进的关系。

党的十八大以来，在以习近平同志为核心的党中央坚强领导下，我们保持战略定力，坚持一张蓝图干到底，新能源汽车发展取得了历史性成就，实现了汽车产业的历史性变化，20 多年持之以恒的努力终于结出了硕果。我在《换道赛车：新能源汽车的中国道路》一书中详细分析了我国新能源汽车产业的发展历程和骄人成绩，总结了五条历史经验，值得我们在发展中坚持。

全球汽车产业正经历百年未有之大变局，我认为这场变局仍在持续，远未画上句号。大变局的核心是电动化以及随之而来的智能化。在智能汽车的发展上，我们应该继续选择符合中国国情的发展道路，彻底改变在传统汽车技术上落后于人、疲于追赶的局面，实现几代人夙夜以求的汽车强国梦想。

汽车产业正在经历的智能化革命，需要我们继续在实践过程中探索，而当年功能手机向智能手机转变的经验，为我们提供了极大的借鉴价值。

1.1.2 迎接汽车的"iPhone 时刻"

移动通信技术进入 3G 时代为移动互联网的发展创造了条件，之前只能打电话、发短信的功能手机，开始向可以上网的智能手机转变。新进入者甚至对"手机"这个名称都不屑一顾，给它起了一个"智能终端"的名字，倒也名副其实，毕竟除了具备功能手机所有的功能，它还部分实现了照相机、摄像机、录音机、计算机的功能。

我第一次见到智能终端产品还是在武汉工作的时候，当时武汉正引进富士康公司在当地投资建厂。大约是在 2006 年底，富士康公司的人拿来一款手机产品向我演示，给我留下的深刻印象有两点：一是取消了过去手机上所有的物理按键，改为触屏；二是图片的缩放只需要用两根指头合拢或张开就可以实现，非常新颖、好用。可能是出于保密约定，当时他们并未明说这就是苹果公司即将出品的新手机，一年后苹果公司发布 iPhone 时，我才恍然大悟，原来如此！苹果公司在发布首款 iPhone 的同时，还建了苹果在线商店，提供各种各样的应用软件给用户选择，加上乔布斯对产品精益求精的要求，iPhone 甫一上市就引起了全球轰动。

回溯功能手机的智能化发展路径，我们可以非常清晰地看到：智能手机是在移动互联网浪潮的推动下，以屏幕为突破口，不断实现人机交互创新，从小屏单点触控发展到全屏大尺寸多点触控，从单一触控扩展到触摸控制、语音交互、指纹交互等形式丰富的交互操作；手机架构不断升级，手机硬件从传统的单一内核芯片架构向多处理器内核架构演变，软件架构在后续迭代中复制了计算机的软件体系，操作系统（Operating System，OS）内核趋于标准化，通过应用软件与基础软件的解耦提升了手机功能的可扩展性；智能手机通过 OTA（Over the Air，空中激活）升级系统性能，驱动手机生态不断向外扩展，使得手机从通信工具升级为覆盖生活、娱乐、消费、工作的全场景性万能工具。

正是在这个转变过程中，一大批全球著名的手机品牌（如诺基亚、爱立信、摩托罗拉、索尼等）变得暗淡无光甚至消失了，我国的波导、酷派、朵唯等品牌也没有跟上前进的步伐，陆续退出了市场。以苹果公司为代表的一批智能终端"新势力"应运而生。除了苹果，脱颖而出的大多是我国的手机品牌：华为、小米、OPPO、vivo 等。全球范围内，只有三星公司适应了这个重大转变，在智能终端产品上延续了功能手机时代的辉煌。

这一转变可以给汽车行业带来怎样的启示？我尝试从以下几个方面总结智能终端发展的经验，以供汽车行业人员借鉴。

首先，从产品来看，软件对产品的定义发挥了重要作用。就像前文提到的iPhone 取消按键那样，原来功能手机上很多物理元器件已经被软件所取代，这对降低成本、改善用户体验是至关重要的。驱动显示器的是图形软件，最早应用在 20 世纪 90 年代的个人计算机上，这就是"所见即所得"。

苹果公司的操作系统是不开源的，只能为苹果产品使用。当时诺基亚公司有一款名为"塞班"的操作系统，除了供诺基亚自己使用，也开放源代码，但是其他手机厂商必须得到诺基亚公司的许可并且支付不菲的专利使用费才能使用。谷歌公司看到了机会，开发出开源且全免费的手机操作系统"安卓"，只用了一年多时间就拿下了除苹果公司以外的几乎所有智能手机操作系统市场。与苹果公司类似，谷歌公司也创建了应用软件商店，所有与操作系统适配的应用软件需要得到谷歌公司的认证，之后才能进入商店上架销售。事实上，所谓商店就是一个平台，所有的应用软件开发商只要有销售收入，就要按照一定比例（20% ~ 30%）向操作系统提供商缴费，操作系统靠免费开拓市场，平台通过抽佣获得更大收益。只不过谷歌公司收费不是 To C，而是 To B。

当时我的看法和大多数人相同，觉得像安卓这样的开源操作系统，手机厂商可以放心使用。事与愿违，后来华为公司的 5G 智能手机遭受美国政府打压，大家表面上看到的是台积电不再给华为公司流片，却没有看到谷歌公司不允许华为手机使用与谷歌操作系统适配的谷歌移动服务，例如谷歌地图等应用软件。这一点身处国内的华为用户几乎感觉不到，因为他们大多使用高德地图、百度地图等 App，很少人使用谷歌地图，但是这一做法对身处海外的华为用户的影响之大难以估量，再好的硬件配置也无法弥补没有谷歌应用软件的产品，华为公司多少年艰辛开拓的海外手机市场几乎在一夜之间丧失殆尽。幸好华为公司之前研发出了鸿蒙操作系统，本来鸿蒙操作系统并不是专门为手机设计的，为了保证产业链供应链安全，华为公司果断放弃安卓操作系统，改用鸿蒙操作系统。2023 年 8 月，搭载华为自主开发的 5G 芯片和鸿蒙操作系统的 Mate 60 系列手机上市，受到广大用户的欢迎。华为公司用 4 年时间实现了"纯血鸿蒙"，根据其 2024 年 10 月 22 日发布的数据，鸿蒙生态设备数量已超过 10 亿台。华为公司所遇到的困难可想而知，但是不屈不挠的华为人没有倒下，在重压之下克服了巨大困难，终于又站起来了，而且比原来站得更高，相信也会走得更远。前事不忘，后事之师，智能手机操作系统被"卡脖子"的前车之鉴，绝对不应该在智能汽车行业的发展中再次出现。

其次，从生产方式上看，出现了无工厂企业和代工生产的方式。以富士康公司为代表的代工生产几乎是所有手机厂商采用的通用模式。其实在智能终端出现之前，芯片行业最早实行了这种生产方式，将投资生产线和产线管理交给专门的代工企业，一家代工企业可以生产多个品牌的芯片，这样就能更好地实现专业化分工，使得生产效率更高、成本更低。

在功能汽车向智能汽车转换的关键时期，国内出现了蔚来公司委托江淮汽车生产的新模式。尽管后来蔚来公司取得独立生产资质，出资收购了江淮汽车生产蔚来汽车的两家工厂，但这种委托生产模式也是行业对新生产模式的有益探索。位于十堰的易捷特公司为达契亚公司贴牌生产的纯电动汽车，2022 年出口了 6.35 万辆。全球手机最大代工企业富士康公司也有代工生产新能源汽车的规划。这在将来会不会成为一种普遍存在的模式？我认为可能性还是比较大的。

最后，从盈利模式上看，手机已经逐渐演变成一个终端，成为一个载体。电信运营商利用这个载体，改变了过去按照信道占用时间收费的办法，转为按照数据流量收费。移动通信技术的进步使得利用终端传输声音、高清图像都不在话下，而这些应用带动了使用流量的增加。电信运营商通过设计各种各样的"套餐"，采用"订阅"方式供用户选择，并且连续多年实施提速降费的措施。尽管资费下降了，但由于用户使用流量增加，电信运营商的收入并没有减少。有了终端，人们随时随地可以上网，从而催生出许多新的互联网应用。在互联网上，自带流量已经可以转化为收入，甚至产生新的职业。

将来的智能汽车很可能会取代现在手机终端的一部分功能，也会进一步开发新的功能。单就流量而言，车与外界之间的移动通信流量相比智能手机与外界之间的流量，会有数量级的增长。以本书后面将要讲到的车路协同为例，如果能在路侧单元建设上引入电信运营商投资，通过新一轮"提速降费"，就将促使 5G 适配更广泛、更高级别的应用场景，进而获取更理想的投资回报。

功能手机向智能手机的演变历程，为我们理解功能汽车向智能汽车的转变趋势提供了极具借鉴意义的参照。我将在后面的章节中系统介绍它们在产业变革方式、产业链分工模式、商业模式演变和整体发展路径方面的相似性，并由此阐述智能汽车产业链布局、生态协同、模式创新、迭代推进的基本思路。

1.2 | 当汽车遇上人工智能

人工智能技术的快速发展，加快了汽车产业的智能化进程。智能汽车将成为未来汽车产业的主流发展方向，为人们带来更加安全、智能和便捷的出行体验。

1.2.1　由 ChatGPT 爆火说起

2022 年 11 月 30 日，美国 OpenAI 公司发布了一个全新的对话式 AI 模型 ChatGPT，它由 GPT-3.5 系列大型语言模型微调而成，不仅能与人类进行自然的多轮对话，给出高效、精准的回答，还能生成编程代码、电子邮件、论文、小说等各类文本，引起了全世界的广泛关注。

美国哲学家约翰·塞尔曾将人工智能划分为弱人工智能和强人工智能。能够完成某一项特定任务的人工智能是弱人工智能，也被称为专用人工智能或狭义人工智能，这样的人工智能包括机器翻译、计算机下棋、图像识别等。在记忆（存储）、推理、计算方面，计算机的能力很接近甚至超过人类。能够在任何领域或任务中都表现出超越人类的能力的人工智能则是强人工智能，也被称为通用人工智能或广义人工智能。还有人将"感知"和"认知"的区别看作划分弱人工智能和强人工智能的标准。

ChatGPT 使用互联网上大量公开的语料（Token）信息，对公众开放模型，收集用户的反馈并不断迭代优化模型，形成"数据飞轮"，强化机器的自我学习能力。作为生成式人工智能的典型代表，ChatGPT 无疑向强人工智能迈进了重要一步。

2023 年 3 月，新一代 GPT-4 正式发布。它利用深度学习大模型的优势，据说是用 1.8 万亿条参数来模拟人类语言的模型，支持文字、图像等多模态输入，可以应用于考试、问答、写代码、翻译等方面，表现超过了先前发布的 GPT-3.5。2024 年 2 月，OpenAI 公司发布了由文字输入到 1 分钟视频输出的 Sora，表明人工智能发展又取得了新的进步。对比来看，人脑大约有 800 亿个神经元和高达百万亿级别数量的神经元触突，但是一天的功耗只有 200 多瓦时，而 ChatCPT 每天的功耗却高达 50 万千瓦时。

OpenAI 是一家位于美国硅谷的人工智能公司，成立于 2015 年，起初公司定位为非营利机构。Open 就是开源、开放的意思。创始人包括萨姆·阿尔特曼、彼得·蒂尔、里德·霍夫曼和埃隆·马斯克，他们共同的目标是开发出一款机器人来帮助完成基本的家务劳动。后来，马斯克希望将 OpenAI 置于特斯拉公司内，这与其他创始人的合作理念产生了分歧，他一气之下退出了 OpenAI 公司，宣布要在特斯拉公司内部开发一款面向家庭的人形机器人。

在马斯克退出后最关键的时刻，微软公司于 2019 年投资了 10 亿美元，才使得 OpenAI 公司存活了下来。微软公司为 OpenAI 确定了发展目标：能够与人类进行交流并帮助人类完成各种创造性的工作，公司的性质从非营利机构转变为营利主体。人工智能的大模型也从早期的开源变成不开源，OpenAI 在 GPT-1、GPT-2 时期采用开源方式快速发展，在 GPT-3 时期转为闭源。

2021 年 8 月首届人工智能日（AI Day）活动中，特斯拉公司发布了正在开发人形机器人 Optimus 的消息。在 2022 年 10 月特斯拉第二届 AI Day 活动中，Optimus 正式亮相，它重 73 千克，高 1.72 米，能够完成搬运重物和给植物浇水等工作。特斯拉公司在设计这款产品时，尽可能利用其汽车产品上已经使用的技术以降低成本，预计售价为 2 万美元。但是这个产品的上市时间一拖再拖，近来变得语焉不详了。

回过头来再说 OpenAI。经过几年的发展，微软公司除了通过 10 亿美元投资得到丰厚回报，还利用股东的优势，将 ChatGPT 的应用导入微软公司的产品中，例如，在搜索引擎 Bing、办公软件 Office、协同应用 Team 中导入 ChatGPT 以增强软件功能。微软公司还用基于大模型开发的智能辅助办公系统 Copilot 代替原来的语音识别系统 Cortana，除了继承语音识别功能，Copilot 也是软件开发工具。利用这个工具和微软公司的云 Azure，软件开发者可以开发出智能辅助技术的软件，供用户使用。

以 ChatGPT 为标志，人工智能技术的发展开始进入全新的发展阶段——强人工智能阶段，从过去的"感知"世界转变为开始"认知"世界，除了传统的记忆（存储）、分析、判断功能，它还具有一定的模仿创造功能。只要是在互联网上出现的信息，它都可以迅速地将其收集归并，按照一定的逻辑形成最终的作品。目前，ChatGPT 以语言文本的功能为主，也提供绘画、图像等功能。但是模拟不是创造，距离真正实现"认知"功能还任重道远。举例来说，它可以按照人类给定的主题模仿齐白石的作品风格画一幅画，尽管不是出自齐白石之手，却完全可以乱真，但这毕竟是模仿，人工智能缺少创造性，因此不可能绘出与齐白石齐名甚至超越齐白石的画作。当然，ChatGPT 绘画也好，作诗也罢，都不如它的文本表达那么出色，不过这也为之后的发展留出了空间。人工智能最终不可能超越人类，当然这只是我个人的理解和看法。

人们一般把参数数量达到数亿或数十亿级甚至更多的深度学习模型称为大模型，如 Sora 和 GPT-3。从 GPT-3 到 GPT-4，其参数数量就增长了约 10 倍，从 1750 亿增长至约 1.8 万亿。后续的 AI 大模型要超越 GPT-4，其参数数量还将以指数级规模增长。当大模型参数足够大的时候，经过不断学习与训练，就可以实现人工智能的应用。当然，从规避公司风险的角度出发，这种大模型的设计，必须在政治、宗教、法律、种族、道德、风俗等方面设定一些限制。

像 ChatGPT 这样的通用大模型，采用了深度学习等算法，基于神经网络架构来处理和生成自然语言，其本质是通过大规模的文本数据的学习、训练和微调，掌握语言的模式和规律，产生了改变人机互动模式的颠覆性结果。

在通用大模型发生重大突破的背景下，专用大模型的行业应用，尤其是在汽车行业这样的重点行业中的实际应用是可以预期的。例如，专用大模型完全可以利用大量的驾驶数据和传感器数据进行训练，以帮助开发自动驾驶技术。这些模型应用于行驶路径规划、交通感知、障碍物检测和驾驶决策等方面，可以提高自动驾驶系统的准确性、可靠性和安全性。

这一轮由 OpenAI 引领的生成式人工智能的发展非常迅猛，各类大模型、应用场景涌现。人工智能对国内汽车企业来说既是机遇也是挑战。

1.2.2　人工智能的沉浮起落

人工智能是如何由边缘走向中心的？

早期的人工智能研究聚焦于机器的记忆和逻辑推理，机器在这方面很早就表现出比人类更强的能力。在第二次世界大战中，交战方都使用了飞机和火炮，要想打得准，必须精确计算以确定炮口的方位和角度，才能保证射出去的炮弹命中目标。1946 年初，在美国国防部的支持下，宾夕法尼亚大学研究出世界上第一台计算机 ENIAC（如图 1-3 所示）。当时美国正在研究原子弹——就是当年绝密而后来轰动世界的"曼哈顿计划"——原来计划用这台计算机来精确计算原子弹爆炸的高度和波及范围，以便更好地发挥原子弹的威力，但是当这台计算机研发成功时，第二次世界大战已经结束了好几个月，它失去了用武之地。这台计算机占地 150 平方米，总重 30 吨，使用了 18 000 只电子管、6000 个开关、7000 只电阻、10 000 只电容器，耗电量 140 千瓦，每秒可以进行 5000 次加法运算，比人类最快的计算速度快了 1000 倍以上。

图 1-3　世界上第一台计算机 ENIAC

在计算机发明之前，有三位杰出科学家对计算机理论做出了突出贡献。

第一位是约翰·冯·诺依曼，他创立了早期计算机的系统结构，就是把程序指令存储器和数据存储器合并到一起的计算机架构，即冯·诺依曼架构。冯·诺依曼也参加了"曼哈顿计划"，他的任务就是精确计算原子弹爆炸的高度，以便美国空军做好相应准备。

第二位是图灵，他是英国数学家和密码学家。第二次世界大战期间，他为英军培训了许多密码破译人才，为破译德军密码设计了多种方法，其中最为人称道的是他发明了破译机，用它破译德军密码又快又准，为盟军最终打败德军立下了汗马功劳。图灵对计算机"思考"问题非常热衷，设计了"图灵测试"，也就是让一台计算机和一个人分别回答测试人员的提问，采用盲测方式，最终由测试人员根据回答判定哪个是计算机、哪个是人类，以此探究机器是否能模拟出与人类相似或令人无法区分的智能。其实图灵关心的是如何让机器代替人类完成一些工作，只要能够做到这一点，就说明机器是具有智能功能的，机器还是要靠人类为它编制的程序去完成任务的。

第三位是克劳德·艾尔伍德·香农，他是一位美国数学家，也是信息论的创立者。图灵和冯·诺依曼分别在 41 岁和 53 岁去世，香农则继续探索，推动人工智能成为专门的学科。20 世纪 90 年代，他开创的信息论在世界各地被应用于计算机领域并获得快速发展。不幸的是，他本人晚年患上了阿尔茨海默病，世界上最聪明的人之一却饱受精神疾病的折磨。

人工智能在发展的早期，主要用于处理一些遵循明确规则的事务，这与人类的逻辑思考方式相似。人们通过编制计算机能够识别的程序来让其工作，例如计算、下棋等。随着运算速度的提升，计算机在计算方面的能力远远超过了人类。但是，鉴于人类大量处理的是没有固定规则的事务，根据这类处理的需要，人类发明了神经网络（或称神经元）计算。

杰弗里·辛顿是一位谦逊的英国计算机科学家，是现代神经网络计算最重要的开创者之一。他通过模仿人类在形象思维时神经元之间的联系，发明了利用大数据计算分析得出结论的方法。计算机将存储在计算机内不同位置的数据联系起来进行协同处理，与人类的神经元处理信息很相似，所以这被称为神经网络计算。

传统人工智能的局限在于计算机只能按照一系列基本规则运行。杰弗里·辛顿和另一位研究人员发明了"反向传播"算法，这后来在神经网络中广泛使用。它使得神经网络通过调整连接权重来学习，从而实现自学习、自组织，当计算机输出的结果与正确的结果相同时，计算机就会记住赋予的权重，形成"记忆"，永远不会错了。如果输出的结果与正确的结果不符，神经网络就会设置一个错误信号，然后将其返回输入端，流程会更改原先设定的权重，这时再次检测输出端结果，循环往复，直到结果正确为止。

一般而言，计算机所拥有的神经元越多，它能够处理的信息就越复杂，更大的神经网络通常能够更优地得到正确的结果。举例来说，如果要让计算机识别一幅图像上的宠物是猫还是狗，那么就该想想人类大脑是如何识别这两种动物的：显然，我们并不是依据动物的定义进行识别的，而是依据模糊的经验进行判断，从而得出结论的。事实上，我们也没有完全搞明白这样的识别机制。一个计算机神经网络的前几层会对图像进行抽样，选取图像重要的特征，删除背景等非关键内容，分析特定内容，只要神经网络参数足够多，计算机得出的结论就会更大概率地接近真实结论。这就是人工智能大模型参数的意义，"大力出奇迹"。

随着计算机运算能力的快速提高，人们可以对运算进行分层处理，人类只需要训练第一层特征，之后的训练都由计算机自己完成。每次得出的结论是对还是错，计算机可以通过与在互联网上找到的猫的图像进行比对，如果不符合猫的特征，计算机会将结果反馈到上层神经网络，通过调整权重重新计算，直到得出正确的结果。对于各种各样的类似猫而不是猫的动物，比如老虎，计算机可以一层一层地分析，确定该动物不是猫而是老虎，进而分清它是哪种类型的老虎。

在整个分析过程中，深度学习网络能够识别出许多特征，其中一些可能与当前的任务无关，而另一些则高度相关，机器会记住这些高度相关的特征，以便在未来遇到相似图像时能快速识别。除了上述的图像识别，语音识别技术也已经成熟并大量应用于日常生活中。识别不同语言并充当翻译对计算机来说实在"易如反掌"，只需一本字典加上语法规则就足够了。计算机最难识别的是人名和小地方的地名，因为它们大多没有命名规律。

人工智能的发展并非一帆风顺，而是经历了沉浮起落。

1956 年，达特茅斯会议第一次提出"人工智能"这个概念。这次会议中，众多学科中最杰出的 10 位科学家在新英格兰地区汉诺威市的达特茅斯学院齐聚一堂，其中有香农、约翰·麦卡锡和马文·明斯基，他们在最后的会议文件中定义了人工智能："人们将在一个假设的基础上，继续进行有关人工智能的研究，那就是学习的各个方面，或智能的各种特性，都能够实现精确描述，以便我们能够制造机器来模仿学习的这些方面和特性。人们将尝试使机器读懂语言，创建抽象概念，解决目前人们的各种问题，并且能自我完善。"

20 世纪 60 年代形成了人工智能的第一次热潮。这一时期的发展以符号逻辑为主要特征，用某种符号逻辑来表示已有的知识和要解决的问题。几何定理证明程序、国际象棋程序、跳棋程序、规划系统等一批有影响力的成果陆续产生，感知机器模型出现，而神经网络受到很多研究者的关注。1958 年，人工智能的创始人之一赫伯特·西蒙曾乐观预测 10 年内计算机将打败国际象棋世界冠军，不过这一预言并没有如期实现，直到约 40 年之后，IBM 的"深蓝"国际象棋计算机才最终完成这一壮举。事实证明，人工智能发展的难度远远超出当时科学家的预测。很快，人工智能的第一次热潮退去，进入了 10 年左右的低谷期。

人工智能第二次热潮的标志性事件是在 1982 年，日本启动了雄心勃勃的第五代计算机工程，准备在 10 年内建立可高效运行的 Prolog 智能计算系统。20 世纪 80 年代中期，神经网络计算也迎来了一次革命。反向传播学习算法的提出，使得神经网络成为研究重点，这是与符号逻辑并驾齐驱的一种连接方法。20 世纪 80 年代末，人工智能开始结合数学理论，形成更实际的应用。但是随着 1991 年日本第五代计算机工程宣告失败，人工智能的发展又进入了长达 20 年的第二个漫漫寒冬。

2006 年，杰弗里·辛顿和鲁斯兰·萨拉赫丁诺夫在《科学》杂志上首次提出了多层神经网络系统的概念，即通过多层神经网络，机器可以更多地代替人来标定答案对错，借助无监督的逐层初始化方法，可以解决神经网络训练困难的问题。正是这篇论文，将深度学习导入人工智能系统，开启了人工智能第三次热潮。图 1-4 示出了深度学习相比传统算法的突破。深度学习神经网络使得计算机的识别率越来越高，在语音识别、图像识别、机器翻译等方面的应用越来越广泛。2016 年，基于深度学习的人工智能围棋程序战胜了围棋高手李世石，进一步掀起了人工智能发展的热潮。

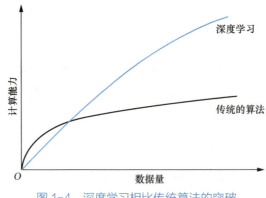

图 1-4　深度学习相比传统算法的突破

我们经常在媒体上、在文艺作品里知悉有关人工智能的五花八门的表述，如人工智能、机器学习、神经网络、深度学习等，很容易混淆。按照我国人工智能专家陈云霁等人所著《智能计算系统》中的定义，人工智能是一个很大的范畴，包括机器学习、计算机视觉、符号逻辑等不同的分支。其中，机器学习分支又有许多子分支，如神经网络、贝叶斯网络、决策树、线性回归等。目前，主流的机器学习方法是神经网络计算，而神经网络计算中先进的技术是深度学习。

现在国际上正在研究新一代人工智能的发展方向。究竟什么是新一代人工智能，还没有形成统一认识。比较一致的看法是，新一代人工智能是基于神经网络的智能计算系统。具体来说，每个神经元都可以从外界输入数据，科学家为每个神经元赋予一个权重，计算机对所有的神经元进行加权计算之后，通过一个非线性函数得到该神经元的输出。几十年来，通过感知机模型、反向传播训练方法、卷积神经网络、深度学习等方法，人工智能研究不断深入，应用越来越广泛。从图 1-5 中可以看到 70 多年来人工智能研究历程中的一些重要里程碑事件。

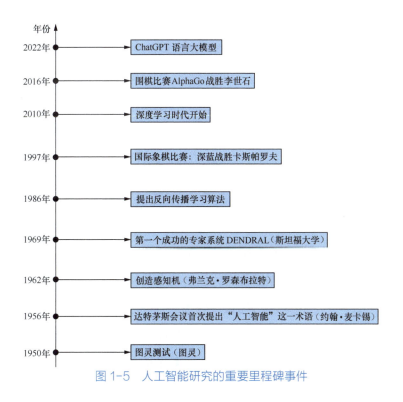

图 1-5　人工智能研究的重要里程碑事件

按照陈云霁的观点，新一代人工智能将不再单纯追求智能算法的加速，而是通过近乎无限的计算能力，给人类带来前所未有的机器智能。这里的核心问题在于如何通过高计算能力提升智能。如果只是把一个深度学习模型做大、做复杂，那么高计算能力也仅能将某些模式的识别精度再提高几个百分点，难以触及智能的本质。因此他设想，未来的新一代智能计算系统将是一个通用人工智能发育的沙盒虚拟世界，通过近乎无限的计算能力来模拟一个逼近现实的虚拟世界，在虚拟世界中，人工智能发育、成长、繁衍出海量的智能主体（或者说人工生命），智能主体可以在虚拟世界中成长，通过和外界环境的交互，逐渐形成自己的感知、认知和逻辑能力，甚至理解虚拟世界、改造虚拟世界。这就是通用人工智能追求的最终目标，实现这个目标可能需要三五十年甚至三五百年，但是为了人类的进步，仍然值得朝这个目标努力。

1.2.3 人工智能在中国

我国的人工智能的发展过程非常曲折坎坷。在 20 世纪 50—70 年代，人工智能还没有被纳入科学范畴，反而经常被认为是唯心主义的伪科学而遭到批判。1978 年，全国科学大会召开，我国科技工作迎来了"科学的春天"。改革开放后，我国真正认识到我们的经济、技术已经大大落后于国际先进水平，于是奋起直追。数学家吴文俊提出的利用机器证明几何定理的研究（国际上称为"吴方法"）获得了全国科技成果奖，标志着人工智能被正式认定为科学，也是从那时起，国外人工智能被引进国内，令业界瞩目。

吴先生的主要成就表现在拓扑学和数学机械化两个领域，后者实际上就是使用计算机帮助解决数学推理等问题。他在应用数学领域解决了一系列科学问题，与此同时，把中国古代数学思想的精髓总结出来，除了向世界介绍中国五千年文明的历史，他还鼓励国人将中华优秀传统文化应用于当代实践中，比如他将中国算术中的"术"与人工智能的算法进行比较，认为二者有异曲同工之妙。他不仅开创了用计算机来证明几何定理的先河，还用开普勒定律推导牛顿运动定律、解决化学平衡问题等。吴先生是中国人工智能的第一位开拓者，我们理应尊他为"中国人工智能之父"。

事实上，在 20 世纪 70 年代，虽然我国没有使用"人工智能"这个词，但是用机器代替人工识别文字、图像的工作却一直在进行，有一些成果也得到了推广应用。比如，当时在全国范围内推广邮政编码，这为邮政局用机器代替人工分拣信件提供了可能。寄信时要在信封左上角画好的方框中填写数字，人们只能手工填写，由于笔迹不一，这就产生了让机器识别手写数字的实际需求。经过攻关，问题得到解决，信件分拣效率大大提高。这正是从简单的图像识别开始，一步步完善技术，机器识别复杂图像的能力也在不断提升。

在 20 世纪 80 年代，系统论、信息论、控制理论被正式引入中国，这"三论"揭示了客观事物是由物质、能量与信息交互作用的统一整体和动态过程。

当时人们对物质、能量有了很深刻的认识，但是对信息的了解却十分肤浅。其实信息不仅是与物质、能量并列的组成世界的三大基本要素之一，而且是对客观事物的特征、关系的一种反映。信息输出通常伴随两种反馈机制：一种是正反馈，会使信息不断增强；另一种是负反馈，会使信息不断减弱。信息论揭示了控制某一系统而不是控制某一事物的本质特征，使人们认识世界从过去的以实物为中心转变到以系统为中心。

这些理论为我国人工智能的发展奠定了基础，为科研人员提供了全新的研究方法，对广大群众来说也是一次认识世界的科普教育。钱学森先生对"三论"的引进和普及做出了突出贡献，他也是中国人工智能事业的重要奠基者和推动者。

2006 年是世界人工智能诞生 50 周年，这一年的人工智能国际会议在北京举办。大会期间，中国人工智能学会理事长钟义信教授接受采访时表示，中国在用机器证明数学定理方面在世界上独树一帜，在模式识别领域创造性地提出了仿生识别方法，与传统方法相比，结果更好。过去，国外人工智能应用方面不处理矛盾的问题，中国科学家提出了可拓学理论，较好地处理了矛盾的问题。可以说中国在人工智能研究领域不再是简单地跟踪国外水平，而是开展了创新性研究，取得了不错的成果。

据钟教授介绍，人工智能的发展，既有成功经验，也有失败教训。智能专家系统的水平已和人类专家的智能相差无几，比如智能专家系统对病人的诊断比一般医生更准确，"深蓝"多次战胜国际象棋世界冠军，这样的成功案例不少。然而，很早就出现的关于人工智能可以解决各种问题的预言并未实现。人工智能太复杂了，研究者们从不同角度去探索，有点像盲人摸象，在方法论上谈不上成功。中国的人工智能研究与世界先进水平的主要差距体现在应用方面，我们尽管在人工智能的软件方面水平不低，但在硬件、机器制造方面水平不高，这是今后需要努力提高的方向。

在国际人工智能发展的低谷期，特别是第二次低谷期，我国的人工智能受到的影响不大，一直在持续发展，主要是因为整体起步晚，与以美国为代表的技术先进的国家差距太大，低谷期反倒是我们奋起直追的好时机。由于国外先进的理论和技术能够快速传播到国内，加上计算机的普及和互联网的应用，我国人工智能的发展如虎添翼。大市场的优势也逐渐显示出威力，一大批大学和研究机构加入人工智能研究的队伍。我国关于人工智能的论文数量，在 2020 年就已经超过美国，位列世界第一。据国家知识产权局的信息，截至 2023 年底，我国人工智能发明专利有效量达 37.8 万件，同比增速达40%，是全球平均增速的 1.4 倍。

2014 年 6 月 9 日，习近平总书记在中国科学院第十七次院士大会、中国工程院第十二次院士大会上发表重要讲话，对我国人工智能发展指明了方向："由于大数据、云计算、移动互联网等新一代信息技术同机器人技术相互融合步伐加快，3D 打印、人工智能迅猛发展，制造机器人的软硬件技术日趋成熟，成本不断降低，性能不断提升，军用无人机、自动驾驶汽车、家政服务机器人已经成为现实，有的人工智能机器人已具有相当程度的自主思维和学习能力。国际上有舆论认为，机器人是'制造业皇冠顶端的明珠'，其研发、制造、应用是衡量一个国家科技创新和高端制造业水平的重要标志。机器人主要制造商和国家纷纷加紧布局，抢占技术和市场制高点。"

从 2013 年开始，中国超过日本成为全球工业机器人销量第一大国，这是我国制造业保持世界第一制造大国地位的必然结果。虽然我国的工业机器人制造水平在加速提升，但是与国际先进水平相比还有差距，特别是在精度保持性和可靠性方面。基础零部件方面有很多还依赖进口。

2017 年 7 月 8 日，国务院发布了《新一代人工智能发展规划》，提出了面向 2030 年我国新一代人工智能发展的指导思想、战略目标、重点任务和保障措施等。该规划确定了我国人工智能产业三步走的战略目标：到 2020 年人工智能总体技术和应用与世界先进水平同步，人工智能产业成为新的重要经济增长点，人工智能技术应用成为改善民生的新途径，有力支撑进入创新型国家行列和实现全面建成小康社会的奋斗目标；到 2025 年人工智能基础理论实现重大突破，部分技术与应用达到世界领先水平，人工智能成为带动我国产业升级和经济转型的主要动力，智能社会建设取得积极进展；到 2030 年人工智能理论、技术与应用总体达到世界领先水平，成为世界主要人工智能创新中心，智能经济、智能社会取得明显成效，为跻身创新型国家前列和经济强国奠定重要基础。

1.2.4 智能驾驶：从辅助驾驶到自动驾驶

汽车产业正经历"新四化"（电动化、智能化、网联化和共享化）的变革，在很大程度上体现了人工智能技术在汽车相关领域的具体应用，例如，利用人工智能技术优化行驶路线、预测零部件可能发生的故障、精确识别实际场景。而汽车的智能化升级从辅助驾驶开始，经过部分自动驾驶阶段，最终将实现无人驾驶。智能汽车是人工智能技术的最大应用场景。

美国汽车工程师学会（Society of Automotive Engineers，SAE）在2014年制定了自动驾驶技术分类标准（SAE J3016），将自动驾驶系统分为L0～L5六类，并且对每一类都给予了明确定义。图1-6详细描述了从L0到L5各级别驾驶系统与驾驶人的不同分工。各国参照这一分类标准制定了自己的标准。2021年8月，我国也发布了《汽车驾驶自动化分级》（GB/T 40429—2021）国家标准，对比SAE对L0～L5的分类，基本与其相同，区别主要在于对L0～L2定义的描述有所不同。

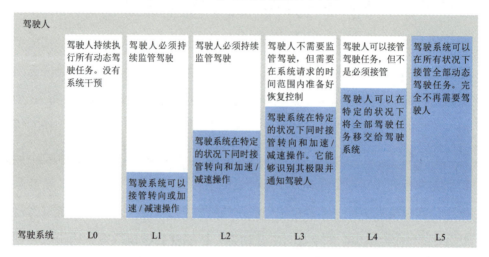

图1-6　L0～L5各级别驾驶系统与驾驶人的不同分工（资料来源：SAE）

L0一般意义上可以认为是没有辅助驾驶功能的汽车。但有时也将一些预警和应急辅助功能，如驾驶人状态监测、自动紧急制动等，加到汽车产品中。

L1、L2是初级的辅助驾驶功能。车辆行驶过程中主要还是由驾驶人来操控，但是驾驶系统（机器）可以帮助驾驶人实现一些辅助功能，L1和L2的主要区别在于L1只能提供横向或纵向单一方向的控制，而L2则可以同时实现两个方向的控制。

L3、L4属于部分自动驾驶功能，这时驾驶人可以在特定情况下将驾驶汽车的操作交给机器完成，区别在于，L3 的自动驾驶功能是有限的，一旦超出限定条件，驾驶人必须接管，而 L4 一般不需要接管，但是当驾驶人有意愿时，机器也可以随时退出操控。无论是 L3 还是 L4，驾驶人都可以随时接管操控车辆。

L5 是真正的无人驾驶功能，这时候汽车已经没有驾驶人操控了，所有的功能都由机器来完成。

随着传感器技术和计算机技术的不断进步，大约在 2015 年，辅助驾驶技术逐渐在整车上得到应用。激光雷达摄像头、超声波传感器等成为辅助驾驶车辆的"眼睛"，通过传感器，汽车可以实时获取周围的环境信息，同时，机器学习和人工智能算法的发展，使得汽车能够准确地理解和应对复杂的交通环境。截至 2023 年底，我国汽车新车型上几乎都配装了 L2 及以下级别的辅助驾驶功能软件，包括自适应巡航控制，它可以根据前方汽车的速度自动调整车速，保持安全距离；自动紧急制动，在检测到前方有障碍物时自动刹车（即制动），以避免碰撞；车道保持系统，通过摄像头或传感器检测汽车是否偏离车道并自动调整方向；自动泊车辅助，它可以帮助驾驶人在泊车时自动控制转向盘转向和刹车（即制动器），使汽车停入停车位；盲点监测，检测汽车两侧的盲区，并在有其他车辆进入盲区时发出警告；倒车警报，在倒车时检测后方是否有其他车辆或行人，并发出警告；交通标志识别，通过摄像头或传感器识别道路上的交通标志，并在驾驶人需要时提供相关信息；夜视辅助，使用红外线或热成像技术，在低光照条件下提供更好的视野；驾驶人疲劳监测，通过监测驾驶人的行为和生理特征，判断驾驶人是否疲劳，并发出警告。现在，新车型若没有这些辅助驾驶功能软件，在市场上绝对不可能有好销量。

我国最早应用 L2 辅助驾驶技术的车型是 2016 年的长安 CS75，这款车配备了自适应巡航控制、车道保持系统、自动泊车辅助等功能软件，随后吉利博越、比亚迪唐等车型也陆续开始配备各种辅助驾驶功能。

到了部分自动驾驶阶段，汽车必须打通车载系统和车控系统，形成整车的控制系统。在自动驾驶状态下，由传感器感知周边的各种信息，控制系统根据道路交通法的规定对各种信息进行计算分析，然后形成供决策的信息，由机器下达指令给各子系统，子系统接到指令后执行动作，完成整个操控。

近年来，人工智能的快速发展为自动驾驶汽车增添了"翅膀"，"端到端"的人工智能技术可以利用各种不同的状况所形成的场景来训练机器学会处理复杂情况，形象地讲，就好像把一个新司机培训成经验丰富的老司机。由于机器有过目不忘的特点，只要我们能够保证让它"见多识广"，它最终肯定会比老司机开得好。本书后续章节还将对相关话题展开详细说明，这里点到为止。

1.3 | 智能网联汽车：AI 赋能汽车产业

智能化是人工智能在汽车、交通上的实际应用，是汽车产业大变局最重要的趋势之一。2017 年 6 月，我在中国智能网联汽车产业创新联盟成立大会上提出：智能网联汽车是我国抢占汽车产业未来战略的制高点，是国家汽车产业转型升级、由大变强的重要突破口，是关联众多重点领域协同创新、构建新型交通运输体系的重要载体，并在塑造产业生态、推动国家创新、提高交通安全、实现节能减排等方面具有重大战略意义。

1.3.1 为什么锚定智能网联汽车

经常有人问我：社会上有时用"智能汽车"这个词，有时又用"智能网联汽车"这个词，这二者之间有什么不同？

简单地说，智能汽车讲的是整车智能化，这是基础。智能网联汽车是指在实现整车智能化的过程中将汽车智能和网络赋能结合起来。

如果只采取单车智能的方法，每一辆车只要发动，就要以毫秒级的速度实时感知所处环境，然后交给整车的计算平台进行数据处理和计算，得出结论，供计算平台决策，并通过一系列的控制系统执行到位，且不说这对整车的人工智能系统算力需求有多大，仅仅是支撑这么大算力的电耗就是巨大的负担。况且这种感知还会受到诸如雨、雪、大雾天气的影响，还会有盲区和误判，之前自动驾驶汽车出现的许多问题都与此有关。智能网联汽车不仅要关注整车的智能化，还要同时推进道路的智能化和云服务，形成车与车、车与路、车与云、车与人之间的联系和互动，也就是所谓的车联网（Vehicle to Everything，V2X）概念，由此形成电动化、智能化、网联化的发展模式。

智能汽车是基础，如果没有整车的智能化，其他都无从谈起。但是在实现整车智能化的过程中，如果仅仅是单车智能，将所有的问题都交给汽车去解决，这绝不是最佳方案。当然，单车智能的发展也离不开网络，大量数据需要通过网络上传到云端，一些软件的升级也需要通过网络下载到车端。从这一点上说，智能化不可能在单车上实现。

1.3.2 着眼点：美欧日韩各不同

世界各大汽车强国其实也看到了问题所在和发展趋势，纷纷提出各自的战略、计划，虽然没有使用"智能网联汽车"的表述，但是其内涵却大同小异。

先看美国。2016年9月，美国交通部发布了《联邦自动驾驶汽车政策：加快道路交通安全的全新变革》（AV1.0），第一次明确要关注产业安全发展，消除既有制度对创新的障碍。之后又连续发布了3个版本，AV4.0改为由美国联邦政府总统行政办公室、科技政策办公室、交通部共同发布。2021年1月，美国交通部发布《自动驾驶汽车综合计划》，确定建立利益攸关方的合作机制和信息透明共享机制、按照安全第一的原则修订现有法规、完善智能化交通系统等三大目标，并将无人驾驶低速车（主要指物流配送车）、有条件

自动驾驶乘用车、高度自动驾驶乘用车、自动驾驶货运卡车、低速客运摆渡车等场景应用作为优先支持的方向。2021年6月，美国国家公路交通安全管理局发布标准常规命令《2021-01标准常规命令 | 自动驾驶系统和L2辅助驾驶系统的事故报告》，要求整车企业、软件供应商、运营商建立报告制度，对事故情况及时提供详细的分析报告。可见美国在推动自动驾驶汽车发展的过程中，十分重视产品的安全性，也认识到应该对现有制度和监管方式进行必要调整，以适应发展自动驾驶汽车的需要。但是由于美国是联邦制国家，各州都有立法权，这对在全美范围内推广自动驾驶汽车造成了困难。一些企业早就看清了这一点，只能依靠自身努力来实现自动驾驶的目标。各州的立场差别很大，其中加利福尼亚州最为积极，法律比较完善，支持政策很多，吸引了世界上很多公司申请到这里进行实际道路测试，中国不少公司参与在此地的测试试验。

美国政府交通管理部门、参众两院和部分州政府等不同主体发布了关于道路测试、产品管理、道路交通管理、网络安全和数据安全等领域的众多法律法规。

再看欧盟成员国。欧盟在2015年发布了《欧洲自动驾驶智能系统技术路线》，提出了在欧洲发展自动驾驶汽车的技术路线图，明确了自动驾驶汽车的实现路径，确定了到2030年欧洲普及自动驾驶汽车的目标。2016年1月，代表汽车、电信、IT和保险等不同行业利益的相关者成立了GEAR 2030高级小组，协助欧盟委员会就高度自动化和联网车辆制定长期战略。针对道路智能化建设，2016年欧盟又通过了《合作智能交通系统战略》（C-ITS），设想在整个欧洲建设统一的智能公路系统。2016年，欧盟各成员国交通部长和欧洲汽车制造协会共同签署了《阿姆斯特丹宣言：互联和自动驾驶领域的合作》，提出在平衡交通运输、环境保护和汽车安全方面，自动驾驶汽车是应对这些挑战的重要组成部分。该宣言重申要确保欧盟内部采用一致的汽车政策，促使在2023年高速公路上的卡车可以列队行驶，并制定了以下目标：

到 2020 年在高速公路、城市低速行驶场景下完成自动驾驶计划，实现卡车及垃圾车车型的自动驾驶；到 2022 年，欧盟所有的新车都接入互联网，车与车、车与路之间能够直接通信，实现免费的、基于伽利略卫星系统的高精度地图支持；到 2030 年迈向全面自动化。欧盟成员国众多，发展水平参差不齐，虽然认识到车联网的重要性，但是真正落地还存在许多困难，绝不是想到就能做到的。

2017 年 5 月，德国发布《道路交通法》（第八修正案），允许高级别或全自动驾驶系统代替人类驾驶，给予其和驾驶人同等的法律地位，成为全球第一个将自动驾驶纳入道路交通法规的国家。2021 年 7 月，德国《自动驾驶法》实施，允许车辆在特定应用场景下使用 L4 自动驾驶功能，聚焦接驳运输服务、固定线路行驶的巴士以及仓到仓自动驾驶物流车等。2021 年底，德国联邦汽车运输管理局正式批准符合 L3 的奔驰 S 级和 EQS 两款车型上路行驶。根据介绍，当驾驶人的左右手按下 L3 自动驾驶车辆转向盘上的任一按键，就表示车辆将交给驾驶人操控。这种自动驾驶汽车除了解放了驾驶人的双手双脚外，根据法规要求，驾驶人的眼睛也可以离开道路，在机器操控车辆时允许驾驶人使用中控屏幕的所有应用程序，但是不允许在车内看书、看报，更不允许玩手机。根据欧盟法规，在自动驾驶系统操控车辆时发生的交通事故，由汽车生产企业负全部责任；当自动驾驶系统退出 L3 之后发生的交通事故由驾驶人负责。L3 的自动驾驶汽车的最高速度为 60 公里 / 时，超过最高速度时自动驾驶系统将自动退回到 L2，以防止高速行驶时发生事故。如果在 10 秒内驾驶人仍然没有接管车辆驾驶，自动驾驶系统会逐渐减速直到停车，停车以后会发出紧急呼叫，解锁车门，等待救援。尽管限定如此之多，但是这毕竟在全球率先揭开了 L3 自动驾驶汽车商业化的序幕。

日本也高度重视自动驾驶汽车发展，除了汽车安全性问题，还充分考虑到老龄化社会人们的出行问题。2016 年，日本内阁提出"超智能社会 5.0"战略，计划按照老龄化的社会形态，大力发展无人机送货、人工智能家电普及、智慧医疗与看护、全自动无人驾驶汽车等，为老年人服务。该计划提出到 2030 年实现全自动驾驶汽车的普及目标。2017 年日本内阁发布了《2017 官民 ITS 构想及路线图》，制定了实现自动驾驶汽车的发展目标：到 2020 年左右，实现高速公路 L3 自动驾驶、L2 卡车编队行驶，以及特定区域 L4 的自动驾驶；到 2025 年，实现高速公路 L4 的自动驾驶。这个技术路线图每年更新一次，对比 2020 年公布的路线图与 2016 年公布的路线图的目标，有往后推迟的情况，说明技术进步不如早先设想得快，安全性问题受到更多关注。

从 2017 年 9 月开始，日本在国内高速公路上开辟了专用测试路段，供自动驾驶车辆进行道路测试。其实在日本，只要是符合安全标准的车辆，不论是否自动驾驶，都可以上路进行测试，不需要另外办理申请手续。对于不符合安全标准的车辆，只要得到国土交通大臣的批准，也可以在公路上进行测试。2017 年，日本东京海上日动火灾保险株式会社将自动驾驶期间发生的交通事故列入了保险赔付范围。

2018 年 3 月，日本政府提出《自动驾驶相关制度整备大纲》，主旨是在自动驾驶汽车开始普及的 2020—2025 年期间明确立法和监管的方向性。大纲确认，自动驾驶时的事故赔偿责任原则上由车辆所有者承担，可以利用法律强制加入机动车交通事故责任强制保险进行赔付，将自动驾驶汽车与一般汽车同等对待。企业的责任仅限于汽车系统存在明确缺陷时。至于交通事故的刑事责任，尚无明确规定。2019 年，日本政府先后通过《道路车辆运输法》修正案和《道路交通法》修正案，对自动驾驶汽车的管理进行了规定。在支持政策方面，日本利用汽车强制性保险支持自动驾驶汽车的发展有其独到之处，值得我国研究借鉴。

日本把支持自动驾驶汽车的着眼点放到了满足老年人出行需要上，应用人工智能、机器人、自动驾驶汽车来帮助老年人生活起居、出行是一条可行之路。我国也已经进入老龄化社会，相比日本，我国人口多、基数大、"未富先老"，从现在开始就应该做好前瞻性的规划，以满足老年人出行的需求。

最后再看韩国。韩国 2019 年发布《未来汽车产业发展战略》，规划电动汽车、无人驾驶汽车的发展，提出了制修订法律、投资建设基础设施的具体计划，到 2027 年要实现在高速公路上自动驾驶汽车的商业行驶。韩国国土交通部在首尔等 6 个地区建立了示范区，汽车企业在获得批准后可以进行自动驾驶商业化运行。

从国际社会来看，联合国欧洲经济委员会《国际道路交通公约（维也纳）》修正案于 2016 年 4 月正式生效，主要修订的条款是确定可以将汽车驾驶职责移交给自动驾驶系统。未来联合国还将力推建立自动驾驶汽车智能存储系统，该系统犹如车上的"黑匣子"，无论自动驾驶汽车是无人驾驶还是由驾驶人在驾驶，它都会记录下车辆所有的行为信息，以助后期分析。

从以上的对比分析可以看出，虽然各国着眼点不尽相同，目标政策各异，但是各国都认识到了自动驾驶汽车的重要性。

1.3.3 我国汽车产业升级方向

汽车在给我们提供便利的同时，也带来一系列问题：能源资源的大量消耗，尾气排放带来的环境污染，二氧化碳排放造成的全球气候变暖，交通事故对人民财产和生命的威胁，日益严重的道路拥堵问题……解决这些问题的根本出路还在于技术进步。通过发展新能源汽车，我们已经解决了一部分问题；通过发展智能网联汽车，我们还将解决剩下的一些问题。随着技术的进步，最终可能会在汽车的拥有和使用上发生根本性变化——将来汽车不再是身份、地位的标志，而是将重新回归其作为运输工具的本质。

就以现在在新车型上普遍使用的一些辅助驾驶功能为例，这些功能既有助于减轻驾驶人频繁操作的疲劳，也可以提高道路通行的效率，减少交通事故。比如，自适应巡航系统功能一旦启动，就可以不用驾驶人操控汽车，机器自动跟上前面一辆车，且根据行驶速度留下足够车距以备紧急制动，前面的车快则本车快行，前面的车慢则本车慢驶。这在高速公路长距离行驶或者车流密度很大时特别有用，将来更多的汽车配置这种功能，就可以在高速公路上实现编队行驶。再比如，在城市工况下，红绿灯非常多，有时为了赶路抢时间，会有闯红灯的违规行为，甚至可能造成安全事故。假使将来所有的红绿灯都进行了数字化改造，汽车就会变得更加"聪明"，当驶近红绿灯时，能实时感知绿灯还有多长时间会变灯，进而判断有没有可能提速开过去，如果有可能，汽车会自动提速抢在变灯前通过，如果时间不够，它就会自动减速停车等待。随着具备智能互动功能的汽车日益增多，它们将能够与红绿灯系统进行高效协同，通过精确计算，一个红绿灯间隔可以让更多的车辆通过，要是所有的红绿灯都能实现与汽车的这种互动，那么一路畅通就不再是梦想，我们可以不再为是否"抢灯"而踌躇，更不致因违规而受罚。这就是所谓的"绿波出行"。

另外，我国人口众多，拥有超大城市 7 个（城区常住人口 1000 万及以上）、特大城市 14 个（城区常住人口在 500 万及以上、1000 万以下）、大城市 80 多个（城区常住人口在 100 万及以上、500 万以下）。据中国汽车工业协会发布的统计信息，截至 2023 年 9 月，中国汽车保有量最多的 11 个城市是成都、北京、上海、苏州、郑州、西安、武汉、天津、东莞、深圳和杭州，汽车保有量均超过 400 万辆。随着汽车保有量的增长，几乎所有大城市都出现了堵车问题。为了缓解拥堵，各地政府想了许多办法。首先是限购，现在有北京、上海、广州、深圳、天津、杭州等城市实行了限购汽车政策，用户要想购买汽车只能参与摇号，或者参与牌照拍卖；之后一些城市又对限购政策进行了精准化管理，一个家庭只能购买 1 辆汽车等。许多城市对路网进行了优化，开辟出一些新道路，为经常堵车的路段分流。有些城市还采取限行措施。然而，这些措施虽然取得了一定成效，但是治标不治本，何况限购限行措施与我们鼓励居民消费的政策方向相悖，难道没有更好的办法了吗？

我认为，推广智能网联汽车可能是解决发展和限制这对矛盾的最佳方案。

从近期看，如果我们能够通过交通信号灯智能化改造，加上汽车智能化，在同等时间内完全可以大大提高路口通过量。北京亦庄通过交通信号灯＋导航控制提供了验证。在更大范围内推进城市的智能化改造以后，加之智能化整车越来越多，可以自动生成行驶路线，有助于减少出行盲目性，使得同样的城市路网能够容纳更多汽车行驶。

从长远看，如果有更多的汽车处于行驶状态而不是停驶状态，不再停在路边占用道路影响通行，一个城市就可以拥有更多汽车。更进一步，如果每个人在任何时间任何地点，需要用车时能够"招之即来"，也没有必要每个家庭都购买一辆汽车，每天却只使用 1 ～ 2 小时，其余时间都处在停驶状态，这样既占用道路或停车场资源，又要支付很高的保险和停车费用。

我国发展智能网联汽车，是应对交通挑战、提高物流运输效率、降低成本、促进产业升级和实现可持续发展的重要举措。据专家预测，在运营管理方面，通过智慧运营和管控，现有公路的通行效率可以提升 25%，这有助于减少交通事故的发生，特别是大幅度降低大事故的发生率。此外，智能公路还有利于均衡配置免费、收费公路的交通流量，利用好公路资源。在运营养护方面，人工智能技术的应用可以有效降低 36% ～ 40% 的公路养护成本，并提高公路养护期间的通行效率。智能公路甚至还包括通过空置的公路资源，大力发展如光伏、风能等相关产业。

智能网联汽车是汽车产业升级和技术创新的重要方向。随着人工智能、物联网和大数据等技术的快速发展，智能网联汽车可以实现车辆之间、车辆与基础设施之间的移动通信和数据交换，提供更智能、更安全、更高效的驾驶体验。我国政府将智能网联汽车作为继新能源汽车发展之后的又一个目标，已经制定并发布了相关的标准、规划，以推动汽车产业的升级和经济的可持续发展。

与其他国家相比，我国政府对智能网联汽车的认识是具有前瞻性的。2017 年，经国务院批准，工业和信息化部、国家发展改革委、科技部发布了《汽车产业中长期发展规划》，对智能网联汽车的发展进行了全面部署。

面对汽车普及带来的日益严重的交通拥堵问题，面对节能减排、"双碳"目标的紧迫要求，面对人工智能技术颠覆和改造汽车行业价值链的巨大驱动力，我国如何在继续保持新能源汽车发展领先势头的同时，抓住智能网联汽车的发展机遇，成为汽车行业决策者们不能回避的重大问题。

第二章

整车智能化升级

汽车工业 100 多年的发展史，就是见证人类在机械工程、艺术、设计、电子技术、信息和其他众多学科领域不断突破的历史。从卡尔·本茨发明汽车，到五花八门的电子技术上车，从各类辅助驾驶系统功能，到不断接近终极的全自动无人驾驶，整车智能化的水平一直处于不断提升的过程中，改变着汽车产业的面貌。

汽车智能化的发展与新能源汽车的发展基本同步，也走过了 20 多年的历程。从最早取消发动机的化油器，用电子控制燃油喷射系统取代，到后来对安全气囊引爆的精确控制，再到防抱制动系统，这些都是通过传感器和电子控制单元（Electronic Control Unit，ECU）来实现的。后来，许多过去手动控制的功能改为自动控制，这使得现在汽车上的 ECU 越来越多，一辆汽车要使用几十个、上百个 ECU，这就带来新的问题：整车的线束越来越粗，随着线束的增加，插接件也越来越多，可能造成故障率显著提高等问题。伴随着整车智能化水平的提升，整车的控制必然要从分散走向集中，现在大多数新车型采用域控制器，使用最早、最多的是车载域控制器，它打通了仪表板和车身部分，在汽车上采用类似 PAD 显示屏的装置来实现人机互动，下一步就要升级到用自动驾驶系统将车载系统与车控系统打通，从辅助驾驶到自动驾驶，最终实现最高级别的自动驾驶——无人驾驶。

2.1 | 电子技术广泛上车

过去的汽车基本归类为机械类产品，除了灯光、收音机、发动机点火等少数电子电气装置，传动、控制基本上都是靠人发出信号，并通过一系列机械传动来完成动作的。

最早的汽车起动是靠人工用一个 Z 型摇把转动曲轴来完成的，费力而且很不安全，汽车起动之后，必须及时后撤摇把，否则发动机会带着摇把快速转动，稍不留意就会伤人。据说早年有位英国绅士在帮助某位女士起动凯迪拉克汽车时，就因为后撤摇把不及时而不幸遇难。那位女士恰好是通用汽车公司总裁的好友，这一不幸事件激发了通用汽车公司的创新，通用汽车公司终于将起动电机应用到车上，总算消除了靠摇把起动汽车的风险。这件事是否属实无法考证，不过却是让人印象深刻的一桩关于汽车技术进步的逸事。

即便到了 20 世纪 80 年代，大卡车已经普遍配备了起动机，但是摇车起动仍然是卡车长途行驶时司机必备的技能。我在驾校学习驾驶的时候，每天早上教练还是让我们用摇把起动汽车。教练要求我们掌握这个技能，大概是为了以防万一，一旦遇到汽车打不着火的状况，起码还能用摇把让汽车起动。教练告诉我们，这样做还有一个好处，通过摇把把润滑油均匀地涂到每个轴承座上，可以保护气缸和曲轴。

自 20 世纪 60 年代开始，电子技术有了巨大进步，许多车用电子产品的集成度也按照摩尔定律在发展，使得汽车具备了"用得起"这些电子产品的条件。过去靠人来做的不少工作，可以交给电子产品来控制了，例如，电子防抱制动系统取代了靠脚点刹车的动作，电控摇窗机代替了手摇柄，等等。随着车上的电气装置越来越多，发电机也开始用到车上。为了统一车内通信，博世公司专门制定了一个 CAN（Controller Area Network，控制器局域网络）总线车内通信标准，事实上把整车的所有电子电气装置连接成一个网络，每个装置除了独立完成自己的工作外，还可以与车辆总控及其他装置保持联系，这样能减少彼此之间的连线，使总装线上的装配简单化，也便于故障报警和维修。

举一个收音机的例子。最早的车用收音机是电子管收音机，在 20 世纪 30 年代已经出现在美国生产的汽车上，但是由于耗电高、不耐震，很快被晶体管收音机所取代。1955 年，第一台晶体管收音机开始应用在汽车上，后来又发展出了车用集成电路的收音机、收音机与 CD 机二合一的一体机等产品。

我国早期的汽车上是不允许安装收音机的，理由是怕分散驾驶人的注意力，不利于行驶安全。真正突破还是在改革开放后，引进的国外轿车产品配备了收音机，这才改变了我们旧有的观念。为了实现国产化，当时专门定点在上海无线电四厂生产车用收音机，很遗憾由于技术的进步，收音机功能可通过互联网技术来实现，这家企业最终在 1996 年破产了。

2000 年，为了推动与裕隆汽车公司的合作，我第一次去了祖国宝岛台湾。裕隆公司向代表团介绍了既不需要 CD 机也不需要光盘，而是从互联网上下载音乐直接用于车上音响的新技术，让我们一行人大开眼界。从磁带到 CD 已经是极大的进步了，没想到 CD 机即将被淘汰。今天我们不仅可以从网上下载音乐，下载高清电影也不在话下，倒退 20 年，这完全不可想象。

电子技术的广泛上车得益于汽车传感器的广泛应用。如今汽车上的传感器可以说无所不在。有人统计过，一辆普通轿车就有上百个传感器，如果是高级轿车，配备的传感器可能超过 200 个。随着智能汽车的发展，传感器的作用从检测汽车自身向感知外部环境的方向转变，其上车数量无疑还会增长。

传感器实际上是汽车控制系统的信息来源，是汽车上的基础零部件，也是汽车电子应用最重要的组成部分之一。早期传感器只能测量温度、压力、流量等少量参数，现在则可以测量速度、加速度、气体中的某些成分等。传感器未来的发展趋势是微型化、集成化、智能化，一个传感器可以感知多种外界信息。

以加速度传感器为例，过去汽车的感知、决策是由传感器和 ECU 分别完成的，而现在将传感器（机械部分）和 ECU 合二为一，将机械部分和电子部分的芯片封装到一起，组成加速度传感器。更进一步，还可以把加速度传感器与陀螺仪（实际上就是测量角速度的传感器）集成在一起，做成惯性传感器。我们手机上测量运动步数的功能就是利用这种惯性传感器实现的。

为了说明车用传感器设计之巧妙，我们不妨再来看一个安全气囊传感器的实例。

汽车前保险杠的左前方、中央和右前方分别安装了三个碰撞传感器，当车辆发生碰撞时，外力挤压碰撞传感器，传感器向 ECU 发出压力信号。

ECU 经过分析，若判定碰触能量足够大，就会立即启动引爆装置，气体在几十毫秒内充满安全气囊，与此同时迅速锁死安全带，达到保护乘员的目的。一般来说，只有车速达到 50 公里 / 时以上、加速度达到 $-40g$（$1g$ 约为 9.8 米 / 秒 ^{2}），而且是正面碰撞时才能启动安全气囊。车速太低或者加速度达不到 $-40g$ 时，即使发生碰撞，安全气囊也不会启动。

美国曾经做过统计，在高速公路上发生车祸，安全气囊加安全带可以减少 70% 的死亡率。这里传感器的工作原理，是利用一个圆珠或圆柱体，当加速度达到限定值时，圆珠或圆柱体从弹簧中滑出，冲向滑道的另一端，其在滑道中的行进速度被记录下来，换算成加速度值，再传送到 ECU 进行比对，超过限值时 ECU 马上启动安全气囊引爆装置，使安全气囊充满气体，但是在驾驶人刚刚接触安全气囊的一刹那，安全气囊又得马上放气，以防止气囊过"硬"，对乘员造成伤害。这一系列动作在 100 多毫秒内完成，设计可谓精巧。

汽车大量使用电子产品后，传统的仪表板发生了很大变化。早期仪表板上的仪表都是以物理形态存在的，成本很高且经常出现故障。随着数字技术的发展，汽车传感器感知的信息通过模拟 / 数字芯片转换为数字信息，这些数字信息又可以通过显示器显示出来，这就为取消物理形态的仪表创造了有利条件，从此它尽管形式上还是仪表，但实质上就是显示器了。

有些车型尝试在仪表板上用数字显示代替指针式显示，但是使用反馈的结果表明，这样做很容易造成驾驶人视疲劳，于是又回归到指针式显示上来，而且没有必要频繁变换显示的数值，以防止指针快速摆动，因为驾驶人开车时眼睛并不是时刻紧盯仪表板的，显示的数字也不需要非常准确，时延或者误差只要控制在一定范围内都是可以接受的。除了仪表板，由于显示屏具有触摸功能，很多开关也改为触摸式，于是物理形态的开关越来越少。现在很多人不知道（事实上也不需要知道）仪表板背后已经发生了如此跳跃式的变化，看上去汽车还有几块仪表，也有开关，但实际上已经变成仪表和开关形态的显示器了。

上车的电子产品越来越多，靠一块仪表板已经远远不够了，汽车设计师又在仪表台中间的位置增加了一个显示器，专门用来显示调节空调、视频、收音机、音响、地图、导航等的信息。比起传统汽车，新能源汽车显示和调节的内容更多。很多车型将一个大 PAD 安装在两个前排座椅之间，而且其尺寸有越来越大的趋势。也有些车型在仪表台上增加了第三块显示屏，即在副驾驶座前方的仪表台上增加了一块新屏，且对三块屏显示的内容进行了一些"分工"，这样一来，整体性看上去更好，但是受仪表台尺寸的限制，显示屏的尺寸不能做得像 PAD 那么大。

其实，车用显示屏与 PAD 相比要复杂得多，工况要求也比 PAD 高得多，它除了要具备 PAD 的所有功能，还必须具有对内数据集中处理中心、对外信息交互处理中心的功能。信息交互处理中心负责处理车外与其他车辆、路面信息、空中信息、车外其他人联系的所有信息，而且所处理的还是上行和下行双向交互信息，有些信息的处理对时延有严格要求，如果信息不畅，轻则影响行驶，重则导致安全事故。

现在有一种倾向，希望将汽车上所有的信息，特别是一些汽车控制系统的互操作，都显示在车用显示屏上，这是不利于行驶安全的。我认为在 L3/L4 阶段，行驶中所需要的信息，特别是需要人机互动的操作，还是显示在仪表板或者抬头显示（Head-Up Display，HUD）上为好，否则会分散驾驶人的注意力，严重影响行车安全。对此，我国需要制定国家标准，进行统一规范，确定哪些信息和互操作不能够放到 PAD 上显示，防止各行其是。也就是说，尽量不要改变 100 多年来人们已经习惯了的驾驶汽车的操作习惯，比如右脚控制油门和刹车。例如，在取消了离合器的车型上，尽管左脚已经空闲下来了，但是并没有改成左脚刹车、右脚油门之类的布置。在这方面不要随意"创新"，更不能一款车一个样。这事拖延不得，应该马上启动，越早越好，要是等进入 L3/L4 阶段的新车型申报公告时再去纠正，会造成很大损失。

从某种程度来说，汽车工业 100 多年的发展史，就是见证人类在机械工程、艺术、设计、电子技术、信息和其他众多学科领域不断突破的历史。从卡尔·本茨发明汽车，到五花八门的电子技术上车，从各类辅助驾驶系统功能，到不断接近终极的全自动无人驾驶，整车智能化的水平一直处于不断提升的过程中，改变着汽车产业的面貌。

2.2 | 溯源自动驾驶探索

从汽车诞生的那一天起，就需要由驾驶人操控汽车。人类为实现无人驾驶汽车的梦想付出了许多心血和努力。

现代意义上的自动驾驶汽车概念与人工智能的发展密切相关。1969 年，约翰·麦肯锡首次提出使用视觉感知环境的无人驾驶汽车概念，并且预测计算机控制汽车比人类驾驶汽车更安全，可以减少 80% 的交通事故。

虽然后来人工智能的发展并没有像当初想象的那么乐观，发展过程也一波三折，但是人工智能技术方面的进步还是巨大的。自动驾驶技术正是在 21 世纪初第三次人工智能的发展中从概念真正走向现实的。

早在 1925 年 8 月，一辆被命名为"美国奇迹"的汽车就亮相纽约，车上取消了驾驶人，工程师弗朗西斯·P. 霍迪纳坐在另一辆车上，靠发射无线电波来操控它行驶。这辆车穿过了纽约拥挤的道路，从百老汇一直开到第五大道。尽管看上去实现了无人驾驶，不过人们还是把这看作一场超大型遥控实验，并不认可它是无人驾驶汽车。

1956 年，通用汽车公司开发出了火鸟二代（Firebird Ⅱ）概念车，并且首次提出了自动导航的概念。这款概念车采用钛金属材料，流线型的车身简直像一枚火箭。后来的火鸟三代（Firebird Ⅲ）的广告语颇有诱惑力："你要坐着放松一下？好，设定想要的速度，然后调成自动导航状态吧。打开手柄，火鸟 Ⅲ 会自己搞定。"但这只是一款概念车，并没有投入量产，仅仅为了证明通用汽车公司的技术实力而已。直到 1973 年，美国国防部开始研发全球定位系统，自动导航系统才从概念变成现实。

1977 年，日本筑波工程研究实验室开发出了第一款使用摄像头来检测前方标记或者导航信息的自动驾驶汽车。这款车配备了两个摄像头，在道路标识的辅助下，它能以 30 公里 / 时的速度行驶。这意味着汽车研发人员开始从视觉角度来思考自动驾驶汽车的发展路径，导航与视觉感知共同促进了自动驾驶技术的实际应用。

真正意义上的自动驾驶技术是在 20 世纪 80 年代由卡内基 - 梅隆大学基于一辆雪佛兰厢式货车进行试验的。这辆车是拥有电动线控转向能力的标准商用货车。研究人员在车上安装了摄像机和激光测距仪，货车内部有一间计算机房，搭载了 20 千瓦的车载电源，配备一台 WRAP 超级计算机、几台 SUN3 和 SUN4 服务器，陀螺仪、惯性导航系统以及卫星定位系统一应俱全。此外，还配置了几台 Intel 386 实时处理器，用于处理传感器信息和生成车辆运动指令。但是这辆车只能以最高 32 公里 / 时的速度行驶，全车配备了大量的计算机和昂贵的设备，基本不能载货，只是用于试验。

在此基础上，卡内基 - 梅隆大学的实验室开发出自动驾驶汽车 ALVINN，在 20 世纪 90 年代开始测试。这辆车仅使用了一个摄像头，主要依靠神经网络计算能力来完成自动驾驶。它采用英伟达的 Titan X Pascal GPU，其自研的加强型计算机拥有每秒百万次级别的浮点运算能力。这辆车的中央处理器有一个冰箱那么大，依靠 5 千瓦的发电机供电。尽管如此，在 20 世纪 90 年代初，ALVINN 的行驶速度就已达到了 70 公里 / 时。凭借美国军方资金的支持，卡内基 - 梅隆大学的实验室经过 8 年的研发，终于让 ALVINN 驶向了公路。

在谷歌公司研发的自动驾驶汽车还依赖三维地图来进行环境自适应之时，ALVINN 就采用神经网络进行计算了，这意味着它具备人工智能，不需要靠地图来做决策。ALVINN 通过神经网络计算来指挥车辆自动驾驶，建立起一个适应多种环境的自动驾驶系统。只是当时受限于硬件条件，还做不到完全取代人来驾驶汽车。

2004 年 3 月，美国国防高级研究计划局（Defense Advanced Research Projects Agency，DARPA）在美国莫哈维沙漠举办了第一届无人驾驶汽车挑战赛，路线总长 240 公里。比赛中会遇到急弯、隧道、陡坡、路口、沟壑，还有漫布全程的仙人掌，也少不了突然出现的动物和火车。参赛的所有车辆不允许使用远程遥控，在 10 小时内最先到达终点的车辆获胜。这一届共有 106 支队伍报名参赛，在预选赛上有 25 辆车通过了安全和技术测试，然后通过在加利福尼亚州高速公路进行的 1 英里（1.6 公里）自主导航与障碍测试，有 15 支队伍进入了决赛，很遗憾最终结果是全部参赛队伍均未跑完全程。

约一年半后，2005 年 10 月，第二届无人驾驶汽车挑战赛在莫哈维沙漠100 多公里的越野地形上进行。这次共有 195 支队伍报名参赛，其中 43 支队伍通过审核，进入了资格赛。资格赛从所用时间、通过项目数、绕障碍物的表现以及比赛完成度 4 个方面排名，23 支队伍进入了决赛。这届挑战赛是移动机器人发展史上的标志性赛事，5 辆无人驾驶汽车使用人工智能识别系统成功通过了路况恶劣的沙漠赛道。斯坦福大学、卡内基 - 梅隆大学（2 辆车）、格雷保险公司、奥什科什卡车公司的队伍分别获第 1 名到第 5 名。斯坦福大学的队伍以最快的速度获得了有 200 万美元奖金的金奖。

2007 年 11 月，DARPA 又举办了第三届无人驾驶汽车挑战赛，地点在加利福尼亚州维克多维尔的乔治空军基地。这次是城市挑战赛，在全长 96 公里的城市复杂道路上比赛，要求在 6 小时之内跑完全程，并且需要遵守所有的道路交通规则，对于无人驾驶汽车与其他交通工具和障碍物进行的协同及交互，比赛制定了严格的规则。53 支报名的队伍中，有 11 支通过了资格测试，其中 6 支队伍跑完了全程，卡内基 – 梅隆大学的 Boss、斯坦福大学的 Junior 和弗吉尼亚理工大学的 Odin 获得前三名。麻省理工学院的队伍获得第 4 名，宾夕法尼亚大学和康奈尔大学的队伍也完成了比赛。

上述三届挑战赛之后，DARPA 没有再组织新的无人驾驶汽车挑战赛。通过这三次挑战赛，DARPA 已经成功地将无人驾驶汽车的理念和探索充分展现在世人面前。无人驾驶汽车的这几次赛事，无形间也促进了摄像头、激光雷达、毫米波雷达、传感器和计算单元等技术的发展。

谷歌 X 实验室就是由 2005 年的挑战赛冠军队伍中的塞巴斯蒂安·特伦牵头组建的，一开始并没有瞄准自动驾驶，直到 2009 年初谷歌公司创始人之一拉里·佩奇提议打造一款可以在加利福尼亚州的任何道路上自由行驶的自动驾驶汽车。特伦被吓了一跳，因为尽管他的队伍在之前的两次挑战赛上都取得了好成绩，但沙漠中路障很少，2007 年虽然在城市比赛，也只跑了 96 公里，而且车上还有安全员，他认为这个目标没法实现。多年后特伦回忆说，对自己这样一个世界级专家来说，那是职业生涯中最尴尬的一刻。好在第二天佩奇又来了，他跟特伦说："你是专家，你得从技术的角度给我一个理由，说明为什么这个想法无法实现，好让我给谢尔盖·布林（谷歌公司的另一位创始人）一个交代。"特伦想了很久，没有找到拒绝的理由，于是决定挑战一下自己的能力极限。2009 年 1 月 17 日，隶属于谷歌 X 实验室的自动驾驶项目 Chauffeur（意为"司机"）正式成立，特伦还聘请了自己在卡内基 – 梅隆大学任教时的同事、2007 年的挑战赛冠军队伍中的克里斯·厄姆森。Chauffeur 后来更名为 Waymo，在很长一段时期里，它都是自动驾驶领域最耀眼的一颗明星。

我国在无人驾驶汽车的研究方面起步并不晚。在 20 世纪 80 年代后期，国防科技大学、哈尔滨工业大学和中国科学院沈阳自动化研究所就开始研究全无人驾驶的汽车。1989 年，它们开发了第一辆无人驾驶的汽车测试样车，样车可以上路行驶，速度达到 21 公里/时。2011 年 7 月，一汽红旗 HQ3 第一次完成了在长沙到武汉的高速公路的无人驾驶试验，全程 286 公里，平均速度达到 87 公里/时，这标志着我国无人驾驶技术实现了新的突破。2012 年 11 月，由军事交通学院在现代汽车途胜的基础上改装的无人驾驶汽车"军交猛狮III号"，完成了京津高速公路 114 公里的全无人驾驶。这辆车装有两台计算机和一台备用机，负责处理摄像头感知的信息，所有操控完全由机器自主完成。之后郑州宇通在大型客车上进行了无人驾驶汽车的试验，也取得了比较好的成效。

早在 2009 年，国家自然科学基金会率先在国内举办了第一届"中国智能车未来挑战赛"，之后每年举办一次，目的是推动人工智能技术在车辆上的使用。前两届在西安举办，之后在鄂尔多斯、赤峰、常熟等地都举办过比赛。第一届挑战赛的时候，一共有 6 支队伍带了十几辆汽车参赛。当时车辆的自动化水平还很低，有人形容是人比车跑得快，在不到 3 公里的园区道路上，车辆经常出现问题，需要团队人员进行处置后才能够重回赛道。第一个出场的是上海交通大学团队，参赛的是一辆类似旅游观光场地车的无人驾驶汽车，外形非常简单，连车门都没有，完全不像大街上行驶的汽车。在车辆启动进入赛道之前，车上的团队人员才从车上跳下来，开始使用自动驾驶系统来控制车辆。这辆车在道路上行驶的速度十分缓慢，比如说，它在路上遇到一个井盖，可能是从来没有见过的缘故，它会停下来"考虑"很长时间才绕开井盖继续行驶。随后上场的是北京理工大学的队伍，虽然团队人员下车后，这辆车果断地开上赛道，而且行驶速度也比第一辆车快了不少，但是很遗憾，出发不久就进入了人行道，两名赛场工作人员慌忙躲避，团队人员赶紧冲上去进行处理，才避免了事故的发生。后来听说问题出在汽车的视觉系统没有调整好。最后只有湖南大学的车辆顺利完成了全部参赛任务和挑战。无人驾驶汽车就像步履蹒跚的婴儿学走路一样，虽然开始时跌跌撞撞，但是未来总有一天会让人刮目相看的。

2010 年 10 月，第二届挑战赛在西安举办，参赛队伍共 10 支，分别来自北京理工大学、湖南大学、清华大学、国防科技大学、西安交通大学、军事交通学院、装甲兵工程学院、中国科学院合肥物质科学研究院、武汉大学和南京理工大学。在为期三天的比赛中，各队伍进行了基本能力测试和复杂环境综合测试。基本能力测试包括交通标志识别能力测试、曲线弯道行驶测试和定点泊车测试。复杂环境综合测试主要测试无人驾驶车辆在运动过程中识别交通标志、综合控制车辆、正确使用灯光等装置、正确感知道路交通情况等各种能力。这一届参赛车辆水平明显高于上一届，特别是交通标志识别考验计算机的能力，因为当时计算机深度学习功能还不成熟，摄像头的清晰度也远远没有达到现在的水平，对参赛的车辆而言这是一大考验，70% 的车辆通过了测试。当然，由于计算机运算速度的限制，即便通过了测试，车辆往往在实际行驶中还要停下来"想"一会儿才能做出判断、得出结论。经过激烈角逐，中国科学院合肥物质科学研究院先进制造技术研究所的"智能先锋号"汽车获得冠军，武汉大学、南京理工大学的汽车分别获得亚军和季军。

回顾这些年的比赛，可以说难度一届大过一届，参赛车辆的表现一届胜过一届，这从一个侧面展现了我国无人驾驶汽车技术的进步，中国正在大步流星地追赶世界先进水平，国家自然科学基金会在这方面发挥了重要的促进作用。

为了实现自动驾驶技术的应用，国内外大体走出了两条不同的技术路线。

一条是以谷歌公司旗下 Waymo 和通用汽车公司旗下的 Cruise 车型为代表的技术路线，与其采用类似路线的还有百度公司等国内企业。这些公司的产品市场定位都是出租汽车和物流运输车，其目标是由机器来取代司机开车，尽管现在还不能一步达到 L5 的阶段，但是都希望越过 L3 直接进入无人驾驶（L4+）阶段。具体来说，就是大部分时间里都是机器开车，司机虽然还在车上，但是身份已经变成了安全员，只有在特殊情况下，才会接管机器，亲自驾驶汽车；更进一步就是安全员"下车"，改为在后台监控车辆行驶，到了这个阶段，在平台上，一个人就可以监控几辆正在行驶的汽车，这可为出租车公司降低人工成本。正是这些公司的市场定位决定了其发展路径。

Waymo 的前身是谷歌公司于 2009 年启动的一项自动驾驶汽车计划。从一开始研究的重点就不是汽车本身，而是利用现有的商品化车型装上自己开发的自动驾驶系统，实现部分自动驾驶功能。2016 年底，谷歌公司宣布将自动驾驶汽车业务分拆出去，于是 Waymo 公司和谷歌公司一样，都属于 Alphabet 旗下的独立公司了。2017 年 11 月，Waymo 公司宣布进入 L4+ 阶段，2019 年，Waymo 公司最先得到加利福尼亚州机动车管理局发放的全自动无人驾驶汽车测试许可证。Waymo 公司一般都是采购现有的商品车，然后在车顶部装上谷歌公司研发的探测器，在各种道路上进行数据采集，用这些数据来训练计算机，最终由计算机操纵车辆的行驶。Waymo 公司使用了摄像头、激光雷达等传感器，并且同时使用高精度地图对车辆进行定位，可想而知，这个车载计算机的数据处理量之大、处理速度之快是其他方式无法比拟的。但是直到今天，这条技术路线还是存在不少问题需要解决，在试验进程中也发生了数次交通事故，安全性仍需进一步提高。不过不管怎么说，Waymo 公司是第一次真正让无人驾驶汽车从概念走向现实的开拓者。

通用汽车公司的 Cruise 项目于 2016 年启动，也取得了很大进展，但是在 2023 年下半年连续发生了几起安全事故。尤其是在 2023 年 10 月发生在旧金山的事故，一辆在左车道行驶的汽车撞上了横穿马路的行人，将行人卷入位于右车道的 Cruise 车轮下，这时候 Cruise 不但没有启动自动紧急制动（Autonomous Emergency Braking，AEB）系统停车，反而启动了靠边停车功能，拖曳着伤者又行驶了 6 米后才停下来。这起事故导致加利福尼亚州公共事业委员会收回了 Cruise 自动驾驶经营许可证，Cruise 也因此暂停了自动驾驶汽车项目。

另外一条技术路线以特斯拉公司为代表，即在电动汽车的基础上，采取循序渐进的方式发展自动驾驶技术。我国大部分汽车企业也是按照这个路线来探索前进的。其实，特斯拉公司早期也曾经寄希望于 Robotaxi（无人出租车，L4），后来发现还存在不少需要解决的问题，如果短期不能够突破的话，Robotaxi 就不可能形成真正的商品推向市场，加之在市场上特斯拉公司的电动汽车销量出现了增长势头，于是马斯克调转方向，果断决定先将 L2 的技术应用于已经上市的电动汽车车型上。现在看起来，这种渐进式的方法对于量大面广的私家车市场可能更加可取，经济上有利于成本回收。

2.3 │ 整车智能驾驶配置解构

在国内车市推陈出新、日新月异的背景下，智能化配置正成为整车企业品牌差异化竞争的重要工具。受成本持续下降、技术趋同等因素的影响，以车机为载体的传统智能化功能已经逐渐从产品亮点转化为常规配置，丧失了差异化发展的优势。于是大量汽车品牌将发力点聚焦到自动驾驶技术上，配备辅助驾驶系统的车型持续热销，带动更多汽车企业加大研发投入，越来越多的企业踏上自动驾驶赛道。

2.3.1　汽车电子电气架构变迁

传统汽车电子系统由数十个甚至上百个负责不同功能的 ECU 组成。也就是说，汽车上的所有电器和每个系统的电子控制都是由 ECU 独立完成的。

ECU 有两种译法。一种是"电子控制单元"，现在大多数情况下都是这个意思。还有一种是"发动机控制单元"，这也没有错，因为早期的 ECU 主要用在发动机的控制上。随着技术的发展，除了发动机，现在部件与整车之间、部件与部件之间的联系越来越多，把 ECU 译为"电子控制单元"显然更顺理成章。

整车配备的 ECU 越来越多，碎片化的汽车电子系统缺陷明显，不仅带来线束日益复杂的问题，逻辑控制也变得愈加困难，更难以满足未来汽车软件化的要求。为了给软件开发创造更高效的环境，电子电气架构必然从分散走向集中。过去在分布式架构下，一个 ECU 对应一个功能，现在相似功能的 ECU 交由对应的域控制器进行统一管理和调试，形成域控制式架构，也有直接集成为中央计算平台架构的趋势，目标是支持自动驾驶功能。博世公司将整车电子电气架构的发展总结为 6 个阶段：模块化阶段、集成化阶段、域集中化阶段、域融合阶段、车融合阶段和车 - 云计算阶段。

在域控制式架构下，博世公司又根据功能域将整车划分为动力系统域、底盘域、车身域、智能座舱域和智能驾驶域五部分。这样一来，整车实现高度集成，节点数量大大减少，线束大为缩短。

业界有时也将动力系统和底盘系统合二为一，称为车控系统，将车身系统和娱乐系统（智能座舱系统）称为车载系统。每个系统由一个域控制器来控制，而每个域控制器都由一个高性能的微控制单元（Microcontroller Unit，MCU）来控制，与原来的分散 ECU 控制相比，实现了传感器与 MCU 的分离，一个传感器的信息可以供多个系统使用，大大简化了结构，使得管理更为便利。而智能驾驶系统则进一步打通了上述四大系统，继续向前发展就是整车计算平台了，目标是实现整车的集中（平台）控制。图 2-1 显示了整车电子电气架构的变迁及各阶段定义。

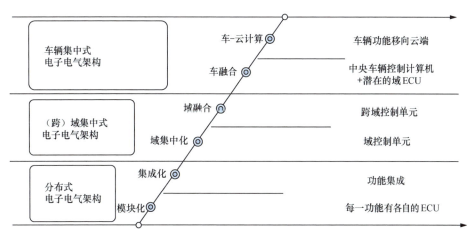

图 2-1　整车电子电气架构的变迁及各阶段定义

2.3.2 智能驾驶系统

一般而言，智能驾驶汽车系统包括感知、决策和执行（也称规划和行动）三个部分，类似人类司机的眼睛、大脑和手脚。图 2-2 归纳了智能驾驶汽车系统的各类子系统。首先，当然是对驾驶环境可靠且准确的感知需要一个完整的传感器系统，就是通过各种传感器对外部环境进行探测。在通过各种传感器采集、记录和处理周围环境数据之外，智能驾驶汽车还必须根据这些信息，包括搜集到的道路状况、附近车辆的运行状况等，进行相应决策，决策主要是通过算法规划好本车下一步的路线等。完成决策系统分析判断后，智能系统会输出指令给整车的相关系统（比如电机控制系统、整车的制动系统、转向系统等）执行，还要与车身控制系统连接，发出必要的信号提醒驾驶人。指令既可以通过整车的总线通信系统（有线）传输，也可以通过整车的以太网（无线）传输。

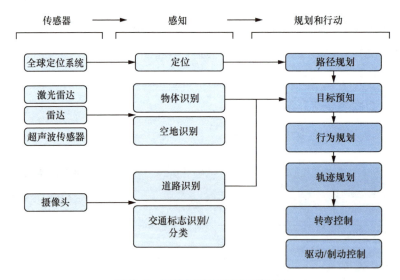

图 2-2　智能驾驶汽车子系统示意

在决策环节，有两种不同的实现路径。一种是分步实现决策的路径，首先需要获得综合定位信息、传感器实时获取的信息、目的地信息（可以缺省）后进行行为规划和轨迹规划，然后生成并转向执行指令信息。

获取精准定位信息的前提是要具有高精度地图。对于面积较小的地区，实现高精度地图也许还有可能，但对于幅员辽阔的中国而言，很难做到。关键其实不在于地图的"精度"，而在于地图的"保鲜度"，道路建设日新月异，实时更新高精度地图信息的难度可想而知。现在除了坚持 Robotaxi 赛道的企业外，越来越多的企业放弃了对高精度地图的依赖。

随着人工智能大模型的发展，少数领先企业看准了发展方向，利用云搭建企业的智算中心，通过广大用户回传的驾驶信息数据和当地的交通规则来训练车载自动驾驶系统，"教会"车载智能驾驶系统应对各种各样的"场景"。这样做的好处是大大减小了分步规划决策的时延和累计误差，也可以从老司机那里学会如何应对道路交通规则中没有规定的现实路况，可以使得智能驾驶系统足够"聪明"，像经验丰富的老司机那样处理各类复杂场景。这就是另一种实现路径——"端到端"的智能驾驶系统。

对比一下，ChatGPT 早期是以文字输入为主的信息模态，而智能驾驶系统的主要模态恰恰不是文字输入，图像、语音输入反倒是常用模态。这一特点也为我国人工智能大模型开辟了一条垂类应用的新路径。

2.3.3 智能驾驶车辆关键技术

智能驾驶车辆关键技术包括环境感知技术、智能决策技术、控制执行技术和系统设计技术。这里主要就前三个方面做一些简要介绍。

（1）环境感知技术

在汽车上使用最普遍的环境感知技术产品是摄像头，已经有二三十年的历史了。

摄像头种类包括单目、双目和多目。单目摄像头使用得最多，技术最成熟，成本很低，但是受定焦镜头所限，不同距离切换焦距难，所以在测量距离与测量精度这两方面很难兼顾，相反，双目、多目摄像头就比较好地解决了这个问题。一般而言，只有前视摄像头才存在这样的问题。单目摄像头是通过图像的相对大小来测量距离的；而双目摄像头则是通过对比两幅图像来测量距离的，相对单目摄像头，精度更高。

摄像头与超声波雷达结合，最初是用在倒车时帮助司机准确感知后方场景，避免撞车。早期一般使用语音提示，后来车内配置了显示器，现在几乎都采用图像显示的模式，摄像头除了能够看到后面的图像，还可以测量汽车与后面障碍物的距离，使得倒车变得十分方便。

随着摄像头在各行各业的大量使用，其价格已经非常低了，汽车现在动辄使用6～12个摄像头，不仅用于探测前方、后方的情况，而且还用于探测其他方位的物体（如并行的汽车）的情况。通过摄像头，已经可以实现整车360度全景的高清图像，不仅能提供平面图像，而且通过不同的摄像头对同一物体不同角度的感知，还可以形成三维图像。摄像头最大的问题是在光线不好或者光线太强的时候有"看不清楚"的现象，虽然可以通过增加远红外线传感器来改进摄像头的夜视功能，但是这只有在感知有温度的物体时才有用，而且仍然"看不清楚"，强光条件下有时反而无法采集图像，这些问题对自动驾驶汽车来说是"致命"的。

随着技术的进步，高清摄像头的应用越来越多，搭载800万像素摄像头已经成为汽车企业的首选，1200万像素的摄像头也开始被选用。

除了摄像头，雷达在自动驾驶汽车上的使用也越来越普遍。雷达的工作原理是发射声波、光波、无线电波并且接收反射回来的波，以此探测出物体的大小和距离。

最早用于汽车的雷达是超声波雷达，虽然它也能够探测距离，但是探测的距离短而且不够精准，一般只用于倒车、自动泊车等场合。

之后在自动驾驶汽车上使用的是毫米波雷达，它发射的是高频无线电波，呈现为锥状波束，由于其数据定位是基于极坐标系的，除了探测距离，还可以探测角度。它工作的频段很宽，为 30 ～ 300 GHz，高于现在大多数使用的无线电频段，但低于可见光和红外线频段，因为这一频段的波长正好为 1 ～ 10 毫米，所以被称为毫米波。由于使用的是高频无线电波，传输速度可以达到 30 万公里／秒，时延很低，特别适合汽车在高速行驶时快速发射和回传数据。它的工作原理是根据发射的电磁波和接收的回波之间的时间差来测距，最远探测距离可以达到 200 米。毫米波雷达分辨率高、精度高、穿透力强，而且尺寸很小，利于布置。相对激光雷达而言，毫米波雷达的探测距离短，在雨、雪或雾等天气下有较好的表现，但是当遇到暴雨或雷暴等极端天气时，其测距精度会大幅度下降。

近年来，集成天线技术的突破，解决了毫米波雷达性能和成本之间的矛盾问题，使其成本价格大幅下降到千元级别，反过来又促进了更多的智能汽车使用毫米波雷达。

当前业界讨论最多的当数激光雷达。在激光雷达技术上，机械式激光雷达并不适应汽车使用工况，因为它要通过电机带动光电机构一起进行 360 度旋转，而在整个汽车生命周期内，旋转结构很容易损坏。

现在车用激光雷达基本采用半固态或者固态的形式。半固态激光雷达分为旋转镜式和微振镜式两种。旋转镜式激光雷达与机械式激光雷达类似，不同的是保持收发模块不动，电机只带动旋转镜转动。微振镜式激光雷达则采用高速振动的二维微振镜发射和接收信号，微振镜转动振幅小，频率高，成本低，适合大批量生产，是业界热衷的产品。当然，半固态激光雷达要想完成 360 度探测，至少需要装配 2 ～ 3 个（取决于探测角度）。固态激光雷达主要采用相控阵技术或 Flash 技术。以相控阵技术为例，它通过调节每个相控单元之间的相位关系，实现发射光束的偏转，对一定扇面内的物体进行探测，具有体积小、精度高的特点。现在越来越多的产品开始采用这一技术。

特斯拉公司坚决反对使用雷达探测，不仅一直反对使用激光雷达，甚至在 2021 年宣布取消了过去曾经使用过的毫米波雷达，坚持只使用摄像头完成全部环境感知功能。有人说这是基于成本的考虑，我认为这不是主要因素。马斯克坚持第一性原理，他认为，既然人通过眼睛就可以感知外界环境，车上使用摄像头就足以实现人的眼睛功能，一个摄像头不行就安装两个，两个不行就再多安装几个，加上摄像头清晰度越来越高，完全可以解决感知距离、测量距离、在雨雪雾等恶劣天气中的穿透性和消除眩光等问题，而且摄像头形成的图像"像素"比激光雷达的点云图要高出几个数量级，完全不需要再使用雷达。特斯拉公司的特立独行，自有其作为自动驾驶行业领头羊的底气，业内当然会对它的一举一动十分关注。

谈到激光雷达市场，就要回答激光雷达是否可以取代毫米波雷达的问题了，答案是不一定。因为激光雷达也有劣势，比如其探测距离越远，精度越低，而毫米波雷达就不存在这个问题。又比如激光雷达穿透性较差，必须布置在车顶等车外位置，这也是马斯克说它丑陋的原因。2024 年，北京车展上有几款新车型配置的激光雷达位置设计颇为精巧，也是在直接回应马斯克的质疑。而毫米波雷达很小，布置起来比较方便。又比如，现在车上使用的激光雷达无法感知周边移动物体的相对速度，而这是毫米波雷达的长项。尤其是过去相当一段时间里，激光雷达十分昂贵，号称 1 线 1 万元，一般车用固态激光雷达上百线，如果是 360 度测量就要使用 3 个激光雷达，费用之高可想而知，尽管激光雷达价格一降再降，相比毫米波雷达价格仍然偏高。2021 年，在上海车展期间，华为公司宣布即将推出 96 线半固态激光雷达，市场价格将低于 200 美元，目前看这个目标的实现不得不延期了。毫米波雷达与激光雷达相比最大的优势，就是在雨雪风沙等恶劣天气条件下受到的影响更小。毫米波雷达自身最大的劣势，是不能感知行人等电磁波反射差的物体。我个人认为激光雷达和毫米波雷达二者不会形成取代关系，很可能会是互补关系。

除了摄像头、雷达，汽车上还使用了大量其他的传感器来感知周边状况。过去的传感器本身不具备信号处理能力，输出的是模拟量信号，要经过模数转换才能够供域控制器或整车计算平台使用。现在汽车传感器使用微处理器的越来越多，智能化传感器应运而生。下一步，智能传感器在其内部就能对原始信息进行加工，不仅可以将模拟信号转化为数字信号，而且可以根据输入值进行判断和运算，之后再通过标准接口与外界数据交换，还可以通过软件控制改变传感器的工况以方便联网。智能传感器的输出数据可以直接作为对自动驾驶算法的输入数据，这就大大减少了整车计算平台对各种传感器信息进行处理必须占用大量算力的问题。

整车计算平台今后的发展趋势是融合多种传感器的测量结果，构建一个环境模型，对各种外部信息进行综合，这些信息包括交通信号灯和标识、对移动物体的识别和跟踪（根据各种信息，特别要将行人标注出来）、对固定物体的识别和测距、道路的结构和行驶要求、自己车辆的工况等，也就是感知融合。每个企业的传感器使用千差万别，感知融合的方案也各不相同，要靠专门设计的软件平台建立起属于自己车型的模型，这是后续决策的基础，模型的精度和建模速度直接关系到自动驾驶决策的准确性。

（2）智能决策技术

自动驾驶汽车的中枢神经系统是承上启下的关键。它通过传感器感知获取各种数据，生成前方的路径信息和周边环境信息，计算机根据这些信息规划出一条最优的路线，同时将有关信息传递给控制和执行系统，整个系统实时更新信息，循环往复，就能够操控汽车的行驶。

如果将感知系统比喻为人的眼睛和耳朵，那么决策系统就相当于人的大脑，通过对人和周边物体的行为、轨迹、意图的预测分析，得出路径规划和轨迹规划。路径规划可能有很多种，但是通过计算机选择出其中一条最优的路径就是轨迹规划，按照轨迹规划下达决策指令给整车的控制系统，完成一次决策。持续不断地执行这个过程，就实现了自动驾驶功能。

第一步，要对传感器收集的数据和内置高精度地图的静态数据进行组合，建立一个三维空间模型，而且根据传感器源源不断传来的数据，对这个模型进行实时更新。

第二步，使用深度学习软件来标记汽车周围的物体，通过数据分析对这些物体进行识别和分类。

第三步，使用不确定性锥对物体进行动态预测。在三维空间模型中的每个物体上都标注一个小圆圈，然后预测未来一段时间（例如 10 秒）这个物体可能到达的位置，在三维空间模型中画出一个大圆圈，用线将小圆圈与大圆圈连接起来，就得到不确定性锥。在某个时点上，根据物体的多少和距离的远近，可能有数量不等的不确定性锥。对于静止的物体，锥体相对较小；对于动态的物体，锥体相对较大。而对于一些存在风险的静态物体，比如死胡同等，锥体也会自动变大。

第四步，进行移动轨迹规划。在大小不一的不确定性锥之间，计算得出几种可能的移动轨迹，对比后选择一条最佳的行驶路线，并下达指令给汽车的车控系统，执行相关动作到位。

在整个过程中，人工智能芯片的算法最为关键。每种算法都是由设计人工智能芯片的公司设计的。算法没有"最好"，只有"更好"。好的算法不仅要"算得快"，而且要"用电少"，还要能支持更多的摄像头、各种雷达，甚至与传感器内的芯片进行一体化集成。

（3）控制执行技术

在控制单元发出指令以后，在执行端主要由线控系统完成。线控底盘主要由四大系统组成，分别为线控转向、线控制动、线控驱动、线控悬架。当燃油汽车向新能源汽车转变，首先实现的是线控驱动，之后随着自动驾驶级别的提高，线控制动、线控转向、线控悬架也得到应用。

线控技术（X-by-Wire）最早应用于航空航天领域，它将驾驶人或操作员的指令通过导线传送到动作器，达到控制飞行的目的。其实线控技术就是电控技术，使用精准的传感器和电子元器件传送信号到系统 ECU，ECU 分析判断后下达指令给电机和其他执行部件，完成任务。由于线控技术采用大量电子电气部件代替传统的机械部件，为了降低系统的故障率，相对成本更高。

由于新能源汽车取消了内燃机，插电式混合动力汽车虽然有内燃机，但是内燃机经常处于停机状态，过去用发动机提供的真空源也随之取消，用来放大制动力的真空助力装置自然也被电真空泵代替。

现在的线控制动产品一般分为电子液压制动器和电子机械制动器两种。前者可以看作传统制动系统升级版，只是用电真空泵取代了传统的真空助力装置，液压系统仍然保留。后者则彻底取消了液压部分，直接用电机加上滚珠丝杠驱动制动器，更加适合自动驾驶汽车的结构，是未来发展的方向，但是还有许多技术难题需要突破，至今还没有商品化。

现在大量使用的电子液压制动器，其工作原理是：当驾驶人踩下制动踏板后，安装在踏板上的传感器将力量和位移的信息转换为电信号传送到 ECU，ECU 综合其他信息，计算出需要多大的制动力，利用电真空泵产生助力，之后的部分与传统的液压制动系统相同。与此同时，助力系统还会模拟传统的液压制动系统反馈给制动踏板一个力，使驾驶人产生类似于使用传统液压制动系统的感觉。

电子液压制动器又可细分为 One-Box 和 Two-Box 两种形式。目前使用最多的是 Two-Box 形式，也即液压制动器与防抱制动系统 / 防侧滑系统是分开的两个部分，通过踏板—ECU—电机带动液压系统分配给四个车轮，实现制动功能。Two-Box 在 L2 及以下级别的辅助驾驶上还可以适应，但是到了 L3 自动驾驶阶段，因为制动踏板在某些时候不起作用（踏板部分解耦），使用 One-Box 就势在必行了。

One-Box 通过踏板 / 传感器—ECU—制动模块来驱动控制电机产生制动力。Two-Box 用两个 ECU 分别控制两个 Box，而 One-Box 只用一个 ECU 来控制整个系统。

随着线控制动技术的应用，汽车能量回收也成为可能。过去汽车制动是通过摩擦片将动能转化为热能白白损耗了，现在汽车长下坡和制动时，可以将制动电机转换为发电机，用动能或势能带动发电机发电，所发出来的电能可以为动力电池充电，这就降低了整车能耗，可以让新能源汽车增加续驶里程 10% ～ 20%。不过，由于电子液压制动使用的电机功率大，只能使用 48 V 的电压，这对新能源汽车不是问题，但是应用于燃油汽车就要费一番周折了。

一旦进入 L5 无人驾驶阶段，汽车采用电子机械制动系统，这时候的汽车踏板就是模拟踏板（全解耦）。电子机械制动系统完全取消了液压系统，用电机驱动，前后轮各有两个机械制动执行机构，车轮均安装了轮速传感器，所有的制动信号都是通过软件计算得出的，前后轮的机械执行机构和轮速传感器都采用两组电源、两个 ECU，互为备份，以确保安全。目前电子机械制动系统还处于实验室阶段，许多技术问题尚待突破。

我们说新能源汽车是"上半场"，智能网联汽车是"下半场"，就是基于上述逻辑关系。除非退出比赛，否则不可能跳过"上半场"，靠内燃机动力不可能实现完美的线控制动，赢得自动驾驶的胜利也就是痴人说梦。

说回线控转向。美国 TRW 公司早在 20 世纪 50 年代就提出了这个概念，但是受当时电子控制技术水平的限制，直到 20 世纪 90 年代才开始在汽车上使用。第一款装有线控转向系统的车型是日产公司英菲尼迪 Q50，由于技术还不够成熟，并没有得到用户的青睐，日产公司最后还不得不召回存在缺陷的车型。真正在这方面获得成功的是丰田公司 bZ4X 车型，这款量产车型实现了转向盘与转向系统的机械分离，随后丰田公司在多款纯电动汽车车型上使用了线控转向技术。

线控转向系统由路感反馈机构、转向执行机构和线控转向控制单元三部分组成。路感反馈机构包括转向盘、路感电机、减速器、扭矩转角传感器。与线控制动一样，路感电机根据控制单元给出的反馈力矩指令，给驾驶人一定的路感信息。转向执行机构由转向电机、转向器、转向拉杆等部件组成，根据控制单元的指令，快速准确实现转向功能。线控转向控制单元是线控转向系统的中枢，它可以根据驾驶意图、路况和车况，实时输出路感反馈力矩指令。它还能够依据汽车行驶控制要求，实时输出车轮转向指令。要保证汽车安全，控制单元的可靠性至关重要。

线控悬架可以根据路况自动调节悬架的高度、刚度和阻尼，达到安全和舒适的平衡。线控悬架可分为被动线控悬架和主动线控悬架。被动线控悬架是一种传统的悬挂自组织系统，通常由弹簧和减振器组成，根据路面的冲击力来提供支撑和减振的功能。主动线控悬架是一种先进的悬架系统，通过使用传感器和控制单元来实时监测车辆的运行状态、路况及驾驶行为，并基于这些数据主动调节悬挂的硬度、高度、阻尼以及施加主动力等，以提供更好的驾驶舒适性和操控性。使用最多的主动线控悬架是空气悬架，此外还有电磁悬架、液压悬架和连续阻尼悬架，后几种在新能源汽车上使用得较少。

随着汽车电子电气架构向域控制器方向发展，集成多种功能的底盘域控制器应运而生。线控底盘包括线控转向、线控制动、线控悬架、线控油门、线控换挡系统，这时候控制单元将从分散的 ECU 控制转换为车控系统域控制器集中控制，到了 L3 及以上级别的自动驾驶阶段，自动驾驶系统将打通车载系统和车控系统，整车计算平台的建设也就水到渠成了。

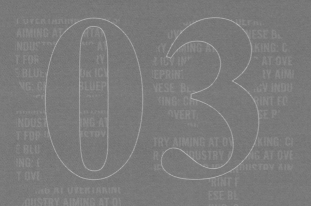

第三章

智能汽车软硬件解耦与融合

　　智能汽车强调软硬件解耦和软件深度集成控制技术，将车内的传感器、CPU、电子电气分配系统和软件整合在一起，软硬件协同能力大大提升，软件架构转变为面向服务，车载操作系统和车载智能计算基础平台的重要性日益凸显。

传统汽车采用分布式电子电气架构，ECU 是主要的载体。在 ECU 中，软硬件是直接集成的，其软件架构面向信号，即控制器中包含编写好的软件和软件决策，通过点对点实现通信，因此只能实现简单的功能，很难实现软件的修改和升级。

智能汽车则大为不同，更强调软硬件解耦和软件深度集成控制技术，将车内的传感器、CPU、电子电气分配系统和软件整合在一起，软硬件协同能力大大提升，软件架构转变为面向服务，车载操作系统和车载智能计算基础平台的重要性日益凸显。

3.1 | 软硬件协同：以个人计算机和智能手机为例

为了让大家更加充分地理解智能汽车软硬件的协同发展趋势，我们先回顾一下计算机和智能手机是怎样实现软硬件协同的。

1968 年，英特尔公司成立，这是一家长期对全球科技发展产生重大影响的集成电路企业。英特尔公司推出的第一款产品是动态随机存储器（Dynamic Random Access Memory，DRAM）。它的基本工作原理就是将电容器与微型晶体管结合，由于电容器有充电和非充电两种状态，假设充电状态为"1"，非充电状态为"0"，就可以把以"0"和"1"表示的数据存储起来。不过，这种存储方式存在一个大问题，就是时间长了电容器会漏电，因此需要结合晶体管来不断地为电容器充电，"动态"一词即由此而来。DRAM 是一种标准化的集成电路产品，也被称作通用集成电路，只用于实现记忆功能，相对而言，用于计算功能的集成电路则被称为专用集成电路（Application Specific Integrated Circuit，ASIC）。一直到 20 世纪 80 年代，英特尔公司都是世界上通用集成电路最主要的生产企业。

英特尔公司发展 ASIC 是出于一个偶然的巧合。

1969 年，有家叫作 Busicom 的日本公司找到英特尔公司，希望后者为其设计一种复杂的计算电路。Busicom 公司主营手摇计算机，当时的计算机完全依靠齿轮发条等机械传动来实现计算功能，采用的是十进制，是一种高级计算器。Busicom 公司希望用集成电路来完成计算和计算过程中需要的数据存储。按它原先的设计，电路板上需要安装 12 种不同的芯片，相当于用 24 000 个晶体管，全部需要按照预先设计的电路图进行排列，显然这项任务十分复杂。

英特尔公司经过仔细研究，认为 Busicom 公司的想法是一种典型的硬件思维模式，其设计思路会使得电路极其复杂，进而引发成本上升等一系列问题。能不能换一种思路，既满足 Busicom 公司的需求，又不用那么复杂呢？毕竟计算器所担负的运算任务都是有规则的，有计算公式为依据，换句话说，只要编好程序，具体运算的时候只是"代数"而已。因此，只要设计出一种标准化的逻辑电路，就可以根据计算公式编程，而具体计算的时候，只要将数据输入，就能得到所需要的结果。这样做既简化了电路的复杂性，又大大降低了成本。现在我们耳熟能详的 CPU、GPU 等都属于逻辑电路，最早就是源于此。配合使用存储器存储计算过程中需要的数据，只要设计 4 个可编程芯片，就完全能够满足 Busicom 公司的需求。

不过知易行难，为了完成这项任务，英特尔公司克服了重重困难，最终推出了 4004 型号微处理器，可还是比合同约定的时间晚了一年多。Busicom 公司要求英特尔公司为延期交付进行赔偿，没想到英特尔公司痛快地答应了，对应的条件是得到许可将该产品销售到除计算器以外的市场。

英特尔公司介绍这款产品时，打出了广告"这是芯片上的可编程计算机"，也就是我们现在常说的"微处理器"（MCU）。1980 年，英特尔公司获得了 IBM 公司的一份合同，为 IBM 公司的个人计算机（Personal Computer，PC）生产 CPU，这是在微处理器的基础上不断发展起来的一种逻辑电路芯片。英特尔公司开始建立专用逻辑集成电路的大规模生产线，这预示着 PC 时代的到来。

英特尔公司的 CPU 一直使用 x86 指令集架构，这是一套芯片设计的规则，在 PC 时代，这已经成为行业的一个标准。IBM 公司曾与彼时名不见经传、名叫比尔·盖茨的一个年轻人签署了开发 PC 操作系统软件的合同，当时盖茨刚刚注册了一家软件公司，名称是微软（Microsoft）。作为世界上第一家开发 PC 的公司，IBM 公司领风气之先，取得了巨大成功，推动了全球 PC 的普及。也是 IBM 公司，促成了英特尔公司与微软公司的合作，组成了 Wintel 联盟，奠定了 PC 软硬件协同发展的格局。在计算机产业的后续发展过程中，不论是芯片还是操作系统，都出现了许多挑战者，但是以软硬件协同为主要特征的 Wintel 联盟，在全球 PC 和服务器市场上可谓是打遍天下无敌手，直到智能手机时代到来后，情况才发生了改变。

20 世纪 80 年代中期，美国加利福尼亚大学伯克利分校和斯坦福大学的几个研究人员开发了 x86 之外的另一种指令集架构——精简指令集计算机（Reduced Instruction Set Computer，RISC），它比 x86 更加简洁，计算起来更加高效，还降低了 CPU 的功耗。英特尔公司一度想改用 RISC 架构，但是经过仔细研究后最终放弃了这个念头，因为改变架构的成本太高，搞得不好还会影响好不容易形成的行业统治者地位。毕竟在全球 PC 市场上，x86 已经形成了产业发展的生态，而英特尔公司又是其中的领头羊。

苹果公司在开发个人计算机 Macintosh 时，第一次给 Wintel 联盟带来了挑战。1990 年，苹果公司与英国的 Acorn 计算机公司和 VLSI Technology 公司共同组建 ARM 公司，就是要使用基于 RISC 的一个新指令集架构来设计中央处理单元芯片。由于没有现实利益的羁绊，加上得到苹果公司的支持，

ARM 这家只有 12 个人的初创公司取得了成功。苹果公司推出的个人计算机也没有采用微软操作系统，而是自己开发了一种所见即所得的"视窗"系统，同样取得了成功。苹果公司在之后一系列产品中均延续了其研发个人计算机的做法，特别是在功能手机向智能手机转变的过程中，创造出"iPhone 时刻"，开辟了智能手机发展的新局面。

苹果公司的操作系统 iOS 一直都是自己开发、自己使用的，源代码不对外公开，别的公司无法使用 iOS。谷歌公司看到了机遇，开发了安卓操作系统。与 iOS 不同，它开放源代码，将操作系统内核免费提供给所有手机厂商使用，进而形成了智能手机时代的 ARM-Andriod 联盟。除了苹果公司，世界上其他所有的手机厂商都面临要么使用安卓操作系统 + 基于 ARM 指令集架构的芯片，要么被淘汰出局的生死抉择。

正如第一章所述，现在汽车产业的发展到了从功能汽车向智能汽车转换的关键时刻。智能汽车发展最大的挑战在于人工智能技术在车上的应用正面临着重大抉择，包括智能汽车的操作系统如何打造，车用人工智能芯片如何谋划，软硬件如何协同，如何形成产业持续发展的生态，等等。

3.2 ｜ 软件能够定义汽车吗

近年来，围绕软件能否定义汽车，行业内有不同的看法，但是越来越多的人形成了共识：软件在汽车智能化过程中将会发挥越来越大的作用。

3.2.1 争议根源

2000 年前后，由于互联网的普及，许多行业不约而同地提出"软件定义 XX"，譬如"软件定义无线电""软件定义功能""软件定义网络"（Software Defined Network，SDN）等，几乎都是从 IT 行业出发提出的新概念，"软件定义汽车"也是其中之一，当时业界反应寥寥。

2016 年，"软件定义汽车"的概念重提，引起了国内汽车行业的广泛关注，也引发了两种截然不同的意见。我对持不同意见的双方的观点进行了仔细分析，发现造车新势力多为赞成态度，传统汽车企业则往往持否定态度。这两类汽车企业所侧重的研发、生产成本及面临的市场竞争差异巨大，因而内部战略调整、管理层决策变化以及企业文化转变的方式和路径各有不同。

进一步分析传统汽车企业之所以对这一概念多持否定态度，首先可能是因为这些汽车企业不像造车新势力那样乐于接受和使用伴随互联网发展的某些理念。传统汽车企业需要顾及的东西很多，特别是当时燃油汽车还拥有压倒性的市场优势，很多之前开发的整车平台仍然在使用分散 ECU 控制方式，而基于这些平台的产品每天都在继续赚取丰厚利润，口头谈谈"软件定义汽车"无妨，坐而论道而已，绝非当务之急。而专注新能源汽车发展的造车新势力完全不受上述问题的掣肘，从一开始就投入设计全新的新能源汽车平台，毫不犹豫地决定直接使用域控制器方式，事实上"软件定义汽车"是其唯一的选择。

其次，传统汽车企业还在顾虑用户对品牌的认知会不会因为转向"软件定义汽车"的调整而改变，所以一般都是在新开发的车型上采用新的软件架构，从而在用户原有品牌认知的基础上注入新的内涵。而造车新势力相当于在一张白纸上"作画"，其品牌塑造从一开始就必然需要体现新技术内涵。两相比较，传统汽车企业的决策难度要比造车新势力大得多。

此外，对于"定义"本身也存在不同的理解。传统汽车企业认为定义汽车的本质是品牌力，内含产品的质量和用户的口碑，定义汽车的核心是供应链的掌控能力，这和造车新势力对"定义"的定义不一样。

回到"软件定义汽车"概念本身来说，这种表述确实很容易引起争议。比如软件定义的究竟是汽车的"什么"？笼统地说"软件定义汽车"，那么软件又是谁定义的呢？诸如此类，每一项疑问都可能引发一连串争论，莫衷一是，最后陷入各说各话的局面。

当然发生争议也有好处，尽管表述不够准确、完整，这一概念性话题还是很容易引起业界重视，加深业界对软件在汽车产品设计、使用中地位和作用重要性的认识，有利于纠正汽车行业长期存在的重视硬件而忽视软件的倾向。

其实在从功能汽车向智能汽车转换的过程中，评判汽车功能的标准正逐渐从硬件配置转向软件功能。过去我们介绍产品时，通常开口就是发动机的功率、整车的油耗、最小转弯半径等，现在介绍新能源汽车，更多讲的是续驶里程、自动泊车系统、自适应巡航系统等，到了自动驾驶阶段，各种功能软件越来越多，产品功能优劣更多取决于软件而不是硬件。

由于软件的边际成本很低，而且可以随时随地升级，整车在交付使用以后，还可以通过不断地升级软件来满足用户的个性化需求。例如，可以通过软件来调整整车悬挂的硬度，以适应用户不同的驾驶偏好。这意味着用户购车时不再需要一次性决定是否加装各种选配件，而是可以根据需要随时增减各种功能。用户在选择这些功能的时候，既可以一次性购买，也可以采用月租的形式订阅。就像现在我们使用手机那样，一些应用软件不收费，但是可以通过流量来获取用户需求信息，从而向用户推送各种信息和广告来赢利。这就意味着，在智能汽车时代，企业的经营模式将发生根本性改变，卖硬件不如卖软件、卖产品不如卖服务正在成为现实。

3.2.2　AUTOSAR 标准

现在全球汽车行业几乎都使用 AUTOSAR 标准。AUTOSAR 技术经过 20 多年的时间考验，已经成熟稳定。

早在 2003 年，宝马、博世、大陆、戴姆勒、福特、通用汽车、标致 – 雪铁龙、丰田、大众等 9 家企业发起建立了 AUTOSAR 联盟，出台了 AUTOSAR 标准。

AUTOSAR 是 Automotive Open System Architecture（汽车开放系统架构）的缩写，上述 9 家企业是该联盟的核心成员。后来包括我国汽车企业在内，全球大部分汽车整车和零部件企业都加入了这一联盟，会员级别从低到高，分为订阅者、观察员、参与者、发展合作伙伴、高级合作伙伴、特级合作伙伴、核心合作伙伴，不同级别的会员要缴纳不同数量的年费，满足不同的年度贡献要求。后加入者无法参与该联盟的决策、战略管理和发展路线图的规划，对技术演进的话语权也很小。关于各级会员的权利义务规定可参见表 3-1。

表 3-1　AUTOSAR 联盟各级会员的权利义务规定

项目	核心合作伙伴	特级合作伙伴	高级合作伙伴	发展合作伙伴	参与者	观察员	订阅者
类别	企业	企业	企业	企业	企业	机构	个人
年费要求	—	90 000 欧元	21 000 欧元	6000 欧元	15 000 欧元	0	3000 欧元
年度贡献要求	—	5 工时	1.5 工时	0.5 工时	—	独立协议	—
执行和指导委员会（治理、战略管理）	√	—	—	—	—	—	—
项目领导者团队（工作组设立、技术指导）	√	√	—	—	—	—	—
工作组领导	√	√	√	—	—	—	—
工作组参与	√	√	√	√	—	√	—
商业使用权	√	√	√	√	√	—	—

该联盟的宗旨是解决汽车电子电气架构的复杂多样性问题，实行软硬件解耦、基础软件和应用软件解耦（简称"双解耦"）。AUTOSAR 标准重构了电子电气架构中的软件标准，顺应了汽车行业从分散 ECU 控制走向集中域控制的大趋势，也就是将原来嵌入一个个 ECU 中的软件集中起来，分为系统软件和功能软件两大部分，并采用安全模块和用于开发测试的工具链与之配套。

AUTOSAR 标准率先对软件进行了分类和集中，在分层架构中，从上到下依次是应用层、运行环境、基础软件、微控制器四个层次，上一层与下一层之间留有标准化接口。图 3-1 示出了 AUTOSAR 软件体系的各个层次。

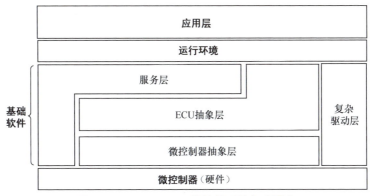

图 3-1　AUTOSAR 软件体系的各个层次

　　我们先看第一层——应用层。不同于手机，汽车的应用软件分为两种，一种是用户可以随时随地下载或卸载的软件，另一种是体现整车功能的软件。为了有所区别，我在本书中把第一种称为 App，这种软件与手机上使用的 App 大同小异；把第二种称作功能软件，功能软件涉及整车安全，用户不能随意下载或卸载。汽车企业必须主导功能软件的开发，为用户提供功能软件的更新升级，给软件"打补丁"的事项也都由汽车企业负责。

　　第二层是运行环境。这是连接基础软件和上述两类应用软件的标准化通信接口，通过这个接口，应用软件可以调用基础软件层的通信和服务，这样就大大降低了应用软件的开发难度，也提高了软件的复用性。

　　第三层是基础软件。这一部分又可细分为服务层、ECU 抽象层、微控制器抽象层和复杂驱动层四部分，待后文讲到操作系统的时候再做详细介绍。

　　第四层是微控制器。这一层是随着软件的集中而适配各种异构硬件的连接层。这样一来，其一，不必为每个 ECU 专门编写一套嵌入式软件，而只需统一提供一个系统软件；其二，能采用板级支持包（Board Support Package，BSP）方式来驱动各种不同的芯片；其三，基于统一的系统软件，各家企业可以根据自己的需要开发适用于某个车型的功能软件。

2005 年 6 月，AUTOSAR 联盟发布了 Classic Platform 1.0 版架构标准，同年 8 月发布了与该标准配套的软件开发工具链，这是汽车软件从分散走向集中的一个里程碑式的转变。基础软件可以作为一个"标准件"适用于不同的车型，各种车型只需根据需要开发功能软件；功能软件既可以由整车企业自己开发，也可以委托第三方开发，只是主导责任仍在汽车企业。由此，全球出现了汽车用软件的专业化分工，有专做系统软件的供应商，也有专做 App 的供应商，这些供应商均可以提供系统解决方案。

AUTOSAR 标准不仅在软件的功能、接口上实现了标准化，而且规范了软件的开发流程和方法，这就催生了软件开发的工具链产品。工具链是贯穿计算平台的工具，使用工具链后，企业能够按照统一的标准和开发流程开发产品。虽然工具链产品每年在全球的销售收入并不高，但是影响力却不容小觑，任何一家汽车企业和零部件企业都离不开它。正如芯片设计离不开电子设计自动化（Electronic Design Automation，EDA）工具，整个汽车基础软件设计也离不开软件开发设计和检测工具链。按照开发工作的顺序，可以将工具链分为开发工具、集成工具、仿真工具、调试工具和测试工具等。

工欲善其事，必先利其器。好的开发工具可以提高开发效率、简化开发工作、快速推进产品的开发，并提高产品的安全性、可靠性。工具链不仅涉及软件，也涉及硬件，还涉及云端，是一个完整的一体化工具组合。到目前为止，国内汽车企业选用的大多是国外的工具链产品，代表企业有 Vector、ETAS 和 EB 等。近年来，国内东软睿驰、经纬恒润等企业也开始进入市场。大体上说，工具链产品本身差别不大，选择依据主要还是使用习惯，软件工程师一旦熟悉了某种工具链产品，再改换另一种，迁移成本相当高。

电子电气架构从分散走向集中已经势在必行，加上自动驾驶软件所需要的算力呈现几何级数的增长，硬件平台的架构比以往更加复杂，虚拟化、自适应成为新的发展趋势。AUTOSAR 联盟认识到这一变化，为了适应新的趋势，决定从传统版本向自适应版本转变，于 2017 年发布了 Adaptive AUTOSAR。

新版本最大的变化，就是由原来基础软件要分别适应各种 MCU 向自适应系统级芯片——单片系统（System on Chip，SoC）转变，将原来芯片驱动器软件的 BSP 转换成虚拟化监视器。这样一来，一套操作系统就可以驱动各种不同的芯片了，而且还能够充分利用各种芯片暂时富余的算力，这在自动驾驶阶段是十分重要的功能，可以最大化利用人工智能芯片的有限算力。但是，实现这一点需要有严格的时序要求。Adaptive 版本到本书完稿时还没能兼顾各种复杂的传感器和执行器件。图 3-2 给出了 Adaptive AUTOSAR 的示意。

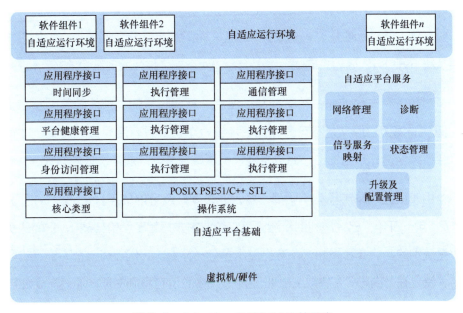

图 3-2 Adaptive AUTOSAR 的示意
（资料来源：AUTOSAR 官网，中国电动汽车百人会智能网联研究院）

3.2.3 软件上位：新挑战新机遇

过去，整车企业在芯片选择、系统软件选择方面受制于零部件供应商，零部件供应商将不同的 MCU 和嵌入式软件合成为一个一个的 ECU，通过 ECU 来实现零部件的"自动"功能，零部件供应商将匹配好的零部件销售给整车企业。

在从功能汽车向智能汽车转换的过程中，汽车企业的传统体系发生了脱胎换骨的大变革。从供应体系来说，要从过去的整车原厂委托制造（Original Equipment Manufacture，OEM）——一级零部件供应商（Tier 1）—二级供应商（Tier 2）的线性集成向跨行业合作型网状供应商转变。在人才队伍方面，要从主要从事硬件开发的人才结构向软硬件兼有的人才结构转变，整车企业必须加快补充软件人才，尤其是负责架构设计的人才，建立团队，补上这方面的"短板"。在研发流程方面，要从软硬件一体化的开发流程向软硬件分离、软件可以不断进行迭代的方向转变，软件的更新周期要按月、周甚至天来计算。判断整车优劣的指标要从过去的动力、造型、油耗等向用户体验转变。销售方式要从线下开办 4S 店为主向线下线上结合、卖车加个性化服务结合的方向转变。

对传统汽车企业来说，这些转变没有一项是轻松的，都伴随着"左右手互搏"的痛苦，但又是不可避免的。传统汽车企业只有及早实现转变，才有机会持续保持其市场地位，完成从规模扩展式发展向高质量发展的转变。

由于国内汽车市场竞争激烈，各企业之间并没有形成差异化的竞争格局，2024 年一开年，已经赢利的新能源汽车企业率先打起了"价格战"，它们的初衷是从别的企业或者燃油汽车产品那里多分一杯羹。它们还有一个不确定的期待，就是在"内卷"中淘汰掉一批企业。大多数没有赢利的新能源汽车企业自然不甘心束手就擒，在竞品车型上不得不跟随降价应战，期待保住自己已有的市场份额。结果是赢利的企业可能会获得市场份额的提升，但是这不足以弥补其利润的损失。最困难的还是被迫应战的企业，对它们来说，最好的结果不过是维持住市场份额，但是增加了亏损额，最糟糕的情况就是赔了夫人又折兵，最终不得不退出市场。之前已经有博郡汽车、绿驰汽车出师未捷身先死，2023

年又有威马汽车、天际汽车、高合汽车出现了经营困难。这就是充分竞争行业的残酷局面。当然，活下来的企业竞争力有了进一步的提升。

那么，有没有棋高一着的过人招数呢？这是每家企业的领导必须思考的问题。答案是一定会有的，只是每家企业根据自己的情况会有不同的选择。领先的企业不能躺在已有的功劳簿上高枕无忧，而应该乘势向前，在智能化方向上勇往直前，从而在激烈的竞争中保持优势。处于暂时落后位置的企业则应该在后续车型的研发上继续投入，在智能化发展阶段实现赶超的机会依然存在。例如，各家汽车企业现在用人工智能大模型来训练自己的智能驾驶系统，久而久之，该模型就可能形成自己的特色，让使用该模型的消费者形成使用习惯，让汽车企业构建起具有自身特点的竞争优势。还要充分吸收互联网时代的特点，改变过去的竞争方式，从卖整车赢利向卖软件赢利转变，从这一点来说，自动驾驶汽车正是一次机会，谁能够率先在这方面走出一步，谁就会在整体上形成主动。

发达国家的汽车使用历史悠久，其用户有着代代相传的汽车情结，机械使用习惯根深蒂固。和他们不同，我国汽车用户对汽车的热爱仅仅是最近这20余年的事情，并没有形成不易改变的使用习惯。尤其是年轻一代逐渐成为汽车使用的最大群体，他们非常熟悉互联网应用，又接受了广泛的移动互联网教育，对配备了智能化辅助驾驶功能的汽车情有独钟。现在的新车型，如果没有车载娱乐系统，就像当年汽车没有收音机、没有显示器一样令人感到奇怪。比如，国外开发出一款新能源汽车新车型，中外用户体验以后评价完全一致——这款车与过去开过的燃油汽车很相近。不过，同样一句话所表达的感情色彩却是截然相反的：国外用户表达的是褒义，这款车居然达到了燃油汽车的体验水平；而我国用户表达的是贬义，这款车居然没能超过燃油汽车的体验水平！

通过使用不同的功能软件，现在汽车企业完全能够对车辆的性能进行个性化"调校"，从而最大限度地满足用户的个性化需求。尽管汽车的外观区别不大，但是坐进去体验却各有不同，开起来的感觉更是各有千秋，在某种程度上满足了年轻人对"实现自我价值"的需求。在满足汽车用户新需求的过程中，汽车企业通过软件升级＋数据＋服务，构建起持续增值的商业模式。在这方面，互联网技术的发展及其相关产业应用的兴盛已经为汽车行业指明了前进的方向。回想一下智能手机一路走来的跌宕起伏，足以给我们充分的启迪。

3.3 ｜ 进入核心区：整车操作系统

在 AUTOSAR 中，处于基础软件最核心的部分是 OS，在这方面成熟的产品包括黑莓公司旗下的 QNX、独立的 Linux、谷歌公司旗下的安卓等。

目前，全球汽车市场上，QNX 占据了车控域绝对的优势地位，几乎所有的整车企业和大部分零部件供应商都采用了 QNX 操作系统。QNX 是一种商业化的实时操作系统，主要适用于分布控制的嵌入式软件系统，既可以接受多个用户同时访问，又可以同时执行多项任务。按照 IEEE 可移植操作系统接口（Portable Operating System Interface，POSIX）标准规范，QNX 为所有应用软件提供了统一的接口，使得应用软件开发人员如同拿到源代码一样，不必再为软件适配而伤脑筋。

QNX 是一种微内核操作系统，微内核只负责进程调度、进程间通信、底层网络通信、中断处理四种任务，这一部分是开源的。在微内核之外，有驱动程序、协议栈、文件系统、多媒体栈等组件，这些组件都储存在内存当中，受到安全保护。QNX 安全稳定，被广泛应用于汽车底盘控制、动力系统控制、汽车仪表板显示等多个关键领域。但是由于它整体不开源，对软件开发商来说，存在开发难度大、成本高的问题，目前在其上面搭载的软件不多，产业生态并不好。

Linux 是开源的，它是宏内核操作系统，在金融、超级计算机、服务器等领域有着广泛的应用，先前在汽车行业中使用不多。近年来，一些汽车企业不满足于 QNX 操作系统，自己着手开发操作系统，其底层基本上都是基于

Linux 提供的宏内核裁剪而成的。Linux 为了在汽车行业推广，专门成立了 AGL（Automotive Grade Linux）联盟，形成了一个开放的平台，按照一个标准开发汽车所需要的新功能，许多汽车企业、供应商、软件开发商加入了这一联盟。AGL 现在已有 100 多个成员，我国不少企业也参与其中。AGL 形成了统一的代码库（Unified Code Base，UCB），计划开发汽车中从仪表显示到娱乐信息、从辅助驾驶到无人驾驶的所有软件功能。Linux UCB 在汽车行业中推广速度很快，基本以一年两个版本的节奏更新。

随着智能汽车的发展，安卓操作系统也开始受到业界关注，有些车载操作系统就是基于安卓操作系统开发的。安卓操作系统广泛应用在智能手机和平板电脑等产品中，除了苹果公司的 iOS 及被称作"纯血鸿蒙"的 Harmony OS NEXT，国内外其他的智能手机绝大部分使用的是安卓操作系统。因此，安卓操作系统在车载域方面具有得天独厚的优势，也正是凭借这个优势，它首先进入车用娱乐信息系统，可谓轻车熟路，正在向车控域方面挺进。安卓操作系统最大的优势还在于它的产业生态，搭载于其上的 App 据说超过 100 万个。

国内最早进入汽车操作系统领域的企业是阿里巴巴，在 ALi YunOS 遭遇困难之后，阿里巴巴并未气馁，重整行装再出发，开发出 AliOS。它是基于 Linux 内核开发的，是一个分布式异构操作系统，使用了 Linux 宏内核，它是面向物联网服务的通用操作系统，适用于多种不同的设备和终端。在此基础上，阿里巴巴针对汽车行业智能化发展的特点，与上汽集团共同出资 10 亿元，成立互联网汽车基金，组建了斑马网络公司。

2018 年 9 月，斑马网络发布 MARS 斑马智行操作系统，充分利用 AliOS 的优势，结合汽车应用的特点，在语音、视觉、芯片、云计算、地图、电商等应用上展现了其独到之处，已经应用在上汽荣威、名爵、新宝骏等多款车型上。MARS 斑马智行操作系统是开放式平台，斑马网络希望有更多的汽车企业加入，有更多的车型应用该系统。AliOS 采取了由整车娱乐信息系统、智能座舱系统到整车智能计算平台循序渐进式发展的模式。据 2022 年数据，搭载 AliOS 的车型累计销量已经超过 300 万辆。

近两年国内呼声最高的华为鸿蒙操作系统，也是基于微内核的面向全场景的分布式操作系统。鸿蒙操作系统本是一款面向物联网的操作系统，在谷歌公司终止许可华为公司使用与安卓操作系统捆绑在一起的 App 之后，华为公司当机立断，立即转正"备胎"，加快完善鸿蒙操作系统，以便将其应用于华为手机和其他终端上，并且在 2019 年 8 月宣布鸿蒙操作系统开源，希望有更多的手机企业使用鸿蒙操作系统。

不过，由于华为公司并没有放弃手机业务，同时安卓操作系统也没有对我国其他手机企业"断供"，截至 2024 年 10 月，国内手机企业中，只有华为公司使用鸿蒙操作系统。我认为，国内汽车企业抱有类似手机厂商的顾虑，也是华为公司一再宣布自己不造车，只是帮助汽车企业造好车的根本原因。华为公司已经在打通车载域和车控域，开发了移动数据中心（Mobile Data Center，MDC）智能驾驶计算平台，并且与一些企业展开了多种形式的合作。2013 年 11 月，华为公司联合汽车企业成立了鸿蒙智能技术生态联盟，首批加入的 4 家汽车企业为赛力斯、奇瑞汽车、北汽集团和江淮汽车，其合作车型全部匹配华为公司的智能驾驶系统。

华为公司在 2019 年 5 月成立了专门面向汽车的事业部——车 BU，下设智能驾驶、智能网联、智能座舱、智能车载、智能车控、智能电动、智能车云等业务单元。华为公司从一开始就将自身定位成系统解决方案的供应商，顺应汽车产品电动化、智能化的发展趋势，将其在芯片、软件、通信、互联网方面的技术优势转化为产品优势，通过与整车企业合作，应用到产品中去。

华为公司与整车企业合作有三种模式：第一种是提供零部件或总成方式的合作；第二种是提供包括软硬件在内的系统解决方案（Hi 模式）；第三种是

智选车模式，全程参与新产品的开发、生产管理和营销。这三种模式，一种比一种参与程度更深。关注度最高也最受大家质疑的是智选车模式，典型的就是四个"界"——华为公司与赛力斯合作的问界、与奇瑞合作的智界、与北汽蓝谷合作的享界、与江淮合作的尊界。在已经问世的三个品牌中，问界的产品市场反响较好，M7 车型定价在 30 万元区间，上市第一个月就卖了 6 万辆，M9 车型定价在 50 万元区间，上市第一个月就卖了 3 万辆，它们都取得了很大的成功。华为公司希望将其十几年积累的 To C 的能力，包括用户体验、产品定义、产品设计、质量管理、渠道零售营销的经验，应用到汽车企业中，帮助汽车企业造好车。

华为公司车 BU 拥有约 7000 人的研发团队，主要是从事软件研究的工程师。根据华为公司发布的 2023 年度报告，自车 BU 成立以来，累计研发投入超过 300 亿元，2023 年一年的研发投入就超过 100 亿元，亏损 60 亿元，预计 2024 年将扭亏为盈（2024 年上半年已实现）。华为公司余承东在中国电动汽车百人会 2024 年年会上宣称，华为要打造智能汽车解决方案"硬核科技"，助力扩大中国新能源汽车产业发展的优势。在他看来，过去几年在国内汽车市场上，智能驾驶做得最好的是小鹏，但是如今华为 ADS 高阶智能驾驶应该是公认最好的。华为通过四个"界"，打造好"样板点"，用"软件定义汽车"的概念重新打造全新的电子电气架构，在智界 S7 和问界 M9 车型上全面实现了智能驾驶功能，除了能大幅度减轻驾驶疲劳，还可以大幅度减少交通事故，提高驾驶的安全性。

我认为，华为公司是想通过四个"界"来证明自己的能力，我也通过与华为公司合作的企业领导了解到，华为公司的技术虽然好，但是价格高，而且华为公司还坚持认为只要东西好就不怕价格高，手机市场就是明证，比华为手机便宜的产品有很多，但是华为手机坚持在 600 美元以上的高端手机定位不动摇，也取得了举世瞩目的成功。很难说谁对谁错，只是经营理念上有差别。

我认为，华为公司通过"样板点"证明自己的能力之后，如果能够对包括自动驾驶功能在内的操作系统开源开放，真正帮助我国整个汽车行业而不仅仅是几家企业成功，将在战略和全局的高度上为我国智能网联汽车发展做出不可估量的巨大贡献。而在这场竞争中，如果我们继新能源汽车之后再一次取得成功，就会形成在汽车智能时代"以我为主"的产业发展生态。着眼于新发展阶段，华为公司其实不必在每一款车型上与合作的汽车企业锱铢必较，而应该从更大的范围内实现自身的商业可持续发展。

我在担任工业和信息化部部长期间，推动成立了开放原子开源基金会，这是我国第一个开源基金会，在民政部登记注册，由工业和信息化部主管，是非营利性独立法人机构。首批成员有华为、阿里巴巴、腾讯、百度、浪潮、360、招商银行等 10 家企业。华为公司将鸿蒙操作系统的基础能力全部捐献给开放原子开源基金会，未来鸿蒙操作系统的开源项目发展以及维护都将由开放原子开源基金会的成员共同完成，所有感兴趣的企业都可以平等地从这里获取代码，根据自身的需要开发不同的产品，实现共商、共建、共享、共赢。

2020 年 12 月，博泰、华为、京东、恒润、亿咖通、中国科学院软件所、中软国际 7 家单位组成项目群工作委员会，开始对鸿蒙项目进行开源社区治理。截至 2021 年 5 月，已经有 240 多个共建企业、共建机构和个人贡献者参与项目共建。2021 年 6 月 1 日，开放原子开源基金会发布了鸿蒙 2.0 版本。经过 4 年的时间，根据华为公司在 2024 年开发者大会上发布的数据，鸿蒙生态设备数量已超过 9 亿台。

鸿蒙操作系统有 4 个特点。一是低时延，可以做到毫秒甚至亚毫秒级。二是实现了分层结构：第一层是微内核，使得鸿蒙操作系统比安卓操作系统更快；第二层是系统服务层，可以为应用程序提供各类服务；第三层是程序框架，开发者可以像使用安卓操作系统那样使用鸿蒙操作系统。三是分布式架构和分布式软总线技术，使开发者能够方便地进行跨终端分布式开发，也让用户感受到跨终端业务协同能力，做到各种场景使用的"无缝"衔接。四是安全性，微内核可以做到更安全，与此同时，鸿蒙操作系统还对各种组件进行了安全防护。

华为公司已经开发出 MDC 整车计算平台，使用的是微内核分布式操作系统，包括座舱操作系统、智能驾驶操作系统和智能车控操作系统。图 3-3 对鸿蒙车载操作系统的这三大子系统做了说明。其中座舱操作系统就是鸿蒙操作系统，具有"多外设、多用户、多应用、多并发、安全以及快速启动"的特点，有 12 个车机子系统和 5 个业务增强能力，功能包括一芯多屏、高可靠、多业务并发等。智能驾驶操作系统已经通过了 ASIL-D 和 EAL5+ 认证，支持丰富的原生开发库，大幅度提高了开发效率，低时延、高可靠是它最大的特点。智能车控操作系统开源开放，支持异构多核芯片，兼容 AUTOSAR，不仅适配华为公司的微处理芯片，也适配其他公司的芯片，因而华为公司可根据汽车企业的具体需求，采用灵活多样的方式相互合作。华为公司的智能计算平台设计了一个整车级软件框架，通过后者实现三个域控制系统的跨域调度，可以按照整车的应用场景和用户体验要求来调用系统能力。

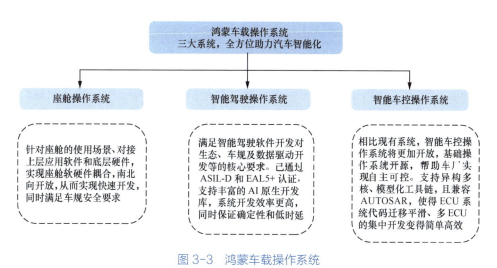

图 3-3　鸿蒙车载操作系统
（资料来源：华为，中国电动汽车百人会智能网联研究院）

特斯拉公司在整车操作系统方面摆脱了传统的域控制器的发展模式，基于 Linux，自己从头开发了全栈式操作系统，其整车智能计算平台已经初具雏形。在功能软件方面，特斯拉公司将原来的先进驾驶辅助系统（Advanced Driver Assistance System，ADAS）转换成完全自动驾驶（Full Self-Driving，FSD）系统，其实还是升级版的自动驾驶辅助系统，有言过其实之嫌，功能软件的算法是自研的，使用了 PyTorch 算法编程框架。特斯拉公司的发展模式让我们不由得联想到了苹果公司，整个操作系统不开源开放，期待形成自身发展的产业生态。

从现在国内外各种操作系统的发展趋势来看，几乎任何一家企业都有开发全栈式软件的冲动。然而，若没有大规模的产销量作为支撑，这样做肯定难以为继，且不说维持高水平的软件工程师队伍需要高额费用，就连 App 的开发公司也不会费神专门开发适配小众的 App，因此难以形成产业生态。换句话说，只有少数大企业可以考虑开发不开源、不开放的操作系统的可能性，自成体系形成产业发展生态；对大多数企业来说，使用开源开放的操作系统是唯一的选择。

我国大多数造车新势力采用了全栈自研操作系统，因为这些企业中有很多人都是依靠互联网的发展起家的，对互联网的应用比传统汽车企业更加熟悉。大多数传统汽车企业则与软件企业、互联网企业开展合作，如上汽集团与阿里巴巴合作，北汽、长安与华为公司合作，这也是我国自动驾驶技术发展的重要特点，利用好企业各自的优势，互补互惠，有助于缩小技术发展的差距，实现后来者居上。

近两年，我在不同场合多次强调汽车企业要高度关注、解决"缺芯少魂"问题，尤其是车用操作系统的问题，得到了汽车行业政府管理部门、企业的重视和响应。现在行业内对操作系统如何发展已经形成了诸多共识。

第一，操作系统的竞争关键不在于技术，而在于生态，生态的重点则是芯片和操作系统的协同。国外早已形成了抱团发展态势，如座舱领域，高通芯片在机械层面支持安卓操作系统、Linux；智能驾驶领域，英伟达预装 QNX、

Linux 等。国内芯片和操作系统企业已开始重视协同，行业也形成了多种生态建设的路径，包括增加装车预期提升生态吸引力（斑马、地平线），开源开放减少生态建设阻力（普华、地平线），统一标准打造竞争环境下的统一生态（华为、中兴通讯），等等。各条路径之间如何联动、配合也是下一阶段发展的重点。

第二，开放是汽车产业发展的必然选择。基于汽车产业跨界融合的特点，构建开放体系是实现产业自主可控、降低企业成本的必然选择，也是在竞争环境下构筑产业合力的必然要求。这里所指的"开放"不应是简单的技术源代码公开，而是涵盖标准统一、产业分工、企业互信、商业闭环的可持续体系，需结合汽车产业的特点来设计。在进入 L3 自动驾驶阶段后，汽车企业应该主导跨行业融合发展。

第三，装车是产品迭代、生态构建、商业可持续的关键。到了 L3/L4 自动驾驶阶段后，互联网平台发展的特点凸显，整车的差异更多体现在功能软件上。同样的功能，不同车型会有不同表现，产品应用便利性、安全性的特点更加突出，将来商业的可持续发展在于软件，软件的可持续发展在于升级和订阅。

对我国汽车行业而言，车用操作系统格局未定，这迫使我们面对许多有待解决的问题：我国汽车企业究竟使用哪种操作系统，是使用开源开放的操作系统，还是要自己打造不开源的操作系统？我国汽车行业要有多少个操作系统？在存在众多操作系统的情况下，谁最有希望形成产业发展的生态？这是事关产业发展全局和战略的重大问题，将决定智能汽车"下半场"竞赛的结果。

如果我们对此想明白、搞清楚了，全行业统一思想统一行动，那么就可以借"上半场"的优势乘胜前进，取得全球智能汽车发展的主导权。反之，如果我们没有抓住这个机遇，可能会重复计算机、手机产业的发展模式，那么"上半场"取得的优势就会得而复失，我们会被迫继续采取跟随策略，还将承受国外"小院高墙"政策的遏制打压，面临"卡脖子"风险。当然，现阶段还要广泛听取业界各方的意见，进一步统一认识。

在现阶段，少数汽车企业致力于采用不开源的方式打造全栈自研操作系统，对大多数汽车企业而言，由于人才、资金等方面的限制，特别是缺少人工智能大模型带来的"端到端"技术经验，难以支撑起由大算力、大模型、大数据等要素组成的大系统。迫切需要组织起来，跨行业融合发展，开发出开源、开放，最好是免费的操作系统底层和人工智能基座，利用我们汽车大市场的优势和集中力量办大事的优势，创造出类似手机时代的安卓操作系统，构建起中国自动驾驶汽车产业发展的生态，持续放大新能源汽车发展的既有优势，真正形成自动驾驶汽车的中国方案。

实践告诉我们，挑战往往伴随着机遇。对我国汽车行业来说，这是一次千载难逢的绝佳机遇，如果我们能够利用好我国汽车最大市场的优势，利用好我们在新能源汽车发展方面走在全球前列的有利地位，利用好我国互联网企业、通信企业、电子信息行业企业的既有力量，抓住时间窗口，建设好自主可控的自动驾驶汽车发展产业生态大有希望。

3.4 │ 铸魂：自动驾驶操作系统

自动驾驶操作系统分为系统软件层和功能软件层，把移动通信技术和移动互联网的应用包含在内，在这方面突破了 Adaptive AUTOSAR 架构的范围。

功能软件是实现智能网联汽车某些功能的软件模块，自动驾驶汽车的发展促进了功能软件的极大丰富。这里结合自动驾驶功能来介绍功能软件的基本情况。

众所周知，现在辅助驾驶的功能软件已经在新车型上广泛使用，达到 L3 及以上级别的自动驾驶功能软件也开始在各种车型上测试。

根据自动驾驶功能的需求，开发者从感知、决策、执行的流程对自动驾驶功能软件进行了"端到端"的标准化定义。这样做的最大好处就是可以让汽车企业、零部件供应商、研究算法的公司各负其责，分工合作，一种自动驾驶操作系统可以在各种车型上复用，整车企业可以根据需要，在不同车型上灵活配置自动驾驶功能。

从自动驾驶数据处理流程来看，各种车载传感器和路端传感器感知的信息首先要进行数据化转换，形成统一的数据信息，然后一部分数据信息与整车接收到的高精度地图以及高精度定位信息结合，通过计算得出本车的位置和下一步的行驶轨迹数据信息；另一部分数据信息还要与周围环境限制信息（例如，红绿灯、道路标线、行人和周围物体等）结合，并通过计算得出的信息再与上面的轨迹信息合并处理，得到新的轨迹数据信息。两种数据信息同时被传送到决策环节进行决策，决策后的数据信息再被传送到执行环节执行。

贯穿自动驾驶各环节的功能模块就是自动驾驶通用框架模块。在通用框架模块之上的是应用程序接口，通过统一的接口标准适配各种应用软件。在自动驾驶通用框架模块之下的是各种功能模块，例如 AI 和视觉感知模块、传感器模块、联网模块、云控模块等。自动驾驶通用框架模块、应用程序接口和各种功能模块共同组成了自动驾驶功能软件，如图 3-4 所示。

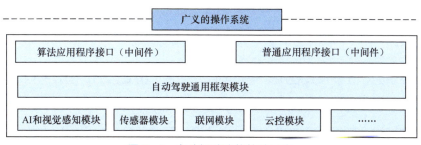

图 3-4 自动驾驶功能软件示意
（资料来源：中国软件评测中心等单位）

由于自动驾驶功能对安全性、可靠性要求非常高，国内外还没有任何一家企业可以完整地打通从底层到应用软件层的整个计算平台。相对拥有一定优势的国外企业有特斯拉、Mobileye、博世、安波福（APTIV）等，其中特斯拉公司的平台是不开源、不开放的，另外三家企业的平台则是开放的；国内则有华为、阿里巴巴等公司处于领先地位。

如果能够借智能网联汽车发展之机，将符合智能网联汽车计算基础平台中的自动驾驶系统开发出来，一方面可以为功能软件、App 开发提供强有力的支撑，另一方面也可以带动各种异构芯片、传感器的发展，形成支持"车路云一体化"的统一架构，促进智能网联汽车在我国的发展。在这方面，国内的造车新势力都在积极探索，华为公司的自动驾驶系统走得最快，2023年，不依靠高精度地图的华为自动驾驶操作系统就在多款新车型上亮相了。

华为公司通过"车路云一体化"系统为汽车企业提供系统化解决方案，该系统兼具智能驾驶汽车操作系统和华为云的优势，与其共同形成了 MDC智能驾驶计算平台。这是一个全生命周期的全栈式平台，可以向汽车企业提供数据、训练、仿真三大服务，具备 PB 级海量数据存储能力和每秒亿级数量的检索能力，具有自动标注功能，在已公开数据集训练上达到了领先的准确度；利用华为昇腾 910A 和 MindSpore AI 框架大幅度提高了训练的效率，在超强算力的加持下，自动数据挖掘功能与预置的场景生成规则可以为仿真提供更多有意义的场景，例如接管、前车插入和数据丢帧。平台内置了 1 万多个仿真场景，还支持将路侧数据场景转换成仿真场景，可同时并发 3000多个实例，用于仿真任务。

我认为，在发展过程中，一定要破除迷信、树立自信。国外的自动驾驶操作系统仍处在探索过程当中，遇到了不少困难，走了许多弯路，既定的目标一拖再拖。苹果公司知难而退，主动退出了竞争行列。但是所有的这些探索都是极有意义的，即使失败，也是宝贵的"试错"过程，为成功铺平了道路，可以让后来者少走弯路。

现有的操作系统还是传统汽车时代的产物，大多是适用于集中式 MCU控制的系统，少数产品刚刚开始向域控制器操作系统转变，还没有接受大批量量产车型的检验。换句话说，它们都是基于整车智能化的架构设计，不完全适应自动驾驶汽车的需要，更没有考虑车路云协同的 V2X 发展趋势，到目前为止，还没有出现适应整车计算平台发展趋势的集中一体的操作系统。在这方面，国外企业并没有取得比我们明显的优势。

我国汽车行业的一批企业充分认识到自动驾驶架构尤其是操作系统的重要性，纷纷行动起来，自研或与软件行业企业开展多种形式的合作，在新开发的整车计算平台上探索采用自主可控的操作系统，已有相关产品上市。我相信，只要坚持不懈，我国汽车行业，尤其是国产品牌，会不断深化跨界融合，我国的自动驾驶操作系统也会开辟出一片新天地。

3.5 | 抓手：架构车载计算平台

整车计算平台由底层的硬件平台、上层的应用软件平台和中间层的操作系统平台组成。硬件平台由若干人工智能计算芯片、CPU、MCU 组成。应用软件平台由各种应用软件、地图、人机界面和整车的感知决策控制系统组成。操作系统平台又可以细分为操作系统的内核、中间件、各种功能软件、安全模块和用于开发测试的工具链等。以操作系统平台为主要组成部分的整车计算平台，加上整车配备的各种传感器、V2X 功能、动力控制系统、自动转向制动控制等，就可以实现自动驾驶功能了。

中国软件评测中心等单位于 2019 年发布了《车载智能计算基础平台参考架构 1.0（2019 年）》，这是智能网联汽车发展的路线图，为我国车载智能计算基础平台的技术创新、标准制定、试验验证、应用实践、产业生态构建等提供了参考和引导。从某种意义上说，这也是实现自动驾驶汽车功能的中国方案。该参考架构发布以后，已经得到行业和大部分企业的认同，很多企业的产品基础架构也是按照这个架构来搭建的。

前文已经介绍过计算平台中有关自动驾驶操作系统的部分，这里只谈异构的硬件架构、编程框架和计算单元。

我们经常听到"异构"硬件（芯片）的说法，所谓"异构"，其具体形式既可以是在单板卡上集成多种用途的芯片，如 MCU、现场可编程门阵列（Field Programmable Gate Array，FPGA）、CPU 等，也可以是在功能强大的系统级芯片（SoC）上同时集成多种功能芯片，如英伟达 Xavier 芯片就集成了 GPU 和 CPU。计算基础平台硬件架构需要具有芯片选择灵活、配置可扩展、算力可堆砌等特点。

异构的硬件架构由人工智能单元、计算单元、控制单元三部分组成。其中，人工智能单元是硬件架构中承担算力的主体，人工智能芯片由多个计算单元和存储单元加上一个小的微处理器组成。与处理器芯片不同，人工智能芯片采用并行计算方式对输入的数据进行计算，常见的芯片形式有 GPU、FPGA、ASIC 等。车端人工智能芯片大多采用 ASIC，云端进行训练则大多采用数千片甚至上万片 GPU 搭建起智算中心。为了支持不同级别的辅助驾驶和自动驾驶技术应用，车端人工智能单元的算力应该具有良好的可扩展性和算力可堆砌性，也就是我们常说的冗余；车端人工智能芯片还应该支持外设部件互连局部总线接口或以太网接口。

为了高效地实现深度学习算法，程序员需要兼顾应用需求、算法效率、硬件架构、编程语言等，这给算法编程增加了极大的难度，于是编程框架就出现了。编程框架可以将一些常用的操作封装成算子，供程序员编程时直接调用，还可以将硬件的架构封装起来，降低深度学习算法编写及应用的复杂度和难度。目前，常用的深度学习编程框架有十几种，常用的包括 TensorFlow、PyTorch 等。谷歌公司 2015 年底开源了编程框架 TensorFlow，这是目前使用最广泛的编程框架之一。2017 年，谷歌公司利用这一编程框架编制的 AlphaGo 战胜了围棋世界冠军。有了开源的编程框架 TensorFlow，程序员在很大程度上降低了开发难度，提高了效率。

在算法支持上，人工智能单元应该适配主流深度学习的编程框架，如 TensorFlow、PyTorch 等。人工智能单元还应该支持主流的神经网络算法，如 ResNet、VGG、MobileNet 等，这是几种卷积神经网络算法。

接下来再说一下计算单元。计算单元是管理整个异构硬件的中枢，包括对各种传感器输入数据的管理、分配计算任务给人工智能芯片等。计算单元还要管理所有软硬件资源，完成任务调度，整合多源数据计算结果，完成路径规划、决策、控制等功能。承担此功能的主要是 CPU，一般采用多核异构封装结构。

本书之前论及的功能软件采用了通用的定义方式，是应用软件的一种。这里需要特别说明一点，在中国软件评测中心等单位发布的《车载智能计算基础平台参考架构 1.0（2019 年）》中，功能软件被定义为广义的操作系统中的一个重要部分。

2023 年 9 月发布的《车载智能计算基础平台参考架构 2.0》，根据智能网联汽车技术向更高级别的自动驾驶和"车路云一体化"的方向发展的现实需要，拓展了车载智能计算平台的内涵和外延。图 3-5 描绘了这一新架构的全貌。

由于高性能车用人工智能芯片不断推出，整车的电子电气架构进一步向集中化演进，车载智能计算基础平台架构要满足多种跨域计算场景的需要。在操作系统方面，Linux、QNX 等主流车用操作系统持续增强，国内的华为 AOS、国汽智控 ICVOS、普华 ORIENTAIS、中兴车用 OS、斑马 AliOS 等操作系统相继推出，深化了行业对车载智能计算基础平台的认识和理解。

《车载智能计算基础平台参考架构 2.0》强化了基础软件支持异构多核高算力芯片，通过预埋冗余的大算力芯片，只需要软件不断升级（OTA），即可来满足用户的需要；强化了面向服务的体系结构（Service-Oriented Architecture，SOA）；适应车内高带宽主干通信网络和多种网络协议等。新

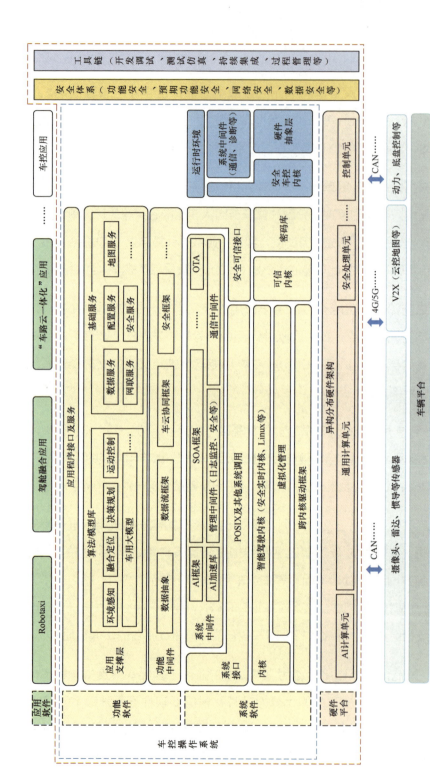

红色框线：车载智能计算基础平台

蓝色框线：车控操作系统

图3-5 车载智能计算基础平台参考架构2.0

版本满足高实时、多级功能安全需求，满足网络安全与数据安全的要求，构建了软硬件一体化技术体系，可促进智能网联汽车生态发展。

这里特别强调一下，计算基础平台是智能网联汽车的核心功能，需要满足高安全性、高可靠性等要求。广义的操作系统架构会促进汽车产业链变革和技术创新体系重构。当前，计算基础平台正处于发展初期，国内一些汽车企业和研究机构通常聚焦在某些技术方面，还缺乏系统性研究，也缺乏总体考虑，容易形成在细分领域各执一词的局面。我国在人工智能、互联网应用、通信技术方面已经取得了国际公认的进步，很多方面走在全球前列，加上我国汽车大市场的优势和新能源汽车发展领先的格局，发展支撑实现自动驾驶功能的车载智能计算基础平台面临难得的机遇，也具有十分重要的战略意义和现实意义。

建设智能网联汽车计算基础平台是发展智能网联汽车的中国方案的重要抓手。在推进过程中，我们应该树立全国一盘棋的思想，政府加强组织和引导，推动实现跨行业的企业合作和分工协作，按照车载智能计算基础平台架构的设计，用几年时间开发出自主可控的系统软件和功能软件，同时带动人工智能芯片、传感器、应用软件的发展，形成智能网联汽车产业发展的生态，最终实现我国汽车行业高质量发展的目标。

专题访谈

抓住时间窗口，打造自主可控、安全可靠的车用操作系统

我国汽车企业在过去几年深刻体验了芯片短缺的制约，但是大多数企业还没有认识到车用操作系统的缺失更是致命的隐患。现在全球智能汽车产业生态和发展格局尚未确定，留给我们的时间窗口只是相当有限的几年而已。我们应该增强紧迫感，努力打造出自主可控、安全可靠、开源开放，最好是免费的车用操作系统，在我国市场上形成智能网联汽车产业发展生态，利用我国汽车产业特别是新能源汽车产业的规模优势，争取实现全球车用操作系统的引领。

时间窗口稍纵即逝

曾纯（《中国制造：民族复兴的澎湃力量》一书的作者，以下简称曾）：您在很多公众场合大声疾呼，对我国汽车产业发展来说，车用操作系统是比芯片更加紧迫而致命的问题。这几年业界对芯片短缺、供应链关键环节被"卡脖子"有过切肤之痛，有了亡羊补牢的念头和行动，不过总感觉车用操作系统毕竟还是软件，东方不亮西方亮，它的重要性怎么会超越芯片呢？

苗圩（以下简称苗）：车用操作系统是控制、管理汽车软硬件的核心软件，处于底层芯片驱动和上层应用软件之间，为汽车的功能软件及用户使用的 App 提供接口和基础服务。车用操作系统的自主可控事关产业安全和国家安全大局。

随着我国新能源汽车和智能网联汽车的发展，车用操作系统的重要性日益凸显。

在美国不断升级对中国高科技发展的打压、遏制后，中国汽车企业在发展自主可控操作系统的必要性方面已经达成了基本共识。大家认识到，车用操作系统缺失会被"卡脖子"。2019 年中美贸易摩擦期间，谷歌公司禁止华为公司使用谷歌移动服务导致华为海外手机业务遭受严重打击就是前车之鉴。

曾：在计算机时代和手机时代，我国企业的产品研发都要围绕业已成熟的 Wintel 联盟、安卓操作系统来进行，不过联想电脑、华为手机等产品还是先后创造出了市场销售佳绩，在全球供应链顺畅无碍的国际环境下，这种分工似乎也是一种各得其所的选择？

苗：相当长时间里，包括我在内，大家普遍认为，既然操作系统是开源、开放的，大家都在用，只要得到授权，那就大家都来用、都能用。逆变发生在 2019 年，美国打压华为公司，除了不允许台积电给华为公司代工先进制程手机芯片，甚至也不允许华为公司使用谷歌公司的操作系统。准确地说，谷歌公司的安卓操作系统是允许华为公司使用的，因为华为公司已经购买了当时最新版本的安卓操作系统，不过那之后的升级版本不再卖给华为公司，当时只是不允许华为公司继续使用跟这个操作系统相匹配的 App。

好在华为公司在此之前开发了一个鸿蒙操作系统。本来鸿蒙操作系统并不是准备用在手机产品上的，在万般无奈的情况下，华为公司临时把它"转正"，用作手机操作系统，现在（即 2024 年 10 月）已经做到 4.0 的版本了，生态设备数量超过 9 亿台，效果还算是不错。

这一变故提醒我们，一定要高度重视智能产品操作系统的问题。操作系统的好坏不仅决定智能产品的功能，决定产品的用户体验，而且还关系到企业的安全和发展。

所以，在智能汽车的发展过程当中，操作系统的发展比芯片的发展更重要。

曾：您也曾经提到过，我们要发展自己的车用操作系统，现在是一个最好的时机，因为我们其实也就只有有限的几年时间可以利用，可能只是三到五年的一个窗口期，丝毫耽搁不得。为什么这么说？

苗：在以智能汽车发展为主题的"下半场"的竞争中，中国拥有十分难得的历史机遇。第一，我们有全球最大的汽车市场。第二，我们的新能源汽车已经走在世界的前列。由于智能汽车的基础是新能源汽车，从整个汽车工业的发展来看，必须先是电动化，然后才是智能化，是这么一个逻辑，我们取得了电动化"上半场"领先的优势，这为我们打好"下半场"比赛打下了一个非常好的基础。第三，我们拥有集中力量办大事的制度优势，只要统一认识，统一行动，完全可以在这个过程当中变被动的跟随为主动的发展引领。

那么为什么说窗口期只有短短几年呢？因为在全球新能源汽车发展方面，中国暂时走在了前面，现在整个智能汽车的发展格局还没有形成，给我们留下了难得的时间窗口。如果利用好这个时间窗口，我们就能实现智能汽车发展的全球领先，争取战略主动。

我们必须清醒地认识到，软硬件一旦形成联盟，就会主导产业发展的生态。而且产业发展的生态遵循的是丛林法则，赢者通吃，这在手机行业已经得到充分验证。我们要争取利用好这个时间窗口，把各方面的认识真正统一起来，把各方面的力量充分调动起来、组织起来。我一直主张集中力量做开源开放、全免费的操作系统，企业不要单打独斗。

曾：我国自研车用操作系统的现状如何？它们是否具备了与世界上最强劲的对手一竞高下的实力？

苗：在车载操作系统方面，基于安卓操作系统、Linux 的操作系统仍然占据主流地位，阿里巴巴的斑马 AliOS、华为的鸿蒙操作系统在我国使用场景下的用户体验并不亚于国际上的主流车载操作系统，分别在智己、荣威、问界等品牌产品上装车应用，装车量已超过 100 万辆。

在安全车控操作系统方面，国内普华、华为的产品先后通过了 ASIL-D 认证，已经在一汽、长安、东风等汽车企业的产品上装车应用，截至 2023 年底，累计装车量超过 100 万辆。但与国外 QNX 等安全车控操作系统累计近 10 亿辆的装车量相比，仍有数量级上的差距。当然这些车控操作系统也要随着传统汽车企业的转型而转变。

智能驾驶操作系统是打通安全车控操作系统和车载操作系统的一种全栈式软件，包含内核、中间件和功能软件层。所有这些方面现在都有国内企业进入，产品水平总体上与国外相当。在内核层面，华为、斑马智行、中兴通讯等发布的微内核已通过 ASIL-D 认证，实时性与黑莓公司的 QNX 处于相同水平，普华基础软件和国科础石均发布了内核开源计划；在核心算法上，华为、地平线等公司已建立覆盖数据处理、算法开发和测试的智能驾驶开发平台。在中间件层面，百度的计算中间件已通过 ASIL-D 认证。在功能软件层面，百度、小马智行等已将其自研 L4 智能驾驶系统装到现有车型上，百度萝卜快跑已在国内多个城市开展了示范运营试验。

曾：车用操作系统的研发需要大量熟悉汽车硬件性能的软件人才，如果全免费开源的话，企业回收投入的模式必须发生巨大转变吧？

苗：华为徐直军曾经当面跟我提到过全免费开源之后商业的可持续能力到底怎么保持。之后我也认真地思考了一下这个问题。手机时代是凭着 App，To C 不收费，To B 收费，形成了平台的商业可持续盈利模式。那么在汽车时代，除了 App，还有功能软件。功能软件决定了汽车的功能，而且各家汽车企业产品的功能不同，正是由这些功能软件的差异所决定的。我觉得，在功能软件方面，还是要汽车企业来主导，不能再靠着软件供应商，不能采用第三方购买服务的方式来一个"交钥匙"工程。如果说在 L2 及以下级别这样做还能说得过去，那么到了 L3 及以上级别，需要体现出你这家汽车企业的产品功能和竞品的功能区别在哪里，就好像对于燃油汽车，一定要说出我这辆车的发动机比别的车功率更大、油耗更低一样，智能汽车的区别就在功能软件上。所以到了 L3 及以上级别，收费模式可能要改回到 To C。

免费不意味着不赚钱，谷歌公司实际上通过安卓操作系统赚了大钱，只不过它赚钱的方式跟传统的一对一在用户身上赚钱有所不同而已。汽车上除了功能软件 To C 收费，也有一些 App 还可以采用过去的 To B 方式收费，将来这些都是可以结合起来的。当然，这些做法尚未成型，格局未定，只是我和业内一些人的想法而已，讲出来供大家讨论。

曾：转回时间窗口这个话题，显然对我们国家来说，企业、行业协会、政府主管部门都需要在这个稍纵即逝的窗口期里主动作为，争取突破，您觉得它们各自应该以哪些方面作为自己的重点？

苗：我觉得，首先，面对中美两个大国博弈的时代背景，我们一定要坚持走自己的路，把未来的发展建立在充分依靠自身优势的基础之上。在这个过程当中，我们要对操作系统提出整体的规划。究竟是各家自己去打造不开源的操作系统好呢，还是大家联合起来打造开源、开放的操作系统更好？从手机的经验来看，除了苹果公司，世界上几乎所有的企业都使用安卓操作系统，华为公司是在不得已的情况下，才抛弃了安卓操作系统，打造了鸿蒙操作系统。在汽车领域，不排除有少数企业可能依靠自身的力量，打造出不开源、不开放的操作系统，但是我国的大多数汽车企业不具备这个能力。如果一家汽车企业没有几百万、上千万辆的年产销量的话，不可能维持这样庞大的操作系统。反过来说，如果我们组织起来，打造出开源、开放的操作系统，中国企业率先使用，可能也会在世界范围内形成一种趋势，形成一个产业发展的生态。所以在这方面，政府要制定一个比较好的规划；行业协会要组织行业内的企业，统一大家的思想，还要打破行业界限，实现跨行业融合发展。在这一进程中，应用具有牵引作用，只有装车才能使操作系统技术不断迭代，也只有装车才能建立商业闭环，这是构建产业生态的基础。

发挥优势，跨越障碍

曾：大家熟悉操作系统这个概念，是因为使用计算机和手机。我国在计算机时代、手机时代是后发者、追赶者，因而在操作系统上落后是有客观原因的。不过从另一个角度看，先前不存在被"卡脖子"的问题，所以当时我们也没有非要以举国之力去建设一个重大软件系统那样的迫切需求吧。现在我国新能源汽车处在领跑位置，而且我国企业和国外著名企业在智能汽车发展上也大体处在同等水平。在这种背景下，您觉得我们当前发展车用操作系统的有利条件是什么？如果我们不抓紧时间去开发并应用自主可控的车用操作系统，很可能会陷入怎样的被动局面？

苗：在新能源汽车的发展方面，我们处在全球领先位置，这是一个最大的有利条件。但是，国外的汽车企业、互联网企业也期待着后来者居上，大家都在你追我赶地拼命向前进。回过头来说，在计算机时代、手机时代，我们起步比较晚，但我们赶上了全球经济一体化浪潮，我国加入 WTO，主动融入国际经济大循环当中，确实为世界经济的发展做出了贡献，同时我国也抓住了 20 多年的发展机遇，经济得到快速增长。近年来，以美国为首的西方国家实际上对国际经济贸易秩序进行了一次重构，这体现在中美两个大国的战略博弈上。在这种大的背景下，我们一定要根据变化了的国际形势，采取新的发展模式，这是客观条件的变化。从主观上来看，我国新能源汽车"上半场"取得了不错的成绩，这为"下半场"竞赛奠定了一个很好的基础，如果我们不乘势而上，也不排除会出现"上半场"赢、"下半场"输，以致最后满盘皆输的结局。因此我们必须利用好已有优势，努力打好"下半场"。

曾：您刚才提到，车用操作系统在底层芯片—中间操作系统—上层应用软件的结构中发挥着承上启下的作用。现在很难脱离开 AUTOSAR 标准来谈论这一结构。AUTOSAR 是超级技术和标准联盟，几近成为全球汽车产业的开放通用标准。成熟稳定的 AUTOSAR 形成了怎样的商业模式？给我们什么启示？

苗：AUTOSAR 是由欧洲的几家汽车企业，加上若干互联网企业，大概在 20 年前制定的一个标准，实际上就是使软件从分散走向集中，然后再对软件进行分层，有核心层，有中间件。这个标准也在与时俱进，不断发展。

它真正赚钱的是什么？是符合 AUTOSAR 标准的软件开发工具，它是由三家德国企业开发出来的，所有用 AUTOSAR 标准开发软件的都得购买它这个开发工具。现在如果我们要做出中国的版本，首先得把开发工具拿出来，让 App 和功能软件的开发工程师养成使用习惯，都乐于且善于使用这个工具。如果这个开发成功了，我们的操作系统就有了配套的工具链，工具链实际上也是个软件，就相当于形成了一个标准。

我们可以借鉴 AUTOSAR 的成功经验，由政府或行业协会牵头建立涵盖全部汽车企业、供应商的"竞合共同体"，由汽车企业导入需求，提供量产车型支持，并作为基础标准的裁判员。在共同体之下，可围绕不同的芯片 + 操作系统厂商形成 A、B、C 版方案进行"赛马"。简言之，就是创新组织方式，增加企业合作深度，提升汽车企业参与动力。

曾：一方面，从产业安全的角度来说，我们不能将自身的发展建立在不可控的基础之上。另一方面，汽车产业远比计算机、手机产业复杂，打造自主可控的车用操作系统很难另起炉灶，也与抓住时间窗口的紧迫感格格不入。如何实现这两方面诉求的平衡，达成我们的目标？像特斯拉公司那样甩开 AUTOSAR 的研发道路会是我们的选择吗？

苗：我认为首先要做好"分类思考"，把"黑与白"的底线问题与"颜色深浅"的程度问题区分开来。底线问题要明确界定，但程度问题允许多条路径并举。构建自主的生态不是与全球汽车发展生态割裂开来，但是在使用国际开源内核时必须建立自主修改和优化的能力，建立国际开源生态在国内的备份，打造国产代码托管平台和国内的生态社区等。

其次，要做好"分阶段思考"。现阶段国产微内核、混合内核尚不具备独立构建生态的能力，与 AUTOSAR 完全切割显然会增加生态建设的难度，应采用"国产微内核 / 混合内核 + 国际开源内核 / 开放标准"的混合方案尽快上车，走到前面就可以建立起生态，而远期可以考虑打造基于国产微内核 / 混合内核 / 中间件标准的完全国产化操作系统。

最后，行业认知正从全栈自研向分层分工转变。由于底层内核和基础框架（狭义的操作系统）对安全性要求高、对差异化程度要求低，开发量和难度是广义的操作系统的十倍到百倍级，而且需要构建丰富的产业生态和完整的工具链，汽车企业自研性价比低，适合由软件企业开发共性基础平台供行业共享。上层的应用框架技术难度低、差异化属性强，需要由汽车企业主导开发，以形成产品卖点。现在还存在分歧的主要在于中间层的中间件，有些汽车企业认为自研中间件有助于确保系统的稳定性，保证数据通信、资源管理、任务调度等能力，形成差异化优势，这样可以减少与供应商的沟通成本，而且难度可控，所以它们倾向于全栈自研，如长城汽车的"坦克"品牌。有些汽车企业则认为，应该跨行业合作，以形成规模效应、降低成本，单家汽车企业受产量所限，难以快速迭代，而且这部分对用户的体验影响较小。

曾：以我国的产业规模和企业能力，我觉得推出一个车用操作系统并不难，事实上，阿里巴巴、华为、百度、小米等公司也都做了各种努力。难的其实还是在于真正形成产业化生态。在这方面，您觉得要推动车用操作系统产业化，最关键的问题是什么？最具挑战性的地方表现在哪些方面？

苗：关键还在"用"，只有通过使用并不断地完善才可能成熟。没有任何一个操作系统从一开始就是很好、很完善的，只有在使用当中才能不断地得到完善。当然还有一个使用习惯的问题。在计算机上，尽管我们现在很多办公软件也做得很好了，但是由于既定的产业生态已经形成了，要让大家改变之前的使用习惯就很伤脑筋。

我反复地讲，现在车用操作系统的产业生态格局还没有形成，这为我们提供了一个较好的切入时机。如果我们能够集中全国力量，统一认识、统一行动，完全可以实现自主车用操作系统产业化的目标。国外的汽车企业很难在这方面联合起来，况且它们一家汽车企业年产销量现在最高的也就是 1000 万辆，而我国抛开商用车不说，仅乘用车一年大概就有 2000 多万辆的产销量，完全有条件支撑起一个很好的车用操作系统。我同意你的说法：打造一个车用操作系统并不是很难的事情，关键是怎么把它用起来，让大家都把它用起来。促使大家使用的办法，安卓操作系统早就告诉我们了：免费，通过免费鼓励大家先用起来。

曾：我国的"首台（套）"优惠政策，对工信领域的很多新产品的使用、新产线的应用有过很好的促进作用。您觉得类似的优惠政策，对于将来我们国家的自主操作系统上车能不能起到同样的促进作用？

苗：完全可以。除了"首台（套）"，还有"首批次""首版次"，什么意思呢？以前的中国保监会曾专门设计了一种保险产品，这些列入"首台（套）""首批次"的产品可以投保，保费由中央财政补贴一部分，一旦出现产品研发失败等，造成的损失由保险公司负责赔偿。这是很好的政策，也可以继续用起来。

曾：回头看当年的计算机操作系统，我印象当中，当时的信息产业部领导非常重视，中国科学院院士积极呼吁，随后红旗等相关自主操作系统也先后面世，不过其市场反应和产业影响力远远不如手机时代华为推出的鸿蒙操作系统，根本原因是什么呢？我个人的直观感受，是因为鸿蒙操作系统推出时至少有华为自己庞大的手机用户群，首先能用起来，之后再不断扩展用户。当年红旗系统只是一个纯粹的软件系统。我们设想一下，从分工的角度来说，当然是越细分越深入，软件开发者可能和生产汽车没什么关系，那么系统开发出来后谁用它呢？这会是一个问题吗？这是第三方开发模式落地难的问题，您认为应该怎么解决？这个靠政府来规划、协调，有可能成功吗？

苗：当年红旗操作系统出现的问题，不仅仅是操作系统的问题，也不仅仅是使用的问题，根本问题在于软硬件没有协同。实际上直到今天这个问题仍然存在。

你提到了华为，尽管华为的鸿蒙操作系统做得这么好，而且华为已经把它贡献给了开放原子开源基金会，但是现在国内外还没有一家主流手机厂商敢采用。为什么？因为华为没有宣布自己不造手机。为什么大家都相信安卓呢？因为安卓不造手机，道理就在这儿，你又造手机又卖操作系统，别人用你的操作系统当然会有顾虑，不敢用华为的，当年也不敢用诺基亚的，别的手机厂商敢用塞班吗？即使华为贡献了开放的源代码，别的手机厂商还是不敢用。

回到汽车上来，到底是第三方好还是第二方好呢？我觉得从 L3 及以上级别来说，因为涉及汽车的功能，所以必须是以汽车企业为主，联合软件公司来开发功能软件，但是作为底层的操作系统应该是统一的，最好还是有一个第三方来统一。将来如果采用第三方开发的操作系统，它应该可以兼容各种芯片，这是发展趋势。

归纳起来说，到了智能网联汽车时代，必须是跨行业合作——汽车行业、软件行业、互联网行业必须组织起来跨行业合作。那么从合作的分工来说，功能软件一定是汽车企业自己开发，基础软件可能要靠第三方开发出来供大家使用，App 是面向市场、面向用户的，还可以维持类似手机的模式。但是底层的操作系统都是一个，而不应该是几个，更不应该是每家汽车企业打造一个，否则，如果我国没有形成生态，而国外某家公司打造出一个开源的操作系统，它就有可能捷足先登，赢者通吃。

曾：所以开发的立足点还在于车用操作系统本身必须是开源的，底层软件必须是开源的？

苗：必须是开源的。当然有条件的企业，你自己不开源，像苹果公司那样，你能做得很好，也可以。

曾：特斯拉公司在这块是不开源的。

苗：不过马斯克在社交平台上屡屡表示计划开源特斯拉公司的安全软件，也乐意将 Autopilot、FSD 等自动驾驶功能技术授权给其他公司。就目前而言，特斯拉公司的底层软件是不开源的，相当于智能汽车领域的苹果公司。那么我们有没有可能再造一个特斯拉公司？也有可能。但绝不可能大家都成为苹果公司。

需要强调一点，开源本身不是目的，开源是形成产业合力的手段。在技术和市场面临不确定性时，可以借助开源模式快速形成产业协作，这既包含面向全行业的开源，也包含面向客户、战略合作伙伴的小范围开源。

曾：基于汽车产业跨界融合的特点，智能汽车时代开放也是汽车产业发展的必然选择。技术源代码公开是开放的主要表现吧？

苗：我们这里强调的"开放"不应该只是简单地公开技术源代码，还涵盖统一标准、产业分工、企业互信、商业闭环等方面，是构建一个可持续的开放体系，这有利于实现产业自主可控、降低企业成本，同时在竞争环境下构筑产业合力。

曾：设想一下，开源开放的自主车用操作系统如果在我国汽车企业得到广泛使用，是不是意味着我国汽车企业的竞争模式将发生很大变化？

苗：在一次记者会上，有记者问蔚来汽车的李斌跟其他造车新势力是如何竞争的，他回答说："我们不是竞争对手，我们是同一战壕的战友，我的竞争对手是 BBA（奔驰、宝马、奥迪英文名的首字母组合）。"我觉得他的回答很巧妙。确实，自相残杀，打得你死我活的，有啥意思？当然还是要竞争，但是现在真正的竞争要着眼于未来。

曾：关于建立我国车用操作系统的应用生态，您提了很多建议，简要归纳起来，重点是什么？

苗：就是利用好我们的汽车大市场优势，利用好我国的消费者特别是年轻的消费者对互联网充分接受的优势，在有限的时间窗口内，通过跨行业融合，以应用为牵引，以企业为主体，产学研用相结合，形成我们发展车用操作系统的新体系。这就是我归纳的一个逻辑结论。

第
四
章

车
路
云
智
能
协
同

　　智能网联汽车不仅要关注整车的智能化，还要同时推进道路的智能化和云服务，形成车与车、车与路、车与云、车与人之间的联系和互动。智能网联汽车其实就是在整车智能化的基础上加上网联化，采用电动化、智能化、网联化协同发展的融合模式。

车路云协同与单车智能并不矛盾，只有在单车智能的基础上才可以讨论车路云协同，但是单纯靠汽车自身实现高度智能化，级别越往上越难。面对单车智能存在的问题，我国在顶层设计上明确选择智能网联汽车技术路线，提出了以车路云协同为核心的"中国方案"，构建车、路、云之间的数据共享和交互平台，实现车辆与道路基础设施的智能互联，从而提升行车安全水平，提高交通效率。

4.1 ｜ 数据决定体验

第三章提到车载计算平台，它为深度学习提供了强大的算力支持，而深度学习功能是通过大量数据的训练来实现的。正是通过深度学习功能，计算机能够识别人类的语言、手势和表情。在自动驾驶汽车上，系统除了按照人类下达的指令操控汽车行驶外，还能监控驾驶人是否喝酒、是否疲劳等。计算平台还可以识别车外的物体，不论是通过摄像头还是雷达探测到的物体，最后都会转变为数据，以便计算平台能够识别并通过计算分析得出决策指令，交给执行机构执行。一般而言，关系到车辆安全运行的数据处理一定要在车内完成，但是像高精度地图、娱乐信息、互联网等信息可在车外处理好之后，再通过移动通信方式传送到车内。虽然在早期由于采用这种方式的车辆并不多，数据传输没什么问题，但是将来如果几亿辆汽车同时使用云计算，就得考虑数据阻塞和时延、费用由谁来支付等问题，本章后文将介绍的边缘计算届时就可以发挥作用了。

以现在非常受用户欢迎的车载系统为例，它们已经完成了从机械式按键交互到电子屏幕交互的转换，正融合智能语音交互，下一步还将进入智能驾驶融合交互阶段。这一阶段的主要特征是视听触多模态交互升级，与当前人工智能大模型的发展相呼应，后者已经由文本内容生成模式发展为同时支持文本和图像输入、语音交互、手势交互的多模态生成模式。2023 年 6 月，奔驰公司和微软公司共同宣布，计划将 ChatGPT 技术应用于车辆的语音控制系统中。我国的百度文心一言与多家汽车企业开展了合作，长期在语音识别等方面领先的科大讯飞、云知声等公司积极参与到与汽车企业的融合发展实践中。

自动驾驶汽车的行驶依靠的是对实时数据的及时处理，数据对自动驾驶汽车的重要性不亚于燃油对燃油汽车的重要性，自动驾驶汽车一刻也离不开数据的支持。在自动驾驶方面刚刚起步的汽车企业，由于没有大量的数据集来对系统进行训练，只能购买第三方的"黑盒子"。在辅助驾驶阶段这么做也许还勉强可以，但是到了自动驾驶阶段，完全委托第三方供应商的弊端就暴露无遗了，花钱多、产品同质化还在其次，关键是这些数据本来可以为企业带来更多收益的，由于汽车企业没有能力将其掌握在自己手里，宝贵的资源白白流失了。到了 L3 及以上级别，整车的功能与功能软件直接相关，功能软件、基础软件和人工智能芯片共同构成车载人工智能系统，而车载人工智能系统的好坏与汽车企业掌握的数据量密不可分。汽车企业需要收集大量的场景，将场景转化成数据，用数据来训练人工智能系统。整车企业必须亲自动手，至少要积极参与，即使找第三方合作，也不能完全采取拿来主义的态度，因为安全性的责任是由整车企业来担负的。

毫末智行于 2023 年 4 月发布了自动驾驶生成式预训练大模型 DriveGPT，参数规模达到了 1200 亿，可实现城市内道路辅助驾驶、特殊场景脱困、驾驶策略规划等功能，大幅缩短了研发周期，降低了投入。现在有多家汽车企业宣布在 2024—2025 年推出城市内工况部分自动驾驶功能，如小鹏汽车已经在北京市正式开放城市工况的区域实现了自动驾驶功能，华为、百度、小马智行走在国内企业前列，也在加速与汽车企业合作。

人工智能系统是由算力、算法、数据构成的，在拥有大算力、好算法的基础上，由场景转化的数据掌握得越多，人工智能系统就会越"聪明"，遇到各种复杂场景时，处理起来就越"老练"，这样才能真正体现数据的价值。因此，对智能网联汽车在使用过程中的数据获取和使用应该进行统一规定，明确相关方对这些数据的权益，明晰数据流通规则与权限管理方法，为数据的合规流通与创新场景应用奠定基础，更好地服务于智能网联汽车的商业模式创新。

汽车驾驶人使用最早也最成熟的技术就是导航系统了。过去驾驶人有一个职业要求，时间久了成为职业特长，就是他们必须能够记住要去的地址和到达目的地的路线，遇到不熟悉的地方有时还得翻看地图，费时费力，效率很低，特别是一些地图上没有标注的不起眼的小地方，找起来更是难上加难。现在有了电子地图和卫星定位，汽车的导航系统时时刻刻都会把本车显示在地图上，标定目的地后，可以轻松引导驾驶人到达目的地。更进一步，导航系统还可以为你设计几种不同的路线，或是时间最短，或是费用最低（少走收费公路）。一旦你没有按照设定的路线走或者走错了路，它就会随时提醒并重新规划路线。在遇到"堵车"时，它能预测通过的时间；如果有其他的选择，它也会重新规划路线，以便为你节省时间。对于道路交通上的限制措施，它会及时提醒你不要违规，避免不必要的罚款损失。目前，电子导航是数据应用最广、效果最好的一种车用智能化功能。相信随着技术的进步，将来会有更多的功能像电子导航一样逐步应用到汽车上。

车载人工智能系统起初采用以规则为基础的算法，通过传感器获得道路信息转换成的数据，利用道路交通规则来"教会"汽车认知周围的环境，包括固定的场景、移动和固定的物体、交通信号灯以及标识等，还包括天气状况、自然灾害识别等。打个形象的比喻，就好比教会一个新手开车。这里所谓的"教会"，就是利用大模型训练车载人工智能系统并使其"见多识广"的过程。过去每个场景都需要人工标注，费时费力，标注一个场景大约需要几十人·天的工作量。现在有了大模型，可以利用深度学习技术进行自动标注，机器几小时就可以标注一个场景。随着深度学习和神经网络研究与应用的深入，基于神经网络的算法日渐成为车载人工智能系统采用的主流算法。

Waymo 公司从 2009 年开始自动驾驶试验，采集了各种各样的道路工况下的数据，建立了数据集。2019 年 8 月，Waymo 公司公布了其中一部分数据集，特别说明这样做并不是公司遇到了什么困难，目的是回馈社会，供研究者在编制算法时使用。Waymo 公司公布的数据集有 20 GB 以上的存储量，包含了各场景下约 1300 万个已经标定的图像。这些图像一部分是通过摄像头探测得到的二维图像，还有一部分是通过激光雷达探测得到的三维图像。利用这些典型场景，研发人员不需要重复建立数据集的工作，可以很容易地上手编程。

特斯拉公司在一项自动驾驶机器学习专利的说明中专门描述了数据获取的困难，"大多数情况下，深度学习开发者会花费大量精力收集、整理、注释训练数据，这一过程十分枯燥乏味。而且，机器学习模型通常需要非常特殊的个例，这些个例也难以收集"，"特斯拉公司则将旗下大量车辆的行驶数据用于深度学习，数据量更大，也能覆盖更多的场景，让深度学习能够得到更准确的结果"。特斯拉公司在 2019 年 4 月公布了"影子模式"，就是在用户的使用过程中，只要开启自动驾驶模式，有时候虽然车辆还是由驾驶人驾驶，但是机器会学习人类的驾驶操作，从而提升自动驾驶技术的成熟度。特斯拉公司已经积累了海量数据，包括大量短视频，以及一些带有图框和速度、深度标签的数据集。特斯拉公司采用离线标注的方式，通过反复回看视频来进行标注，避开了实时标注对低时延的要求，提高了标注的精度。

除了真实路况的信息搜集，特斯拉公司还建立了仿真系统，在虚拟场景下模拟一些特殊的道路状况，用来训练自动驾驶系统。例如，穿着 T 恤的虚拟人模仿行人走路，T 恤背后印上一个禁止驶入的图形。用这种方式来训练自动驾驶系统进行识别：这是人而不是禁行标志。又比如，一个人模仿狗的姿势在道路上四肢着地地"跑着",这样的情况在现实中很少发生,更不易通过路测来发现,但是也要在仿真系统中出现,以训练自动驾驶系统识别"行人"。特斯拉公司不仅素材库中有上千种不同的车辆、行人和其他物体,还建立了一条 3200 公里的虚拟高速公路,通过这些仿真训练使自动驾驶系统"见多识广",我们可以期待自动驾驶系统会变得越来越"聪明"。

与"软件定义汽车"、数据决定体验的概念一起流行起来的还有另一个概念,即数据决定设计,只不过它更多地在从事汽车设计开发的工程师间流行,较少为社会公众所知而已。

到了智能汽车时代,特别是 L3 及以上级别的自动驾驶阶段,汽车设计更多地涉及平台的开发而不是车身的换型,因为感知、决策、控制功能调整绝大多数涉及整车平台的变化,这时候设计理念就要从过去以审美、经验为主转变为以大数据计算为主,使用的开发测试工具基本上涉及数据采集、数据标注、数据仿真、数据测试。由于自动驾驶汽车还需要与外界进行大量的数据交流互动,整个开发流程不再局限于汽车本身,设计开发工程师还必须完成"端到端"的开发流程。过去新车交付用户以后,整车企业与用户之间的互动逐渐减少,售后服务基本上是外包给经销商负责,而智能汽车新车交付仅仅是一个开始,整车企业与用户的交流互动要频繁得多——通过软件的不断更新,与用户之间持续地保持联系,因而 OTA 也是设计开发工程师必须负责的事项。

4.2 | 从汽车网络化到车路云互动

互联网的普及使得汽车成为物联网的智能终端,预计全球实现网络连接的车辆在 2030 年超过 5 亿辆,这个巨大的网络会创造出发生质变的价值提升。这样的愿景是建立在移动通信技术和车联网发展的基础上的。

4.2.1　车用无线通信技术的演进

随着互联网技术的兴起和移动通信技术的发展，汽车首先从娱乐信息系统开始建立与外部的联系，逐步将手机上的一些功能转移到车载域上。

国际上有一个名为第三代合作伙伴计划（3rd Generation Partnership Project，3GPP）的移动通信标准化组织，成立于 1998 年。它是日本无线工业及商贸联合会、中国通信标准化协会、美国电信行业解决方案联盟、日本电信技术委员会、欧洲电信标准组织、印度电信标准开发协会和韩国电信技术协会等 7 个与通信相关的标准化组织发起成立的国际移动通信标准化组织，独立成员超过 550 家。从名称上可以看出来，3GPP 是为了实现由 2G 网络到 3G 网络的平滑过渡，保证未来新一代技术后向兼容性，确保世界范围内不同网络间的漫游和兼容性而设立的组织。在后来的 4G、5G 标准制定中，3GPP 发挥了重要作用。每个标准，都是由 3GPP 组织各国的专业人员通过交流讨论达成共识，然后经过国际电信联盟（International Telecommunication Union，ITU）认可后成为全球标准的。

2015 年，3GPP 启动了 LTE-V2X 标准的制定工作，LTE（Long Term Evolution）是指"长期演进技术"，LTE-V2X 是指基于 LTE 移动通信技术的演进形成的 V2X 车联网移动通信技术。彼时 4G 标准刚刚作为移动通信网络标准提出，4G 技术尚处在发展当中，没有完全定型。3GPP 研究后决定启动 LTE，而车联网正是 LTE 最早提出的应用需求。我国的大唐电信（现为中国信科集团成员）、华为等公司积极参与 LTE-V2X 标准的制定，在其中主动发挥作用，提出的许多方案被纳入 LTE-V2X 标准中。

5G 标准是在 2013 年正式启动研究的，到 2017 年各国将研究结果提交 3GPP 讨论，形成 5G 标准。首先进行的是 5G 非独立组网（Non-Standalone，NSA）方案，这实际上是一种 4G+ 方案，就是在 4G 网络的基础上，在一些热点地区补充建设一些 5G 基站，这个标准在 2018 年初就已经冻结。然后进行的是独立组网（Standalone，SA）方案，这才是真正意义上的 5G 完整组网的标准。我国部署 5G 网络从一开始就是瞄准 SA 方案进行。SA 方案又分成三个阶段。第一阶段是提出 5G-R15 标准，于 2019 年 6 月冻结。第二阶段是 5G-R16 标准确立，它支持低时延、高可靠、多天线技术，对自动驾驶汽车而言，这些技术都是必不可少的。受全球新冠疫情影响，R16 标准比预定时间推迟了几个月，直到 2020 年 7 月才正式完成。第三阶段是提出 5G-R17 标准，于 2022 年 3 月完成。R17 是 5G 的增强版本，面向许多新型的物联网业务需求，如各种不同的终端、上行覆盖增强、动态频谱共享、卫星互联网等。到此，5G 标准制定才算基本完成。

当然 5G-R17 并不是标准的终点，之后又启动了 5G-R18 标准的立项，以此为标志，5G 标准进入了高级阶段（5G-Advanced，5G-A）。5G-R18 标准于 2021 年 12 月在 3GPP 立项，在 2024 年 6 月冻结，这是从 5G 迈向 6G 的十分重要的节点。对比 5G 标准，5G-A 的很多性能指标都有 10 倍以上的提升，其下行峰值速率由 5G 初期的 1 Gbit/s 提升至 10 Gbit/s，上行速率由 100 Mbit/s 提升至 1 Gbit/s，可靠性有了 10 倍的提高，网络时延由 10 ms 向 1 ms 演进。预计今后还有 5G-R19、5G-R20 两个版本，之后移动通信标准将进入 6G 时代。标准随演进不断地采纳新技术应用。例如，通过空天一体化网络，能够突破现有通信网络的地域限制。通过使用人工智能技术，可以帮助网络降低能耗，也能更好地协同高中低不同频段，网络性能与 5G 相比又有较大的提升。例如，将 5G-A 用在汽车的定位管理上，通过降低信息传输的时延，可以大幅度提高定位精度。2024 年 2 月，在巴塞罗那召开的世界移动通信大会上，华为、中兴通讯、小米、荣耀等一批中国企业展示了使用 5G-R18 标准的基站和终端产品，大家通俗地称之为 5.5G 产品。图 4-1 详细列举了 5G 标准演进历程。

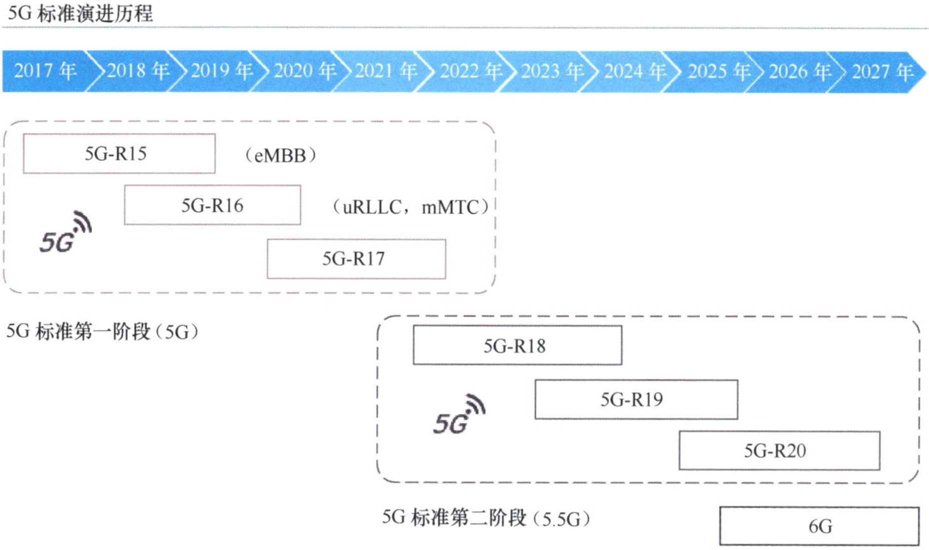

| 2017 年 | 2018 年 | 2019 年 | 2020 年 | 2021 年 | 2022 年 | 2023 年 | 2024 年 | 2025 年 | 2026 年 | 2027 年 |

5G-R15　　（eMBB）

5G-R16　　（uRLLC，mMTC）

5G-R17

5G 标准第一阶段（5G）

5G-R18

5G-R19

5G-R20

5G 标准第二阶段（5.5G）

6G

图 4-1　5G 标准演进历程
（资料来源：3GPP，华为，头豹研究院）

　　2019 年初，美国和韩国为争抢 5G 全球首发位置，甚至以小时为单位来盘算首发时间。许多不明就里的国人曾向我提出一个问题：既然我国 5G 技术全球领先，为什么不去争抢全球首发？其实，这是一个似是而非的问题，真正参与相关工作的同志都清楚，那时候 5G SA 的标准还没有冻结，更没有形成产业链，只是为了显示存在感去争抢这个"世界第一"，说穿了就是"面子工程"，没有任何实际意义。当时，全球都没有适应独立组网的手机芯片，即使发放了 5G 牌照，也不能够马上建网，而没有网络就谈不上应用，争抢一个名义上的全球首发有什么实际意义呢？我们深入研究后，认为独立组网才是我国移动通信网络发展的根本，而 5G 独立组网绝不简单，每一步都要经过实践的检验。后来的事实表明，一些比我们早几个月发布 5G 的国家欲速则不达，在推进 5G 发展的过程中走了回头路。

　　3GPP 给出了两个无线电频段 FR1 和 FR2 作为 5G 新空口（New Radio，NR）支持的频段，FR1 对应 450 MHz ～ 6.0 GHz 频段，FR2 对应 24.25 ～ 52.6 GHz 频段，专家们研究后认为我国应该优先采用 FR1 频段作为 5G 频段。后来绝大多数国家选择 FR1 作为 5G 频段，美国一度优先选择 FR2 频段，后来又转头重新选择 FR1 频段作为 5G 频段。这说明我们的专家对未来的判断具有前瞻性。

2019 年 6 月，我国四家电信公司正式获得 5G 牌照，如图 4-2 所示。

图 4-2 工业和信息化部 5G 牌照发放仪式

从车内与外界通信，建立车联网是必不可少的环节。当前全球车联网主流是 C-V2X 移动通信技术，包括 4G 时期的 LTE-V2X 技术和 5G 时期的 NR-V2X 技术。NR-V2X 面向更低时延、更高可靠性要求的 V2X 技术，高级别自动驾驶汽车会用到这种技术。NR-V2X 与 LTE-V2X 共同组成了 C-V2X，前者是后者演进的结果，但二者不是替代的关系，两个阶段的技术可能要长期共存、相互补充。图 4-3 展示了 3GPP C-V2X 标准的演进过程。

自动驾驶汽车在不同场景需要选择使用不同的通信技术，包括蜂窝通信（采用 Uu 接口）和直连通信（采用 PC5 接口）两种模式。

其中，蜂窝通信模式借助社会上广泛使用的移动通信网络，有利于实现远程（大于 1 公里）通信，通过蜂窝基站实现互联互通，支持高带宽、低时延、高可靠、广覆盖的通信连接，尤其是进入 5G 发展阶段，NR-V2X 进一步扩展了车联网使用需求。但是，蜂窝通信不能完全满足自动驾驶汽车的需要，特别是将来自动驾驶汽车渗透率达到更高水平的时候，网络通信在广覆盖和低时延方面将面临极大压力，必须与直连通信技术的应用结合起来，才能够满足新增需求。

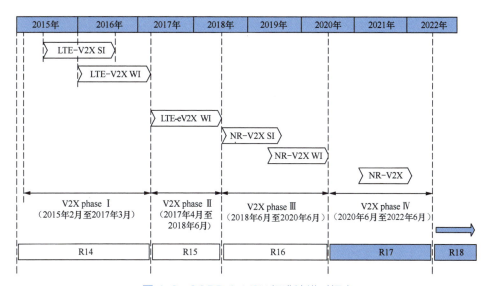

图 4-3　3GPP C-V2X 标准演进时间表

直连通信技术（采用 PC5 接口）是指（路）端到（车）端的通信，具体应用在两种领域。

直连通信技术可用在车与附近的车、车与路侧单元、车与行人之间的通信领域，即通过不同的空中接口最终连接到一个移动通信网上，形成 C-V2X，简单地说，就是公用网承担起直连通信功能。这样做可以充分利用已有的网络资源，实现高精度地图下载、环境信息推送等信息服务功能，又不需要建设另一个广域的专用网。

直连通信技术又可用在智能交通信号灯、数字化后的道路标识标线等对时延要求不高、数据量不大的领域，比如窄带物联网（Narrow Band-

Internet of Things，NB-IoT）。3GPP 从 2014 年就开始推动 NB-IoT 的技术标准化工作，窄带物联网是这项工作的第一个成果，2016 年 NB-IoT 作为 LTE 第 13 版标准的组成部分得到正式确定。它具有低功耗、低成本的特点，可以在现有的 LTE 空中接口之上优化网络体系结构，便于连接更多的终端。NB-IoT 虽然带宽只有 180 kHz，传输速率也只有几十 kbit/s，只能够传输一些数据量不大的信息，但是它使用的都是非授权的无线电频段，所以不需要支付频占费和使用费。最重要的一点是，窄带通信可以利用现有的 LTE（4G 及以上）网络实现广域覆盖，这就大幅度降低了平台成本。现在很多城市利用这种技术实现了自动查水表、电表、天然气表的功能，功耗非常低，一年仅需几节普通的干电池。它更适用于室内覆盖，智能停车场建设中就可以使用 NB-IoT 技术。此外，直连通信的 PC5 资源通过蜂窝通信的 Uu 接口进行调度，能够提高 PC5 通信传输的可靠性。

除了 C-V2X，还有一条技术路线是专用短程通信（Dedicated Short Range Communication，DSRC）技术。这是一种专用近程通信技术，我国主要用在高速公路收费站，可以实现不停车收费。这一技术是在 IEEE 802.11p 标准的基础上发展起来的车联网技术标准，IEEE 802.11 标准最大的应用场景就是大家耳熟能详的 Wi-Fi。DSRC 标准是 1992 年由美国材料与试验协会提出的，但是迄今为止并没有成为全球统一标准。由于 DSRC 的历史要比 C-V2X 长，产业链更成熟，它可以在通信距离小于 1 公里时，作为"端到端"专用通信技术的一种选择。美国等国家原计划也将它用于智能道路建设中，使用的无线电频段是 5.9 GHz。在我国建设智慧道路的过程中，有人曾错误地认为应该使用所谓"全球统一"的公路智能化标准，而不应该使用全球统一的移动通信标准（5G）。经过工业和信息化部与交通运输部的反复沟通，交通运输部最终做出决策，在我国公路上主要使用远程通信 5G 标准，在 ETC 等少数使用场景下使用 DSRC 技术。

在 LTE-V2X 标准确定之后，越来越多的国家转向使用 LTE-V2X，甚至连美国联邦通信委员会（Federal Communications Commission，FCC）也重新划分了业已批准给 DSRC 使用的频段，将其中的一部分频段转给 LTE-V2X。由于我国在 DSRC 产业链方面与欧美国家相距甚远，如果沿用 DSRC 技术，势必需要重新部署产业链，不确定性很大。我国现已明确将 5.9 GHz 中的 20 MHz 频段分配给车联网使用。无独有偶，后来 FCC 在 2020 年 11 月正式投票，决定将原来分配给 DSRC 的 5.9 GHz 频段中的一部分频段重新分配给 C-V2X 使用，在历经多年的探索后，美国终于回到了全球统一的标准体系中来。这意味着我们之前对车联网、智能网联汽车采用的移动通信技术路线的判断是正确的，我们在这方面没有走弯路。

人们不时在公开媒体上看到，个别"专家"在评论我国 5G 技术的发展时，断言我国投资几千亿元基本上打"水漂"了。这完全是一种不顾现实情况的主观臆断。且不说 5G 在物联网上的应用推动了诸如人工智能大模型在中国的落地发展，即便是个人网上支付、高清视频的应用，如果仅停留在 4G 技术阶段上，体验也必然非常不好。2020 年新冠疫情来袭，防疫期间需要迅速处理超大规模的疫情数据，同时推进云端教学和在线办公，对社会管理水平提出了超高标准的要求，如果没有 5G 技术支撑，则完全不可想象。这样的"专家"论调罔顾事实，目的只是哗众取宠。

现在，包括美国、欧盟、日本、韩国、印度和中国在内的世界主要经济体都在加紧对 6G 技术的研究，围绕峰值速率、区域内流量密度、连接数密度等关键能力指标开展技术研发，将构建超级无线宽带、超大规模连接、极其可靠通信、普惠智能服务、通信感知融合作为 6G 要达到的核心目标。

4.2.2　车联网：物联网最大的应用场景

移动通信技术和移动互联网在汽车上的应用，进一步密切了车与外部世界的联系，车内的人可以随时随地与外部进行信息交互共享，也可以通过外部信息协同控制车辆本身。

我坚持认为，4G 网络覆盖完好后，大多数情况下，人与人之间的移动通信就足够用了，5G 网络的主要应用场景不是互联网（主要是人与人之间的联系），而是物联网（即万物互联），因而 5G 应用可能呈二八律分布——20%用于互联网，80% 用于物联网。在物联网中，车联网可能是最大的应用场景，因为全球有 15 亿辆在用汽车，截至 2024 年 6 月，我国的汽车保有量已经超过 3 亿辆。智能网联汽车的发展带来的需求是确定的，智能网联汽车产生的数据量和传输量一定会超过人与人之间的数据量和传输量。此外，其他各类物联网需求不可能短期内达到这样的市场规模。

2021 年，我国汽车保有量达到 3.02 亿辆，首次超过美国，这是继汽车产销量之后又一个世界第一的大国纪录；我国 5G 网络在世界各国当中覆盖最广、速度最快。这些都是我们发展车联网的有利条件，我们完全应该把这些优势利用起来，实现继新能源汽车、5G 之后的又一个全球引领。

车联网是以智能汽车为核心，通过移动通信方式，实现车与车（Vehicle-to-Vehicle，V2V）、车与基础设施（Vehicle-to-Infrastructure，V2I）、车与人（Vehicle-to-Person，V2P）、车与网（Vehicle-to-Network，V2N）全方位联系的大系统网络，也就是通常所说的 V2X。车联网技术包含通信技术和网络技术两个部分，通信技术已在前文中介绍过，下面谈一下网络技术。

自 3G 网络建设开始，利用公用网建设车联网的好处就显现出来了。到了 4G 时期，我国 4G 网络基站数在 2021 年底达到 590 万个。而进入 5G 时代，我国大规模建设 5G 基站，截至 2023 年底，5G 基站数累计达到 337.7 万个，全球遥遥领先。这些都为车联网的发展打下了坚实的基础。就 5G 标准必要专利数而言，中国的全球占比超过 40%，按国别排列，为世界第一；如果按公司排列，华为公司位居全球第一。从这个角度说，我们更应该扬长避短，发挥移动通信网络的优势，将 LTE-V2X 作为建设车联网的优先选择。

在过去十多年的时间里，自动驾驶汽车一直着眼于汽车自身的智能化，并没有分心把焦点对准车联网。究其原因，一方面，汽车智能化的难度被大大低估；另一方面，当主流移动通信还处在 3G 时代时，连普通上网都经常出现卡顿甚至掉线情况，把它用在互联网上已经十分吃力了，用在车联网上更是困难重重。

随着通信和人工智能技术的快速进步，特别是规模化建设 4G 网络后，移动互联网才成为我们日常生活中须臾不离的存在。一部手机在手，几乎所有的生活问题都能得到解决，在家里用计算机上网也可以抛开网线，只用 Wi-Fi 方式连接，家庭成员之间还能共享网络连接。

最早在整车上使用车联网的通用汽车公司，1996 年就在凯迪拉克车型上安装了安吉星（OnStar）安防服务系统，用于车辆发生碰撞时的求助、被盗车辆报警、车门锁远程开启、路边救援求助等，当时使用的移动通信还是模拟技术（相当于"大哥大"技术），这开创了车联网应用的先河。但是由于技术的局限性，加之使用成本很高，在坚持了 10 年之后，通用汽车公司于 2007 年终止了这项服务。不过安吉星本身的历史使命并没有随之终结，相反，跟随技术进步的脚步，从模拟技术全面转向数字通信技术。2009 年，安吉星与上汽集团在上海建立了合资公司，共同推动通用汽车品牌在中国市场上应用车联网。

对汽车用户来说，手机最有用的功能就是定位和导航。苹果公司在 iPhone 大获成功之后，于 2008 年宣布要将 iPhone 的功能全部装到汽车里，即 iOS in the Car，通过智能语音助手（几年后推出的 Siri）上网，可以在车上打电话、听音乐、获取网上信息、导航定位等。但是由于苹果公司没有自己的汽车车型，当时汽车行业并不看好这些看起来花里胡哨的功能，甚至有人开玩笑说，只要装一个手机支架就行了，何必费那么多事。也许是汽车行业的冷淡刺激了苹果公司，2014 年，苹果公司正式进军汽车行业，采用代号"Titan"的计划，然而"只听楼梯响，未见人下来"，计划曲折多变，几次呼之欲出，后续又没了下文。因为 iPhone 太成功了，汽车行业流行一种说法，

"不怕苹果造出车来，就怕苹果要造没造"，苹果汽车会不会重复昨天手机颠覆世界的故事，一直是人们热切关注的话题。靴子终于在 2024 年 2 月底落下，苹果公司决定放弃造车努力，聚焦人工智能发展。

真正率先把手机功能搬上汽车的是特斯拉公司，它在自己的车型中取消了所有中控台上的按键开关，让一个超大 PAD 占据了中控台的位置，司机可操作的所有调节功能都在 PAD 上实现，这是第一次在整车上通过 PAD 实现了人机交互。

比较车联网与互联网的使用场景，显然车联网对网络和通信技术的要求高得多，差别大的原因在于：其一，车联网一般是多点对多点的交互，而且对象经常是随机的，加上安全性考虑，这就要求极低的时延、极高的可靠性和更快的传输速率，仅靠 LTE-V2X 已经不能满足要求，必须升级到 NR-LTE；其二，汽车是高速行驶的终端，具有高速动态变化性和时空复杂性，对网络拓扑提出的要求更高。就目前而言，LTE-V2X 只适用于 L2 及以下级别的辅助驾驶，L3 及以上级别自动驾驶的应用必须采用 NR-V2X 技术才能满足需要。

承担整车与外部通信功能的装置是 T-Box（Telematics-Box），它是一种远程信息通信盒子，安装在汽车上。通过整车的 CAN，T-Box 可以获取车辆自身的核心数据，实现与外界的信息交互和指令接收，还可以通过联网实现各种软件的 OTA，是功能比手机更强的一个智能终端。截至 2021 年底，我国新车整车 T-Box 的前装率已经达到 65% 以上。受新能源汽车市场需求增长、智能网联功能进一步开发、主机厂自身整车 OTA 需要以及主管部门监管要求等因素驱动，普及乘用车车联网是一大趋势，相信 T-Box 前装率将持续上升。有机构预计，到 2025 年我国乘用车 T-Box 前装率将达到 83.5%，T-Box 将逐渐成为乘用车的标配。近年来，在 5G 的带动下，集成 5G 通信模块、V2X 通信模块、MCU、Wi-Fi 模块、蓝牙模块、高精度定位模块等的新一代 T-Box 已经取代老一代产品，国内供应商主要有华为、慧翰微电子、中兴物联等公司。

车联网除了需要通信技术，还需要网络平台技术的发展做支撑，且不说汽车跨境行驶需要相关国家或地区进行车联网协调，就说在我国境内行驶的车辆，假使将来具有自动驾驶功能的汽车多了起来，大量数据需要通过网络传输到路侧或云端，处理好的数据还需要在毫秒间返回车端，网络和云端都面临着极大的考验。网络不畅对人与人之间联系的影响只是体验不佳而已，但是对自动驾驶汽车而言可能就潜伏着车毁人亡的严重后果，须臾不可掉以轻心。

之所以要突破单车智能，实现车路云协同，目的无非是对数据处理进行合理化配置。自动驾驶汽车本身就有数据处理能力，智能汽车的大部分数据处理都是在车内完成的，这无疑是正确的。但是随着自动驾驶级别的提高、数据量的猛增，对算力的要求将呈几何级数增长，如果全部数据都在车内处理，会越来越吃力。有了车联网，完全可以将一部分数据分流到车外处理。那么哪些数据处理留在车端，哪些数据处理放到云端？需要提前谋划。

首先，应该确定一个基本准则，就是与安全和个人隐私直接相关的数据应该尽可能留在车内处理，其他数据根据需要，可以考虑利用车联网放到云端去处理。安全的问题很好理解，无须多言。个人数据保护在强人工智能时代面临极大的挑战，如今很多用户习惯于将一些包括重要的个人隐私在内的个人数据保存在云端，可以推断，大模型通过分析，有能力还原一个人的一举一动。试想一下，要是大模型掌握了你的身份证号、电话号码、家庭住址以及各种密码，通过生成式人工智能创建一个与你完全一样的"虚拟人"（数字分身），这难免让人毛骨悚然，极端情况下甚至会威胁到个人安全。因此，做好个人信息的保护要比采取其他安全保护措施都重要。

其次，在自动驾驶汽车发展的带动下，车内连接的电子电气装置越来越多，特别是传感器的增加使得数据量剧增，可否在车内车外全部使用无线传输的以太网呢？我认为在相当长一段时间内，车内通信还是要以 CAN 为主，以确保稳定和安全，能力不够的部分再考虑使用以太网来补充。值得重视的一件事是：现有的以太网协议传输速率尚不能满足自动驾驶汽车的需要，汽车行业应该协商制定一个传输速率更高的交换式以太网通信协议，争取被纳入 IEEE 标准系列，并且做好与 CAN 总线协议之间的互操作，与整车域控制器和将来的计算平台无缝衔接。我国在利用以太网方面可以更加主动，积极探索，为走出一条有中国特色的自动驾驶汽车之路积累实力。

再次，对于需要在车外处理的数据，同样需要进一步分流，不能全部放到云端（大数据平台）去处理。一部分数据特别是车与车之间的信息交互数据，可以利用边缘计算放到路侧单元去处理，这比放到云端处理更为合适。至于边缘计算的网络建设，则应在智能交通建设中统筹规划。套用通信行业的说法，需要规划好覆盖全国交通的"骨干网"，分地区建设"城域网"和覆盖区域的"接入网"，同时规划好三者之间的分工和连接。尤其务必统一标准，保证全程全网的互联互通，防止形成"信息孤岛"。事实上，这些工作已经迫在眉睫，必须谋定而后动，如果没有统一的规划和标准，各地自成体系搞建设，可能造成极大浪费，况且一旦形成各自为战的格局，连改正的机会都不会再有。

最后，车联网提供云服务，必须高度重视云端网络切片技术。这是一种按需组网的方式，也是 SDN 在通信网络中的应用。根据使用场景的不同，网络切片方式可以细分为增强型移动宽带（enhanced Mobile Broadband，eMBB）、海量机器类通信（massive Machine Type Communication，mMTC）、超高可靠低时延通信（ultra-Reliable & Low-Latency Communication，uRLLC）三种。电信运营商在统一的基础网络上可以分离出多个虚拟的"端到端"网络，每个网络切片以无线接入网—承载网—核心网的方式进行逻辑隔离，以适应各种各样的应用。这在自动驾驶汽车所占比例不高时似乎意义并不大，但是在自动驾驶汽车规模达到较高比例时，这就成为不可或缺的技术。不要说骨干网，就是城域网，如果不能实现网络切片，再好的网络也负担不了如此超大数据量的传输，满足不了对网络速率、时延、带宽等方面的严苛要求。事实上，我国电信运营商在建设 5G 网络的同时，已经同步开展了网络切片技术的研发和应用工作。

前文说过，V2X 是一个不断演进的技术，车联网是跨 4G/5G 的标准，相应地，C-V2X 也是贯通 LTE-V2X 和 NR-V2X 的标准，电信运营商会根据各种不同的应用场景对其进行归类，将同一类应用放到一种网络切片中。应用网络切片技术，实际上相当于建设了许多专用网络，从这一点上说，切片越多，加载的应用就越多，切片应用的价值就越大。

对于末端（"最后一公里"），既可以部署路侧单元及必要的边缘计算，也可以利用蜂窝基站通过网络切片实现 V2X 数据信息的传输。根据现实情况分析，我认为采用 5G-R17 更加可行，因为电信运营商已经建设了 5G 网络，建设的目的就是应用，这要比重新大范围部署建设边缘计算更为现实，当然这主要是从经济可行方面出发考虑问题。网络切片技术接近成熟，只要解决好通信流量收费的问题，重要的 5G 应用就水到渠成了；而边缘计算除了面临收费问题，还面临建设投入的资金来源等问题。

4.2.3　边缘计算的疑难与突破

边缘计算本来是指在离设备端最近的地方进行的计算，它可以是一个开放的专用平台，提供计算、存储和网络带宽服务，具有低时延、高可靠、低带宽运行、安全性好的特点。边缘计算并不是一个个独立的计算单元，而是在计算单元之间建立起联系，形成物理分散、逻辑协同的关系。这样做的好处是：一方面，可以将一个计算单元的信息交给下一个计算单元并建立起逻辑关系；另一方面，计算单元的计算存储能力可以相互借用，以便充分利用闲置能力。至于在多大范围内进行连接，不能一概而论，要根据具体情况确定。

边缘计算将密集型计算任务迁移到附近的网络边缘服务器上完成，而不是将它们全部传到云端之后由大数据中心完成，这样既缓解了核心网和传输网的拥塞，又提高了物联网的数据处理效率，可以快速响应用户要求，提高服务质量。这些服务器也许就放在基站内，也许与路侧单元共享机房。

欧洲电信标准组织、中国通信标准化协会分别对边缘计算进行了大量研究，在其定义、平台架构、应用程序接口、应用场景等方面取得了阶段性成果。

但是，有关边缘计算技术的一些问题还需要进一步深入研究。在 2018 年边缘计算技术峰会上，邬贺铨院士一口气提出了 10 个问题。一问边缘在哪里？最靠近用户的边缘就是终端，但是终端一般不是边缘，那么边缘究竟在哪里？二问何谓多接入？自从边缘计算从移动蜂窝网络扩展到其他接入网后就出现了多个接入系统，问题随之而来。三问边缘云就是边缘计算吗？云计算是把握整体，聚焦于非实时、长周期数据的分析，能够在周期性维护等领域发挥特长。边缘计算则专注于局部，聚焦实时、短周期的数据分析，能够更好地支持本地业务的实时智能化处理与执行。如果服务终端及应用不多的话，集约化程度不够。四问边缘计算与内容分发网络和数据中心有何异同？一些内容分发网络已经不仅仅是热点内容的缓存，具有了云服务的部分功能，于是边缘计算与内容分发网络的边界出现了模糊地带，另外，边缘计算中的基础设施即服务（Infrastructure as a Service，IaaS）功能也与数据中心的功能有重叠。五问边缘计算算什么？边缘计算具有 IaaS、平台即服务（Platform as a Service，PaaS）功能，存在与云计算相应功能的交叉。六问边缘计算如何发现服务与配置？在车联网场景下，用户和计算设备动态注册、撤销，服务器也经常进行迁移，这会导致大量突发的流量，给广域网的带宽动态适应和快速配置带来难度。七问边缘计算的业务规划从哪里来？边缘计算为了快速响应，只能配备小数据处理能力，这让全局性、长周期大数据训练模型和人工智能系统之间存在矛盾。八问计算能力如何在云端配置？终端计算任务向云端迁移，与云计算能力向边缘计算和终端分流，这两者之间如何进行配置？九问云边端计算能力如何协同？同一个中心云管理的多个边缘计算可能存在忙闲不均的情况，但是在边缘计算间进行存储计算资源的协作并不容易。十问边缘计算有定式吗？很多场景下，边缘计算没有单独的物理存在，而是集成到相关设备中，以应用层软件的形态出现。

在提出这些疑问的同时，他表示边缘计算技术应该是一个体系，但是包括他本人在内，人们对这个体系只了解其边缘，根本没有进入核心，很多东西不太清楚，所以提出十问，希望找到答案。他认为通信网络的功能集中与功能分布不断迭代，最好是集中与分布两相宜，难的是功能的最优分配。由此可见，边缘计算还没有定式，换个角度看，正因如此，才有广阔的创新空间。

中国信息通信研究院参与发起成立了边缘计算产业联盟，着手研究关于边缘计算的应用场景、技术架构、主要技术能力等。在 2018 年 1 月召开的 ITU 物联网和智慧城市研究组 WP1 全会上，中国信息通信研究院与中国联通主导的《物联网对边缘计算的要求》标准获得通过，成功立项。3GPP 基于用户面与控制面分离的思路，重点在边缘计算平台和网络架构方面形成全球统一标准，不会过多关注应用场景。

对智能网联汽车来说，最急需的其实还不是从车端迁移出一部分数据放到边缘去计算，更加实际的应用需求恰恰是车路协同中路端的数据计算，即将交通信号灯信息、路口摄像头采集的场景信息、路侧安全信息、路侧交通信息等，通过边缘计算，采用广播方式推送到车端，这就能够大大减少车端的计算量，也可以提供比车端更多、更可靠的信息供智能系统决策使用。举例来说，建设完善的路侧单元汇集成路口单元，实时播报路口信息，通过导航软件发送到车端，这是完全可以设想的。

2020 年 10 月，公安部技术监督委员会发布了《道路交通信号控制机信息发布接口规范》（GA/T 1743—2020）。这是推荐性行业标准，规定了交通信号控制机信息发布的通信要求、信息格式与信息内容，包括交通信号灯当前工作状态、相位列表、各种相位状态配时信息。一旦一条道路或者一个区域的交通信号灯实现了规范改造，要对不同路口的交通信号灯进行连接，这时候就需要边缘计算设施了。它可以用服务器进行计算，交互的信息具有更大作用，可以根据区域的车流量实时调整配时，可以及早发布道路拥堵情况，可以提供避开拥堵路段的路线图，可以在非拥堵路段调控车速让出行者一路绿灯行驶。这个标准是实现车路协同的非常重要的标准之一，为未来道路实行信息化改造、智能网联汽车的发展奠定了基础。令人欣喜的是，我在北京郊区驾车行驶时，有时地图导航会提示我保持现有车速行驶，这样到达下一个红绿灯路口时就能绿灯通行了，说明这里的红绿灯已经联网了，导航轨迹大数据推演效果不错。

中国信息通信研究院的研究表明，在当前发展阶段，交通信号灯信息开放服务是快速培育用户使用习惯、实现车联网应用价值闭环的一个重要切入点，已经在部分地区进行示范应用，收到较好的用户反馈，在弥补单车智能的不足方面效果不错，可以作为重点进行规模化推广。除了交通信号灯信息外，还可以进一步扩展到交通流信息（车流量、车辆速度、车辆密度、车辆类型）、交通事件信息（交通事故信息、交通拥堵信息、车辆故障信息、道路施工信息、紧急救援需求信息）、紧急事件信息（紧急事件类型、紧急事件发生地点、紧急事件处理状态、紧急事件相关道路交通管制信息）、气象信息、交通管制信息和交通法规信息等。

在此基础上，如果能进一步统一道路标识、标线、警告标志等设施，按新标准进行信息化改造，可以大量减少由驾驶人疏忽引发的违章情况，也可以用信息化手段制止一些驾驶人"取巧"的危险驾驶行为，减少交通事故。

2022年9月，《车联网基础设施参考技术指南1.0》发布，指南对路侧单元、路侧感知与计算设备和系统、道路交通信号控制机设备、回传网络、应用服务平台、安全证书管理系统和定位服务等方面的功能要求、通信要求等都提出了建议，并提出路侧单元设备应与道路交通信号灯接口对接的明确要求。

截至2023年9月，全国已部署了8500多套车联网LTE-V2X的路侧单元。无锡、天津、长沙、重庆、襄阳、柳州等车联网先导区和北京、苏州、成都等车联网示范区都实现了100多个路口的交通信号灯智能化改造。

4.2.4 云控平台技术应用

云控平台一般分为云控基础平台和云控应用平台两个部分。云控基础平台是云控平台的核心，既可以与汽车企业、各道路交通管理部门建立的云服务进行连接，也可以与图商（电子地图或数字地图的供应商）、气象、定位等第三方平台连接。云控基础平台与道路上的车辆、行人等参与者进行双向互动，数据信息的收集发送传输既可以通过蜂窝基站直接进行，也可以通过路侧单元间接进行，如图 4-4 所示。由此可见，云控平台处于"车路云一体化"控制系统的中枢位置，经过云控平台处理好的数据信息，以标准化方式提供给自动驾驶汽车使用。

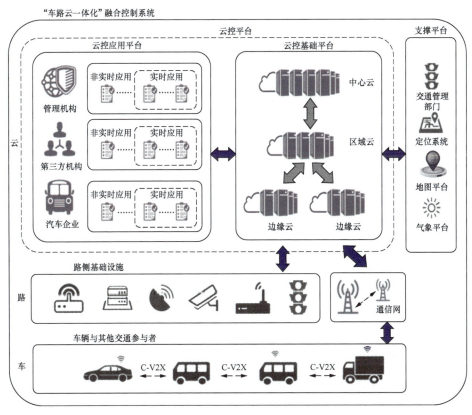

图 4-4　云控平台示意

我们经常听到"云服务"和"云计算"这样两种表述，它们本质上是一回事，只是角度不同。云服务是从对象的角度来描述云，云计算是从资源的角度来描述云。云服务可以为自动驾驶汽车提供各种服务，其中有一些是必不可少的；云计算能够承担原来在车内进行的数据处理，这就为车载平台腾出了宝贵的算力，在L4及以上级别的高级别自动驾驶汽车上，这一点具有特别重要的意义。大数据中心处在云计算背后，安装了很多台服务器，可以对大数据进行存储、分析、处理，通过车联网为车辆和用户提供各种不同的服务。

按照服务对象的范围不同，云计算可以分为公有云、私有云和混合云。公有云是指专门提供云服务的企业建立和运维的云计算系统，用户只要付费，就能通过云得到各种服务，企业不再需要单独建立大数据中心等基础设施。谷歌、亚马逊、百度、腾讯、阿里巴巴、华为等公司就提供公有云服务。私有云是指政府、企业、第三方机构等自己建立大数据中心，用来存储、分析、加工数据。私有云除了为自身服务外，也可以为用户提供服务，但是不为其他企业提供服务。当然，私有云也可以租赁大数据中心的资源，不一定非得自己拥有这些基础设施不可，只要数据存储和加工由自己完成就行。混合云是以上两种云的组合，每种云仍然保持独立，但是相互之间可以有各种各样的组合，如相互借用对方资源、根据数据属性分类进行处理加工等。

大部分汽车企业都建立了自己的私有云，否则难以为用户提供更好的服务。况且用户每天产生的数据信息对汽车企业来说也是一笔宝贵财富，不但可以构成用于训练自动驾驶系统的场景库，加速完善系统，还可以通过大数据分析将数据资源转化为企业收益。

云计算正处于快速增长的阶段，毫不夸张地说，各行各业都离不开云计算。在自动驾驶汽车领域，云控基础平台必然会更多地依靠云计算来保驾护航。火爆一时的 ChatGPT 正是利用互联网上公开的信息，将其转化为语料，之后通过大模型计算生成高度近似于人工创作的内容的。

有人认为云控平台是在车联网、车路协同之后的更高水平上的协同，我认为这样划分发展阶段容易引发歧义，似乎只有经过前一个阶段后才可能进入下一个阶段。事实上，在构建车联网和车路协同的同时，就应该考虑如何搭建云控平台。必须做好整体规划，可以分步实施，但是要防止不能互联互通、先建后融而造成浪费。可以在统一标准和架构的基础上，先从示范区起步，由点到面逐步扩大。要注意及时总结经验、统一标准、推广应用，及时发现问题并研究解决，防止走错路，一步一步建设覆盖全国的云控平台。

另外，也不能过分夸大云控平台的作用，毕竟它只能起到帮助汽车实现自动驾驶功能的作用，绝大多数的感知、决策还必须在车内进行，因为这关系到汽车行驶的安全，任何环节出现问题都有可能造成严重后果。而云控平台从一开始就有一些自身不可克服的弊端。比如，所有上云的数据标准要求统一、精度要求一致，还需要进行实时验证，这既涉及终端数据，还包含其他平台数据。实现新建平台的数据统一相对容易，要想统一已经存在的数据，就存在谁统一谁的问题，很难从根本上解决，类似软件的中间件，只有在统一数据接口上想办法。再比如，车路协同中，V2X 存在多点互动关系，有一对一、一对多、多对一、多对多几种状况，这就决定了需要采取以本车感知为主、周边信息为辅的感知策略，否则出现问题时，责任难以区分清楚。又比如，数据的开发共享是建立云控平台的基本要求，但是对这方面我们很难寄予过多期望。除了上述困难和问题，平台自身的安全问题以及传输过程中的安全问题也会对自动驾驶汽车的安全带来不利影响。

目前，在国外，大部分汽车企业都选择微软云、亚马逊的 AWS 等作为公有云，英特尔等公司也进入了这个市场。在国内，汽车企业（包括一些在中国投资的国外汽车企业）通常选择阿里云、百度云、腾讯云和华为云。

云控平台技术的应用还处于初始阶段，车辆与相关设备之间的标准化需要各相关行业标准化组织共同努力。标准应该统一，中间件产品研发需要加大力度，这样才能保证数据接口做到互联互通。智能网联汽车如何实现在大路网范围内的群车协同，尚需从总体上进行规划。云控平台之间如何协同，各种公有云平台之间如何协同，都需要在建设云控平台时进行系统谋划。跨行业基础设施建设也需要相互协同才能发挥最大效益。涉及汽车的问题，可以发挥汽车行业协会 / 学会、全国汽车标准化技术委员会（TC114）、国家制造强国建设领导小组车联网产业发展专项委员会、国家智能网联汽车创新中心的作用，集思广益，形成共识，推进我国车联网应用和智能网联汽车产业发展。

4.3 ｜单车智能 + 网联赋能

毫无疑问，对汽车企业来说，单车智能是切入智能汽车市场的合适路径。既然如此，那我们为什么还特别强调发展智能网联汽车呢？

2015 年，在全球关注整车智能化的大背景下，经过认真分析研究，我国率先提出了"智能网联汽车"的概念。智能网联汽车不仅要关注整车的智能化，还要同时推进道路的智能化和云服务，形成车与车、车与路、车与云、车与人之间的联系和互动，也即 V2X。智能网联汽车其实就是在整车智能化的基础上加上网联化，采用电动化、智能化、网联化协同发展的融合模式。

这里特别要指出的一点是，车与车、车与路、车与人之间的通信要求实时且可靠性高的连接，需要使用直连通信（采用 PC5 接口），主要用在盲区感知、变道辅助、发现行人穿越、车辆紧急制动以及交通信号灯、道路突发事故等应用场景。而车与云之间的连接非实时或者对时延、可靠性要求不高，可以使用蜂窝通信（采用 Uu 接口），主要用于交通全局优化、行车路径规划、流量疏导、车辆远程诊断、运营客货车远程监管、高精度地图下载、视频音频下载等。

单就自动驾驶汽车而言，单车智能和车路云协同是不矛盾的。单车智能解决的是汽车自身的智能化问题，车路云协同通过协助赋能汽车自身解决智能化问题来实现自动驾驶。前文曾论及"单车智能"也离不开网络、离不开云，只是为了阐释和区分"车路云协同"概念而采用的一种表达方式而已。问题在于，单纯靠汽车自身实现高度智能化，级别越往上越难：从 L3 开始就出现了问题；到 L4，如果没有路侧和云端支持，会遇到更多的问题。例如，自动驾驶级别越高，越需要低功耗、大算力的芯片，这也从一个侧面说明，必须将一部分感知和算力放到路侧，更不要说靠每辆自动驾驶汽车随时随地感知计算周边环境，既不经济也不高效，有时还会出现盲区和误判。全球很多国家实现无人驾驶汽车目标的时间不断后延、一拖再拖，苹果公司研发十年、投入达百亿美元，末了还是放弃了造车计划，都说明单车智能压力重重。

在单纯依靠单车智能遇到困难的时候，就应该想一想是否还有更好的实现路径。我们认为通过路侧的智能化，形成聪明的车、智慧的路，通过车云互动，形成车路云协同的全新发展模式，是一个较为合理的选择。

现在投入试验或产业化的汽车车型还是依靠车辆自身的智能化而实现自动驾驶功能的，除了车载操作系统通过移动通信网络与外界建立了有限的互动联系，尚未从整体上考虑如何更多地利用车与车、车与路、车与云、车与人之间的通信建立更大范围的联系。这并非汽车企业没有想到，而是客观上需要调动更多的社会资源分工合作，需要更多跨行业企业的协同互动，也需要政府管理部门的全力支持，这就大大超出了一家汽车企业甚至一个汽车行业力所能及的范围，需要全社会参与，是一项庞大的系统工程。对跨国公司而言，还需要多个国家或地区协调一致，更是难上加难。因此，尽管越来越多的有识之士看到了症结所在，但是知易行难，何况这绝不可能毕其功于一役，必须久久为功，先有整体规划再分步实施。先行者探索出一条可行之路，之后形成统一的标准，大家按此分工负责落实，相互协同，才有最终实现目标的机会。

我们的长板和机会在哪里呢？第一，在人工智能发展方面，我国处于全球先进行列，特别是在人工智能应用方面更是领先全球，完全可以借助人工智能大模型发展的机遇，在车用人工智能这个细分赛道推广应用。第二，在5G技术掌握和5G网络建设方面，我国无疑处在全球领先位置，智能网联汽车是其最好的用武之地。第三，我国在互联网技术应用方面走在世界前列，我国年轻一代对新生事物的接受度甚至超过了发达国家的年轻人，而汽车是承载这些技术的理想载体之一，我国可以且应该抢抓这个战略机遇，将更多的先进技术应用于汽车产品上，实现汽车产品及汽车行业发展模式的根本性变革。第四，我国是全球最大的汽车市场，在新能源汽车发展方面，我们自2015年起连续9年产销量在全球领先，多年来占全球新能源汽车产销量的一半以上，而且发展势头不减。第五，也是最重要的，我们有党中央集中统一领导，有社会主义制度集中力量办大事的优势。这些就是我们的长板和机会，如果好好加以利用，我们完全可以乘势而上，走出一条有中国特色的汽车工业转型发展道路，对此我们充满信心。

我国借助信息通信产业发展的显著优势，践行智能化与网联化融合的技术发展路径，能够有效弥补单车智能存在的能力盲区和感知不足缺陷，规避传统汽车在传统汽车零部件与先进传感器等方面的技术短板，降低单车成本，从而有利于智能网联汽车快速实现产业化应用。例如，高速公路经常出现连环撞车事故，如果我们通过车与车之间的通信实现信息共享，汽车就可以及时启动AEB系统，从而避免这样的事故发生。美国国家公路交通安全管理局曾预测，如果为美国每辆车都配备V2V技术和AEB系统，可以避免高达80%的意外事故。

国外的汽车企业并不是没有想过超越单车智能，只是它们对所在国家新型基础设施的建设看不到希望，某种程度上也是一种无奈。就像在新能源汽车发展的过程中，人人都了解充电基础设施建设的重要性，但不是谁都有能力把蓝图转化成现实的。

在相当长的时期里，道路上行驶的车辆会呈现自动驾驶的汽车和非自动驾驶的汽车混流状况，自动驾驶汽车又涉及车、路、云、人之间的信息交互和融合能力，相比单车智能，会不会出现混乱？或者说发生冲突的时候究竟谁服从谁？相对于路侧来说，车内的决策在任何时候都应该独立完成，路侧信息只能是辅助或冗余。云端情况同理，不存在谁服从谁的问题，这样的逻辑设计必须坚持不变。

单车智能 + 网联赋能的智能网联汽车解决方案就是充分融合智能化与网联化发展特征，建立智能网联汽车信息物理系统架构，以基础平台为载体，实现"人—车—路—云"一体化的智能网联汽车系统。图 4-5 展示了我国发展智能网联汽车的"三横两纵"式技术架构，"三横"即车辆关键技术、信息关键技术、基础支撑关键技术，"两纵"即车载平台和基础设施。

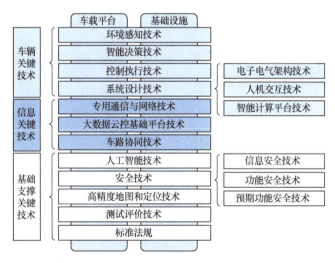

图 4-5　智能网联汽车"三横两纵"式技术架构
（资料来源：《智能网联汽车技术路线图 2.0》）

当前，我国 C-V2X 产业已经在国际上占据了一定的先发优势地位，并实现量产应用，支撑着我国智能网联汽车创新发展。我们应当以行业基础平台为载体，发挥它们作为连接技术链与应用链的核心枢纽的功能，提升智能网联汽车产业创新能力，推进汽车制造、信息通信、交通运输等行业跨界融合创新，解决产品技术方案落后、基础设施建设重复、系统数据封闭等问题，形成跨界融合、协同创新的新型产业生态体系。

要实现这样的目标，跨行业融合发展非常重要。对政府来说，要统筹智能汽车发展、智慧城市建设、智能道路改造、云平台和大数据中心的建设等方方面面，如果能够把这项复杂的系统工程组织好，就能形成其间相互促进、相辅相成的关系，加快我国智能网联汽车产业发展目标的实现。

第五章

智能网联汽车安全先行

交通安全是发展智能网联汽车的第一考虑。随着自动驾驶技术的不断发展，人们的驾驶体验不断迎来新的转变。越来越多搭载自动驾驶功能的车辆开始上路，安全始终是悬在自动驾驶技术提供商和汽车企业头顶的一柄"达摩克利斯之剑"。

如果说环保是发展新能源汽车的着眼点，那么交通安全就是发展智能网联汽车的第一考虑。在未来全球汽车产业竞争中，智能网联汽车安全将是全社会的关注焦点，也是汽车企业经营发展最为重要的前提。智能网联汽车是汽车产业与人工智能、大数据、物联网等新一代信息技术深度融合的产物，既有助于解决交通安全、道路拥堵、能源消耗、环境污染等棘手问题，带来出行便利，也会产生诸如驾驶自动化系统随机故障、功能不足，个人信息使用和重要数据采集、利用未经授权等数据安全问题，网络攻击、网络侵入等网络安全问题，以及因在线升级改变车辆功能、性能而引入安全风险等问题，这些问题都可能引发新的道路交通安全问题，必须未雨绸缪，早做筹划。

智能网联汽车安全包括功能安全、预期功能安全、数据安全和网络安全四类。尽管在中文里这四类安全用的都是"安全"这个词，但是在英文中，功能安全和预期功能安全使用的是"safety"，而数据安全、网络安全（它们都属于信息安全）使用的则是"security"。相对而言，"safety"问题的发生往往与意外事故有关，这类安全更强调被保护的状态或感受，是尽可能承受来自不可抗力危险的能力，更多的是一种保护；"security"问题的产生往往是有意的人为因素造成的，这类安全更加强调对人为事件的防范，确保外界因素不会对相关的人、事、物造成伤害，更多的是一种保障。

5.1 | 功能安全和预期功能安全

过去没有自动驾驶系统时，人类开车遭遇致命事故几乎是不可避免的。现在有了自动驾驶系统，它可以减少许多传统事故的发生，但是也会带来一些新的安全问题。

5.1.1　理智与情感

知名传记作家艾萨克森在 2023 年出版的《埃隆·马斯克传》里详细记述了美国涉及自动驾驶的第一起致命事故。那是 2016 年 5 月在佛罗里达州，当一辆半挂式厢式卡车在一辆特斯拉 Model S 面前左转时，Model S 随即撞了上去，该车司机不幸身亡。特斯拉公司在事后声明中称："在光线强烈的情况下，自动辅助驾驶系统和司机都没有注意到半挂车白色的一面，所以没有采取制动措施。"事故调查人员在残骸中发现的证据表明，车祸发生时，Model S 司机正在用仪表板上方支起的 PAD 观看"哈利·波特"系列电影。美国国家运输安全委员会确认"司机在车祸发生前无意对特斯拉实施完全控制"，显然特斯拉公司夸大了它的自动驾驶功能，司机想当然地以为他不必再集中精力驾驶汽车。

事故消息传出时，马斯克人在南非。他立即飞返美国，但没有发表公开声明。他有卓越工程师的精细思维，但他无法理解：美国每年有 130 多万人死于交通事故，为什么特斯拉自动驾驶车辆造成一起死亡事故就会引起公众的强烈不满？怎么就没人统计一下采用自动驾驶预防了多少事故的发生、挽救了多少人的生命？为什么没人去科学评估使用自动驾驶系统是不是比人类司机开车更安全？

无独有偶，在 2024 年 3 月召开的中国电动汽车百人会论坛上，欧阳明高院士在主题演讲中，根据国家消防救援局统计的 2023 年一季度我国发生自燃的车辆中燃油汽车和新能源汽车的数量，得出燃油汽车的自燃率高于新能源汽车的结论。这一判断立即遭受了网上舆论的猛烈抨击，从某个角度看，这大概是因为公众对新生事物的要求往往比对传统事物更高吧。

马斯克坚持认为，评价智能驾驶系统的标准不应该是它能否杜绝所有事故，而应该是它能否降低事故发生率。这个立场在理性上是站得住脚的，但忽略了一个感性的现实因素：1 个人死于自动驾驶系统决策及执行不合理和 100 个人死于司机操作不当，社会大众对哪种情况更忧虑？

这起事故以及特斯拉汽车后来几年发生的类似事故，居然都是与白色厢式卡车相撞。调查发现，这些事故发生的原因是特斯拉自动驾驶系统错误地把卡车的白色货厢识别成了天空，所以径直撞了上去，完全没有减速。尽管特斯拉公司此前在宣传中经常强调"Autopilot"（自动驾驶）、"FSD"（完全自动驾驶），但在接连发生自动驾驶事故之后，面对美国政府的一再质询，特斯拉公司终于承认其 Autopilot 和 FSD 功能只是驾驶辅助功能，无论是单独看还是从整体来看，两者都不具备自动驾驶的功能。

安全无小事。随着自动驾驶技术的不断发展，人们的驾驶体验不断迎来新的转变。越来越多搭载自动驾驶功能的车辆开始上路，安全始终是悬在自动驾驶技术提供商和汽车企业头顶的一柄"达摩克利斯之剑"。

5.1.2　功能安全标准

在自动驾驶汽车安全领域，最有名的标准还是 2011 年 11 月发布的《道路车辆　功能安全》（ISO 26262）。实际上这是一个适应车用电子电气架构通用功能安全的标准体系，涵盖了车辆开发全过程中的功能安全问题。这个标准体系首次提出汽车安全生命周期（开发、生产、运行、服务、报废全周期和开发生产销售等全过程）模型；首次提出了一种基于风险分析方法的汽车特定安全等级（ASIL，分为 A、B、C、D 四级，其中 D 级为最高等级），应用 ASIL 定义各种零部件（元器件）适用的要求，以避免残余风险；提出了确认和认可的要求，即我们通常所说的认证要求，通过认证，确保每个零部件（元器件）达到所需的安全等级，还提出了对供应商的要求。2018 年底，该标准体系经修订公布了第二版，包含 12 个子标准，范围扩大到了商用车、摩托车。我国据此转化制定了 GB/T 34590 系列标准。

有人常把功能安全标准与产品可靠性标准弄混，以为 ISO 26262 就等同于美国汽车电子协会 AEC-Q100 系列标准。其实这两个标准体系既有联系又有区别。联系在于它们都是针对车用电子元器件、集成电路形成的标准体系。区别在于 AEC-Q100 重点放在产品可靠性上，包括环境应力可靠性、加速寿命可靠性、电子参数验证、缺陷筛查等；而 ISO 26262重点在于完善车用电子元器件、集成电路、软件等与安全相关的功能，不仅包括产品本身，还包括人员和流程，其中人员部分又是最重要的。当然，不可靠的产品根本谈不上功能安全；但是要保障功能安全，除了保证产品可靠性外，在设计系统时，还必须考虑到万一某个电子元器件失效，如何通过备份等措施保证汽车安全。所以，这两个标准体系有交集，但不能混为一谈。车用电子产品一般是先通过 AEC-Q100 的认证，再去通过 ISO 26262 认证。

涉及安全的因素除了可靠性、功能安全以外，还有产品的质量。要保证产品质量，就需要在企业内部建立起质量管理体系，相关的总括性标准体系是 ISO 9000，我国的标准体系是 GB/T 19000。对于汽车行业质量管理，国际汽车工作组（International Automotive Task Force，IATF）于2016 年正式发布了 IATF 16949 标准体系，这是 ISO 9000 的汽车行业版。质量管理体系标准是针对企业质量管理体系全覆盖全流程的标准，与 AEC-Q100 和 ISO 26262 作为针对产品的标准相比，对象不同。

可靠性、功能安全和质量共同构成了产品的安全体系，缺一不可，必须全面理解，整体把握。

我国车用电子产品发展相对滞后，特别体现在标准制定、检测认证机构建设上。我国生产的车用芯片等产品还必须拿到欧洲和美国去认证，要花费一笔可观的费用不说，还需要等上 1～2 年，在产品快速迭代升级的时代很容易落于下风，由此，抓紧研究建立我国的标准体系和检测认证机构是当务之急。

5.1.3　预期功能安全标准

2022 年 6 月，ISO 正式发布了《道路车辆　预期功能安全》（ISO 21448）标准第一版。制定这一标准的宗旨是系统地处理自动驾驶预期功能不足带来的风险，该标准不仅考虑了车辆复杂的运行环境，而且考虑了不同用户对系统的误用。

人们在智能汽车运行实践中发现，软件在自动驾驶汽车中的作用越来越大，过去 ISO 26262 对软件虽然有所涉及，但是远远不够。专家们一开始考虑在 ISO 26262 标准中重点补充对软件安全方面的要求，经过仔细研究后发现，即使硬件、软件都正常运行，由于机器学习训练系统的介入，机器操控的车辆也有可能陷入危险境地。毕竟人类才刚刚开始研究和应用人工智能技术，遇到的问题有限，经验更少，"你不知道自己不知道什么"是自动驾驶汽车遇到的最大问题。由此引出了预期功能安全的概念：它是指虽然各种零部件（元器件）、软件的功能都已经达到了设计要求，也没有发生故障，但是当遇到一些特殊状况（比如发生了人为的误操作）时，仍然可能发生交通事故。

驾驶人与驾驶系统分工的决定性变化发生在 L3 阶段。全球汽车行业对 L2 及以下级别的自动驾驶技术发生交通事故时的责任认定都没有分歧，因为这时的自动驾驶功能只是辅助功能，驾驶人依然是汽车操控的主体，发生交通事故时的责任认定与面对没有辅助驾驶功能的车辆一样，首先确定驾驶人有没有责任，如果有责任，再确定驾驶人应该承担多大的责任。如果驾驶人认为交通事故是汽车产品本身的缺陷造成的，那么他有权利向汽车企业追溯，要求企业消除缺陷并赔偿损失。现在主要的分歧在于 L3、L4 的汽车，出现交通事故时究竟是驾驶人还是汽车企业作为第一责任人。特别是 L3，处于从驾驶人驾驶向汽车自动驾驶过渡的阶段，在这个阶段，驾驶人与智能驾驶系统需要频繁地交接车辆控制权，要保证这一人机交互无缝衔接，在技术上非常复杂，而且带有一定的偶然性。

随着部分自动驾驶汽车的落地，道路交通安全法也开始了修订程序，其中对于 L3/L4 的道路交通安全责任主体到底是驾驶人还是汽车企业一直争论不休。有人认为，只要是人在驾驶汽车，就应该由驾驶人负责，如果是机器驾驶汽车，就应该是汽车企业负责。但是现实中遇到的情况远比此复杂，例如在机器驾驶汽车的时候，如果驾驶人打瞌睡不小心碰了转向盘，这时候机器认为驾驶人要接管，而驾驶人又没有意识到自己的动作，就会出现"两不管"的危险状况。我认为至少在 L3 阶段，还是应该坚持驾驶人在任何情况下"手不能离开转向盘，脚不能离开踏板"，驾驶人仍然需要对汽车行驶的安全负责，这样在任何紧急状况下，不管是人还是机器，都可以采取措施，相当于"双保险"。至于产品设计或制造中出现的缺陷，就跟燃油汽车一样，出了事故，先由驾驶人负责，然后再向汽车企业追责。

就此我曾经与比亚迪公司王传福进行过交流。他当年对"自动驾驶汽车"不以为然，主要担心的是一起交通事故就把企业的牌子全部砸了。这绝对不是杞人忧天，而是有前车之鉴的。设想在 L3 阶段，在部分时间、部分应用场景下，万一出现机器和人"两不管"的危险状况，发生交通事故，并且被判定有车端的责任时，赔偿还是小事，把自己努力多年打造的信誉丧失掉才是大事。这就是不少汽车企业宁可说自己的自动驾驶技术已经达到 L2.999 也不敢贸然进入 L3 的根本原因所在。在 L3 阶段，如果与过去没有自动驾驶功能时一样，仍然要由驾驶人而不是机器去承担第一责任，这样就可以彻底消除王传福的顾虑了。

自动驾驶技术正在快速迭代，现在虽然有些汽车企业宣布其自动驾驶技术已经达到 L3 甚至 L4，但这只是从算力上推算得来的可能性。在实际使用中，不只有算力这一项指标，还有各种各样的使用场景需要进一步研究，绝不能草率从事，毕竟保证安全、避免事故是第一位的要求，绝不能拿用户当试验品。在技术研发上当然要继续往前走，但是在应用上应该持谨慎态度，特别是高级别（L3 及以上级别）的自动驾驶，要通过大量的试验检测，在确保安全的情况下才放行。除了在指定试验场进行功能试验外，还应该在不同区域、不同场景的更多实际道路上进行试验。典型场景必须经过验证后才能被纳入 OTA 应用场景库。只有通过大量试验才能发现问题、改进设计，才能一步一步地朝无人驾驶汽车的终极目标迈进。

预期功能安全提出了 4 个区域的概念（如图 5-1 所示）：区域 1 是已知安全的状况，这是我们最终要达到的目标；区域 2 是已知不安全的状况，这是预期功能安全应该解决的问题；区域 3 是未知不安全的状况，这是最危险的状况；区域 4 是未知但安全的状况，可以不用管它。

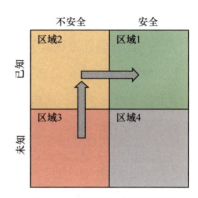

图 5-1　预期功能安全象限

我们解决问题的路径应该是从区域 3 向区域 2 去努力，最后进入区域 1。区域 3 代表未知的不安全场景，关键是将未知转化为已知，这就需要通过各种不同的分析方法、仿真、实际道路测试来获得数据，变未知场景为已知场景，由此可见道路测试至关重要。区域 2 代表已知不安全场景，可以通过各种不同的分析方法、已经采集到的数据和事故案例、已有的系统开发的经验教训以及标准、指南、最佳实践等获得数据，对系统进行功能迭代优化，促成从区域 2 进入区域 1。

这里除了系统分析方法，主动采集道路信息数据训练自动驾驶系统是最有效的措施，也是智能汽车企业竞争力的具体体现。这就是许多企业要对各种各样的道路、对道路上发生的各种各样稀奇古怪的状况进行测试的原因所在。这里要特别说明一点，区域 3 是最危险的状况，而且现实中我们不可能将未知全部变成已知，完全进入区域 2，只能尽量将未知部分和不安全因素减到最少。

参与预期功能安全标准制定的专家们认为，终归还会存在未知的不安全因素，这些最后只能靠主观判定来决定是否对相关系统放行。

ISO 26262 关注的主要是整车、零部件、软件等"物"的安全性，其中所涉及的人员主要还是指企业内部的人员，并不包括驾驶人在内，更没有把人为因素考虑进去。而预期功能安全标准则是要加入人为因素，这更符合自动驾驶汽车的工况。

一般而言，在紧急状况下，系统功能和人为因素混在一起会引发极大的混乱，例如波音 737MAX 虽然设计了驾驶人接管的功能，但是因培训不够，接管的操作又不是很方便，在关键时刻驾驶人无法接管，因此曾发生过两起严重安全事故，教训深刻。这样的案例启示我们，在人与机器都可以操控的情景下，必须把人为因素考虑进来，且相关操作既不能太烦琐，也不能太随意，要以确保安全的理念认真设计自动化系统。

比人为因素更加复杂的是机器学习系统，这一系统出现的结果是"不可解释"的，因此人类对机器学习系统的分析结论是"未知的安全或未知的不安全"。未知的安全我们可以不用管它，但是未知的不安全如何才能成为已知的不安全，是一个棘手的问题，再加上人工智能技术的飞速发展，深度学习、卷积神经计算将迫使人们迈向更广袤的未知领域。结果会不会形成问题没有解决、反而越来越混乱的局面？这可是比人为因素更大的问题。如果处理不好很可能无解，影响自动驾驶技术的应用和发展。

当年制定 ISO 26262 的时候，我国技术人员参与度很低，但是随着自动驾驶汽车的发展，我国研究机构和研究人员逐渐增多，在国际标准制定的过程中发挥着越来越重要的作用。

5.2｜网络安全和数据安全

2021 年 11 月，南京紫金山实验室举办了第四届"强网"拟态防御国际精英挑战赛，来自国内外的 48 支顶尖白帽黑客在线上与商用自动驾驶系统开展了 72 小时巅峰对决，有 15 款国内外主流商用自动驾驶系统参加了对决。很遗憾，其中 8 款商用自动驾驶系统不到半天时间就被攻破，赛程还没有过半就丢盔卸甲。攻击者不仅能够远程操控车辆行驶、转向、制动开门等，甚至能够让整车瘫痪。这场挑战赛的结果表明，企业普遍安全意识淡薄，多数商用自动驾驶系统甚至存在像弱口令这样的低级安全隐患，黑客如入无人之境，可以长驱直入，信息安全问题突出。

近两年后，2023 年 10 月 24 日，GEEKCON 安全极客大赛决赛在上海举行，由全球高校、企业、个人等组成的 93 支战队参加了预赛，最后有 6 支战队进入决赛。激烈角逐的决赛展示了针对安卓多个版本操作系统的攻击，包括被木马病毒入侵、手机出现霸屏广告或流氓软件、个人位置信息被泄露、短信等信息被劫持等。汽车产品的安全性一直是安全极客大赛关注的重点，随着车联网的发展，汽车产品受到黑客攻击的问题越发严重。这次大赛就以市场上热销的一款带有辅助驾驶功能的产品为目标，战队只用了 20 分钟就攻破安全关防，顺利打开了车门，将车辆启动并开出停放区域。由大赛暴露出来的问题说明，当下市场相关产品漏洞明显，极易受到网络攻击，产品安全性检测方面还存在标准缺失、检测能力不足等问题，亟须加快产品安全性布局和建设。

5.2.1　信息安全考验

从根本上说，几乎所有的信息安全威胁都来自软件。随着全栈式软件的广泛应用，基础软件的体积越来越大，软件越大，潜在缺陷就越多，连微软的 Windows 这样风行世界 40 年的超级软件，不也经常发布"补丁程序"吗？

现在汽车所使用的基础软件代码量丝毫不亚于 Windows，因而自动驾驶汽车基础软件出现缺陷肯定是不可避免的，还有网络黑客通过"后门"长驱直入，利用软件缺陷，或者直接操控硬件进行破坏，或者植入木马病毒，窃取、篡改车内数据信息，极端情况下黑客甚至可以将汽车作为攻击武器，造成社会性伤害和混乱。

那么，有什么办法可以防止因信息安全问题而出现的严重后果呢？一个基本的方法就是设立网关。来自外部的所有信息都必须经过网关，所有要求和指令必须经验证后才能访问车内的各种信息。这在计算机时代就已经被证明是切实管用的措施。网关是连接不同类型网络的接口装置，在自动驾驶汽车的入口可以设置集中式网关，主要解决信息来源的身份验证、内部数据信息加密和流量监控问题。对于不同的域控制器，应该进行物理隔离，同时在不同的域控制器入口也应该设置网关，以有效阻止黑客对整个车辆的控制，使得攻击行为危害降低。

为了方便各种外部设备的接入，基础软件平台上设立了标准接口，可以实现"即插即用"，同时通过中间件也可任意下载 App。无论是外部设备还是 App，都必须经过网关才能够与内部连接。网关还需要适应自动驾驶汽车软件 OTA 升级管理。

加快建立车联网身份认证体系，给予所有与车相连接的"元素"以可信"数字身份"也是一条可行之路，通过数字身份的鉴别，可以有效抵御非法主体的伪造、篡改等企图。《新能源汽车产业发展规划（2021—2035 年）》明确提出了"构建统一的汽车身份认证和安全信任体系"的要求，2021 年国家制造强国建设领导小组车联网产业发展专项委员会召开了第四次全体会议，把"加快建立车联网数字身份认证机制，推进车联网跨行业跨地区互联互通和安全通信"作为当时的重点工作进行了部署。在标准化方面，《基于 LTE 的车联网无线通信技术 安全证书管理系统技术要求》定义了证书格式、交互流程以及基于可信的根证书列表的证书互信等关键技术要求，整车企业、通信设备制造企业、安全方案供应商等依据这个标准开展了设备的研发设计和产品制造，一批产品和系统解决方案已经在车联网应用示范活动中进行了可信性验证。2021 年 6 月，工业和信息化部办公厅发布《关于开展车联网身份认证和安全信任试点工作的通知》，有逾 300 家单位参与试点项目建设。

在安全可信的车联网身份认证体系中，商用密码可以对数据进行加密保护和安全认证。在密码应用的相关标准方面，IEEE 1609.2 作为 1609 标准体系中专门针对安全机制的标准，对各国无线网络安全具有重要作用。美国、欧盟成员国和中国都在车联网安全认证体系中借鉴了 IEEE 1609.2 标准，结合各自实际情况和管理需求设计了本国的车联网证书管理系统。

我国的车联网系统使用基于公钥密码的公钥基础设施（Public Key Infrastructure，PKI）机制的体系，采用加密技术和数字签名等技术手段实现安全通信。PKI 相当于身份证书，由公认的机构管理。在实际应用中，证书被存放在硬盘或 IC 卡中，所有的证书格式要按照 X.509（这是密码学中关于公钥证书的格式标准）的规定生成，一旦利用证书确定了身份，证书中的密钥也就同时对通信的信息进行了加密。接收方利用另一个密钥才能打开所传送的信息，其他无关方即使获得了这些信息也无法打开，从而避免信息被窃取。为了促进商用密码的合规使用，国家密码管理部门制定了一系列密码算法标准，其中许多标准已经被 ISO/IEC 批准纳入国际标准。

车联网应用场景对密码验证时延的要求非常高，一般都使用专用的安全芯片来完成密钥生成、加解密等功能，芯片内部有独立的处理器和存储器，密钥被存储在芯片的存储器中，黑客即使窃取了数据也无法解密，这样就保护了数据信息的安全。我国清华国微的智能安全芯片在加密芯片市场上占有重要地位，已经开始进入汽车行业。

5.2.2 保障网络安全

对智能网联汽车信息安全而言，除了采用单点技术和产品进行安全防护，还应该从总体上按照系统的概念规划全社会智能网联汽车安全防护体系，整合各方面的资源，加强共性基础技术的研发和产业化，建立智能网联汽车信息安全平台。

美国早在 2015 年就成立了世界第一家汽车信息共享与分析中心 Auto-ISAC。在这之前，航空业类似的信息共享与分析中心已经运行多年，取得了显著成效。借鉴航空业的成功经验，汽车行业信息共享与分析中心也是以收集行业网联攻击的信息、识别具有普遍性的电子电气架构的漏洞为职责，这些安全隐患信息来自会员、政府部门、研发机构、供应商、开源基金会等。Auto-ISAC 最早发现世界汽车行业普遍使用的防抱制动系统维护命令存在漏洞，汽车维修时，技师使用该命令本来是为了排空系统中的气体，但是黑客也可以通过 OBD II 网关或装入的电子狗访问该命令，这便存在重大安全隐患。

我国建立了国家车联网信息安全漏洞共享平台，这是由国家计算机网络安全应急技术处理协调中心联合国内一些信息系统单位、基础电信运营商、网络安全企业、软件企业和互联网企业建立的国家网络安全漏洞库。世界上许多国家都设有计算机网络安全应急处理协调中心，根据互联网一点接入全球互联的特点，当任何一个国家的互联网被攻击时，这个国家的网络安全应急中心可以向其他国家通报情况，从而及时发现网络节点的后门和漏洞，并可将补救措施告知相关方。包括中国和美国在内，很多国家在这方面一直保持着相互沟通交流的合作机制。但是坦率地说，我国的国家车联网信息安全漏洞共享平台面向车联网方面的专业性还不够，汽车企业参与度不高，除了漏洞库，对自动驾驶汽车安全的支撑作用还很有限。

2020 年 10 月，国家智能网联汽车创新中心联合北京启明星辰信息安全技术有限公司、奇安信科技集团股份有限公司、杭州安恒信息技术股份有限公司、上海斗象信息科技有限公司等 4 家公司组建了中国车辆安全漏洞预警与分析平台。这个平台以车辆安全漏洞相关数据为基础，以自主开发的系列算法模型为核心，为行业提供汽车安全众测、安全告警、应急响应、态势感知、安全培训、安全会议等 9 项服务。

我国这两大自动驾驶安全平台各具优势，也各有不足。国家车联网信息安全漏洞共享平台的优势是具有庞大的漏洞库，具有国际合作的经验，有一批长期在互联网行业攻防实践中培养出的人才；存在的不足是对汽车行业不熟悉，事业单位的性质不利于建立起可持续的运行模式，主动加入的汽车企业很少。中国车辆安全漏洞预警与分析平台的优势在于了解国内外自动驾驶技术发展情况，市场化运作经验丰富，有国家智能网联汽车创新中心的支持；不足之处在于汽车企业和零部件企业参与很少，国际交流合作经验不足，人才队伍建设迫在眉睫。如果两个平台能够相互合作，取长补短，应能发挥出更大作用。

在自动驾驶汽车网络安全方面，ISO 与 SAE 共同制定了《道路车辆　网络安全工程》（ISO/SAE 21434）标准，参考 V 模型开发流程，主要从风险评估管理、产品开发、运行 / 维护、流程审核等 4 个方面来保障汽车网络安全工程实施，主要内容包括：网络安全相关的术语和定义；企业组织层面和具体项目层面的网络安全管理；威胁分析和风险评估；网络安全概念阶段开发；架构层面和系统层面的威胁削减措施和安全设计；软硬件层面的网络安全开发（包括设计、集成、验证和确认）；网络安全系统性的测试及确认方法；网络安全开发过程中的支持流程（包括需求管理、变更管理和配置管理等）；网络安全事件在生产、运营、维护和报废阶段的识别、防止、探测、响应和恢复等。ISO/SAE 21434 标准不是规定具体的网络安全技术或解决方案，而是提供了一个标准化的网络安全框架，将网络安全作为整个工程的一个组成部分，使之贯穿汽车从概念设计阶段到退役的整个生命周期，但是这个标准只是网络安全的最低要求。该标准统一了各种通用的网络安全术语，便于大家理解和交流。

ISO 还针对自动驾驶系统测试场景和在这个场景下的安全性问题提出了工程框架和流程（ISO 34501～34504）标准。2021 年 9 月，ISO 自动驾驶系统测试场景国际标准制定工作组以视频会议的形式召开了第十六次会议，经过审议，决定将 ISO 34501（《道路车辆　自动驾驶系统的试验方案　词汇》）和 ISO 34502（《道路车辆　自动驾驶系统试验场景　基于场景的安全评估框架》）两个标准修改完善后提交国际标准草案阶段投票，另外两个标准 ISO 34503（《道路车辆　自动驾驶系统试验场景　操作设计领域规范》）和 ISO 34504（《道路车辆　自动驾驶系统试验场景　场景分类》）也都取得了阶段性进展。2022 年 10 月，世界首个自动驾驶测试场景领域的国际标准 ISO 34501 正式发布。

5.2.3　保障数据安全

智能网联汽车发展离不开数据，自动驾驶汽车更是需要依靠数据信息来感知周围的环境，进行决策和控制。数据安全对智能网联汽车的发展至关重要。据测算，一辆 L4 自动驾驶汽车一天产生的数据量就达到 10 TB，对比一下，一个人一个月使用的手机流量一般不过 20 GB。另外，自动驾驶汽车这么庞大的数据量需要通过移动通信方式传输，可以想见它所面临的安全威胁有多大。事实上，数据安全引发的事故也确实呈现多发频发状态。图 5-2 显示了智能汽车涉及的数据风险。

近年来，我国在保护数据安全方面加快了立法进度。2021 年 6 月，十三届全国人大常委会第二十九次会议通过了《中华人民共和国数据安全法》。该法作为数据安全方面的基础性法律，确定对数据实行分类分级保护，建立了数据安全风险评估、监测预警、应急处置等机制和数据安全审查等制度，为这些工作的开展提供了法律依据。同年 8 月，十三届全国人大常委会第三十次会议通过了《中华人民共和国个人信息保护法》，对保护个人信息权益、规范个人信息处理活动、促进个人信息合理利用等方面做出明确规定。加上之前颁布的《中华人民共和国网络安全法》，我国保护数据信息安全的法律体系已经开始建立。根据以上法律规定，2021 年 11 月，国家网信办发布了《网络数据安全管理条例（征求意见稿）》；2024 年 9 月，正式发布了《网络数据安全管理条例》，对个人信息保护、重要数据安全、网络数据跨境安全管理、网络平台服务提供者义务和监督管理工作做出具体的规定。

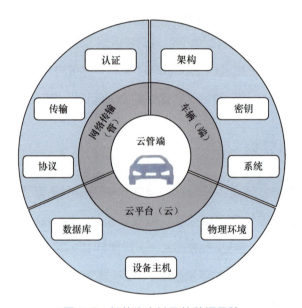

图 5-2　智能汽车涉及的数据风险

2021 年 8 月，国家网信办、国家发展改革委、工业和信息化部、公安部、交通运输部以部长令形式发布了《汽车数据安全管理若干规定（试行）》，这份文件首次对汽车使用的重要数据、敏感个人信息予以明确。

在数据的跨境流动方面，世界各国都有具体限制，一般规定在本国产生的数据必须在本国存储、加工，进行跨境流动必须符合相关规定。按照数据的重要性，对数据进行分类分级管理，建立安全保护制度，运用技术手段构建数据安全风险防控体系，等等。这方面的问题对世界各国来说都是新问题，一般采取谨慎性原则处理。

数据从来没有像今天这样引起大家的重视，数据已经与资本、土地、劳动一样成为生产要素。按照党中央的部署，我们要进一步加快生产要素市场化改革的进程，使市场在资源配置中发挥决定性作用。但是数据资源与其他自然资源又有很大不同。一是取之不尽、用之不竭，越用越有价值。现实生活中，很多人将个人数据与大数据混为一谈，事实上我们大多时候使用的是数据的集合，个人数据经过匿名化处理、集合起来才成为大数据。二是数据具有全球流动的特点，给国家安全带来新的挑战。三是如果过分强调个人隐私的保护，有可能会影响数字经济的发展；但是如果放任不管，又会造成个人权益被侵害。解决这些问题的基本原则，就是处理好发展与安全的关系。如何处理好二者关系？我认为首要问题是数据确权。

数据确权是培育数据要素市场的关键，只有权属界定清晰才能够权责明确，数据才能够顺畅流通共享，发挥其价值倍增作用。但是，对数据确权的社会认识非常不一致，其中不赞同的意见归纳起来主要体现在"畏难"上，诸如产权争议、监管风险等，社会上对数据交易不信任感加剧，令数据供需双方望而却步。

2021 年 6 月，深圳市发布了《深圳经济特区数据条例》。不同于现有的数据相关法律以及其他省份地方性法规在涉及数据的某个具体领域制定单项专门性数据规范的做法，该条例内容涵盖了个人数据、公共数据、数据要素市场、数据安全等方面，是国内数据领域首部基础性、综合性的法规。虽然它是地方性法规，但是对于推动在全国范围内数据确权的立法进行了先行先试的探索，对数据的使用规范予以明确，其作用会随着时间的推移而进一步显现。

由于数据复制成本低、可多方保存，具有有限排他、可分割、动态调整等独特的属性，确权不宜按照传统产权理论划分，应该按照使用权、运营权、收益权的方式形成体系化的数据权利约束，形成具有中国特色的数据产权制度体系。公共数据是国家重要战略资源，应按"公开为常态、不公开为例外"的原则，推进公开共享，改变部门以安全为由独占、不公开的情况。企业（含平台）和医院、学校等机构对其生成或合法收集的数据，享有持有、加工使用、产品经营等权益；在使用个人数据时，除了法律规定需征得个人同意，还应该研究用经济的办法对其加以充分利用的可能性，同时，必须严厉打击滥用个人数据的行为。

《汽车数据安全管理若干规定（试行）》未涉及数据权属问题，但是，2021年10月全国信息安全标准化技术委员会发布的《汽车采集数据处理安全指南》第一次对数据权属进行了划分，明确汽车制造商应对整车的数据安全负责，全面掌握其生产的整车所含各零部件的采集、传输数据情况，对零部件供应商处理汽车采集数据的行为进行约束和监督，并将汽车采集数据向外传输的完整情况对用户披露。出发点很好，但事实上这样的要求难以做到，因为零部件供应商与整车企业在法律上是平等的主体，整车企业并不能对零部件企业采集到的数据负责，更不能对相关行为进行约束和监督。与此同时，整车企业不会也不可能将很多汽车采集数据向外传输的"完整情况"对用户披露。

其实，保护数据安全除了使用行政办法外，应该更多地研究使用技术手段，例如隐私计算、区块链技术、零知识证明等。据了解，北京国际大数据交易所就在探索数据交易过程中如何确保数据安全，利用多方安全计算、联邦学习等技术，在不转移原始数据的前提下对数据进行开发利用，实现数据可用不可见。

数字经济的发展必然会给传统的管理方法带来挑战，按照行业、地区管理的模式已经不能适应监管的需要，应该积极探索数据要素"沙盒管理"模式，形成兼顾发展与安全的新型监管体系，激发市场主体的活力和技术创新能力，解决数据应用带来的国家安全、交通安全和个人隐私安全问题。

5.3 | 自动驾驶系统更安全吗

　　根据中国汽车技术研究中心、同济大学、百度公司三方联合发布的《自动驾驶汽车交通安全白皮书》的研究结果，人是交通安全中最不确定的因素。中国交通事故深入调查数据库显示，2011年至2021年的5664起乘用车肇事的事故案例中，驾驶人人为因素占比约为81.5%，其中因驾驶人无法对危险进行提前识别和感知，导致驾驶人主观错误造成的事故占比为79.9%，因未按规定让行发生的事故占比为43.4%，其次是速度过快、车道的违规使用、酒驾、违反交通信号灯指示和疲劳驾驶。具有自动驾驶功能的汽车能够大幅度减少这些人为因素导致的交通事故，从而提高整车的安全性。

　　河南郑州的交警做过一个测试，一辆SUV警车驾驶人的盲区里居然能够藏下75个幼儿园孩童。可想而知，大型商用车的视野盲区会更大。现在，越来越多的新车型安装了前后摄像头，通过前摄像头可以及时发现驾驶人没有发现的障碍物，配合自动制动功能就能避免绝大多数因碰撞而造成的车毁人亡的事故。有研究表明，在我国高速公路事故中，具有上述两种自动驾驶功能的车辆可以减少69.17%的事故发生，减少68.85%的因事故死亡人数。通过后摄像头可以防止倒车时撞到尾部固定物体，这是很受驾驶人欢迎的自动驾驶功能。

　　在2022年中国电动汽车百人会论坛上，理想汽车创始人李想提出愿意将理想汽车掌握的AEB系统技术开源，作为汽车的必装件，我当即给予积极肯定。作为辅助驾驶成熟技术之一，AEB系统可以在突发情况下，在驾驶人没有发现障碍物的时候紧急制动，避免车毁人亡的事故发生。根据黑芝麻公司的一项统计数据，装有AEB系统的汽车可以减少27%的这一类事故。我会后了解到，如果大规模安装这套系统，AEB系统的成本可以降低到2000

元左右，这是完全可以接受的价格，毕竟人的生命是最宝贵的。

安装 AEB 系统就是为了说明自动驾驶技术可以提高汽车的安全性。之前很多人担心这一点，这个例子正好说明我们推广自动驾驶技术根本上就是要保证安全。网上一度热议的华为公司余承东和小鹏汽车何小鹏就各自的 AEB 功能"互怼"，一方面说明 AEB 在有车一族中热度不减，另一方面也说明对 AEB 功能的"停""避"方向仍处于探索过程中，本质还是"安全无小事"。

关于自动驾驶系统操控汽车是否会比驾驶人操控汽车更安全，下面谈一下我的观点。

首先，我们应该相信自动驾驶系统可以避免人类容易产生的诸如疲劳、注意力分散等问题，可以避免诸如猛拐逆行、强行超车、不按规定标线标识行驶等行为。根据《自动驾驶汽车交通安全白皮书》的结论，自动驾驶系统可以有效避免人类驾驶 80% 的事故，自动感知功能能够比人提前发现 90% 以上的事故征兆，可以有效避免三分之一以上的因车速过快、车距过小、同向行驶而违反交通法规等的行为，提高安全性的作用相当可观。自动驾驶系统只会按照规定来决策和操控汽车，没有投机取巧的"功能"，在这方面我们不必担心。

那么，有没有机器比人差的地方呢？答案是肯定的。例如，就目前技术水平而言，图像传感器毕竟不如人的眼睛，在诸如黑得"伸手不见五指"的一些极端场景下，连人的眼睛都看不见了，更不用说摄像头了。再就是在大雨等情况下，摄像头感知环境的能力也会下降。这是我们一直对特斯拉公司只用摄像头作为图像传感器感到担忧的原因，如果有激光雷达作为补充，一定会好于只用摄像头的方式。除了使用传感器，还有人工智能识别各种特殊场景的局限性。通过深度学习，自动驾驶系统可以应对大多数使用环境，但是对于一些连人都很少遇到的使用场景，机器就比人差，只要是面对没有见过的场景，它绝对不"认识"，也就不会建立起场景的模型。这只能靠来自世界各地的各种不同的使用环境来训练自动驾驶系统。从这一点来说，汽车企业利用自家的测试车在有限的区域进行测试，不如利用用户在平时使用中遇到的各种不同情形更加有效，用户数量越多、覆盖的范围越广，产生的有效数据量越大，人工智能就会被训练得越"聪明"，在各种特殊场景中，会一点一点地赶上甚至超过人类。在整个过程中，我们还可以在自动驾驶系统中设定特殊的程序，在机器人不能判断的特殊情况下，一定要有防范措施防止事故发生。

其次，各国道路交通管理部门都是按照安全第一的原则进行管理的，不安全绝不放行。我国现在刚刚放行了 L3/L4 的车型，但是对达到 L3/L4 的车型必须进行安全性认证，汽车企业要对产品安全负总责。现在出问题的往往就是 L3 及以上级别的车型。例如，2018 年优步无人驾驶汽车在美国亚利桑那州发生的全球首例交通事故，那是在夜晚光线不好、行人又穿了一件黑色外衣的情况下，自动驾驶系统没有发现推自行车过马路的女子，发生了撞人致死事故。后来发布的事故调查报告表明，自动驾驶系统的雷达在事故发生前 6 秒就发现了目标，当时汽车的车速是 69 公里 / 时，如果立即采取措施，是可以避免这起事故发生的，但是由于程序设计上的问题，直到碰撞前的 1.3 秒，自动驾驶系统才决定采取紧急制动措施，当时车上是配有安全员的，发现前面有物体时完全可以采用人工方式制动，但是很不幸的是自动驾驶系统没有向安全员发出警报，直到还剩下不到 1 秒的时候，安全员才发现问题并接管了车辆，在碰撞发生 1 秒后，安全员才采取制动措施，而这一切都太晚了。事故调查发现，在这起事故之前的 18 个月里，优步 共发生了 37 起交通事故，不过并未造成人员伤亡。事故发生之后，优步停止测试很长时间，修改了软件之后才恢复自动驾驶汽车的测试。有过这些惨痛教训，管理部门对于放行更加谨慎，一般都是有条件放行，而且随着自动驾驶级别的提高，放行的要求会更加严格。

再次，就是通过道路交通标识的智能化改造，可以减少因为人类疏忽或者视而不见引发的交通事故。除了前面讲到的交通信号灯，道路上还有大量的标线、标识、水马、锥桶，规定了行驶路线或给出限速限行的警告。这些规定很多都是用鲜血和生命换来的，很多时候因为驾驶人有意无意违反了这些规定，轻则被罚款，重则造成事故。如果大家都按照道路交通法的规定行驶，事故会大大减少。设想，如果更多的道路交通标识得到改造，自动驾驶系统感知到这些标识，严格遵守规定，即使驾驶人想逾矩，机器也可以制止危险操作。分析近期出现的 L3 自动驾驶汽车测试中出现的安全性问题，某些企业夸大自动驾驶功能，使得驾驶人在使用过程中放松了随时接管操作的要求。在这方面一定要严格要求，对于警示告知不到位甚至夸大其词的企业宣传一定要依法进行处罚，避免误导消费者造成事故发生。此外就是改变了监管规则。过去汽车是硬件产品的时候，往往采取抽检的方法检查汽车产品，但是在"软件定义汽车"的情形下，再通过产品抽检来核查产品的安全性已经不适用了，因为基础软件的代码多达几千万行，里面肯定会有漏洞。任何机构都不可能通过检测操作系统来判定产品的安全性，这时候只有采取反向要求的办法来确保产品的安全性。所谓反向要求，最简单的理解就是有安全防范措施，如紧急制动功能等，一旦出现问题，马上启动这个措施，以保证安全。

最后，就是车与车之间通信的应用。这样可以进一步减少人为的违规动作，还能够提早知道周围车辆下一步的"动作"，也可以告知自身车辆下一步的"走向"。增加相互之间的了解可以减少误判造成的事故，还可以做到整体最优，至少避免了由"抢道"造成的碰撞——这也是驾驶人驾驶车辆时经常发生的问题，特别是在拥堵路段和进出匝道拥挤的场景下，一些驾驶人容易发生抢行现象，这些在自动驾驶汽车上都是可以彻底避免的。

根据 2021 年 8 月相关媒体数据，为了保证智能网联汽车的安全，全国有 27 个省（自治区、直辖市）出台了关于智能网联汽车测试示范区的管理规定，其中最重要的就是对智能网联汽车安全性的要求。从国家层面来看，早在 2021 年 1 月，工业和信息化部、公安部、交通运输部就《智能网联汽车道路测试与示范应用管理规范（试行）》公开征求意见，对测试道路、测试驾驶人、测试车辆等提出要求，规范智能网联汽车的道路测试和示范应用，促进行业有序发展。2021 年 7 月，针对测试方案不统一、测试结果不互认、车路协同不到位等问题以及企业提出的进一步放开高速公路、无安全员测试等需求，工业和信息化部、公安部、交通运输部联合印发《智能网联汽车道路测试与示范应用管理规范（试行）》。同年 8 月发布的《工业和信息化部关于加强智能网联汽车生产企业及产品准入管理的意见》规定了加强智能网联生产企业及产品的准入管理，要求压实企业主体责任，加强汽车数据安全、网络安全、软件升级（OTA）功能安全和预期功能安全管理，保证产品质量和生产一致性，推动智能网联汽车产业高质量发展。2024 年 8 月，工业和信息化部发布《关于进一步加强智能网联汽车准入、召回及软件在线升级管理的通知（征求意见稿）》，进一步补充和完善汽车远程升级（OTA）技术召回行为，强化安全技术评估。总体上看，我国关于智能网联汽车产品的安全性管理体系不断完善，L3 及以上级别智能网联汽车的准入门槛与其他国家相比是较高的，在非传统安全方面也已经开始提出符合法律和国情的具体要求，这在世界范围内还属于超前的管理要求。

5.4 ｜ 汽车安全前景展望

自动驾驶汽车既有汽车产品原有的功能安全问题和互联网带来的网络安全等传统安全问题，也有由"自动驾驶"带来的个人隐私保护和数据安全等非传统安全问题，而且随着自动驾驶级别的提高，安全问题也愈发凸显，必须引起高度重视，采取切实可行的措施予以解决。

2022 年 6 月，深圳市七届人大常委会通过了《深圳经济特区智能网联汽车管理条例》，这是全国第一次通过地方立法方式探索解决智能网联汽车发展中的安全管理问题。过去，所有的法律法规都是按照汽车有人驾驶的工况划分和处理事故责任的，而在自动驾驶汽车中，一部分工况是机器而不是驾驶人在驾驶汽车，这时候对交通事故的责任划分就变得异常复杂。深圳市的这一条例要求智能网联汽车车载设备记录和存储汽车发生事故或者故障前至少 90 秒的位置、运行状态、驾驶模式、车内外监控视频等数据，并保持数据的连续性和完整性，数据存储期不得少于 30 日。按照"有驾驶人"和"无驾驶人"两种情况分别规定：在有驾驶人的情况下，先由驾驶人承担责任；在无驾驶人的情况下，按照"谁受益谁担责"和"先赔付、后追偿"的原则，由汽车所有人、管理人先担责，若后续发现是因为汽车本身缺陷造成的事故，驾驶人、汽车所有人、汽车管理人可以依据条例向汽车生产者、销售者追偿。

除了上文提及的车辆安全漏洞库和数据安全保障，特别需要研究的还有如何利用好智能网联汽车的大数据的问题。换句话说，除了汽车企业利用大数据进行自动驾驶汽车建模，还要研究是否需要建立行业甚至跨行业的大数据集，以及如果需要的话，又应该如何建设和运营这个大数据集。当下，数据已经成为与资本、资源、土地等同等重要的生产要素，需要认真研究数据确权、数据的收集处理、数据应用、数据保护等问题，这并不是新冒出来的问题，之前一些互联网企业利用大数据开创了全新的商业模式，同时也暴露了滥用用户数据的弊端。这也不只是汽车行业才有的问题，其他许多行业都存在同类问题。从法治角度来看，现有中国法律规定了在中国产生的数据必须在中国境内存储、加工、使用，需要跨境流动的数据必须经过批准并且接受监管。当然，在中国注册的所有企业必须执行这个规定，建立第三方的大数据集需要得到行业内企业的认可。

推进国家智能网联汽车平台建设是当务之急，设想一下，这个平台应该是一个总接入连接其他平台的平台，而不是重复建设的与其他平台水平相当的平台，应优先考虑态势感知和预警功能，建立安全防控体系和安全评估体系，真正实现优先于汽车企业捕捉到网络攻击行为，至少能发现数据流量异常，使汽车企业切实感觉到该平台存在的意义，在此基础上吸引汽车企业参与。平台应该是企业性质，这比事业单位的体制更能适应发展的需要。政府部门监管所需要的数据信息可以采用购买服务的方式解决。平台建设可以采用吸引社会投资的方式解决投入问题，最终达成众人拾柴火焰高的效果。

我们应该增强对自动驾驶汽车安全性的信心，人们的直观感受就是机器开车不会因疲劳而走神，不会打瞌睡，机器的反应速度要快于人类，机器更不会去强行变道、开斗气车等；反过来，通过车内安装的摄像头，机器还能及时发现驾驶人的一些不安全因素，采取提醒等措施防止事故发生。当然，由于路况千差万别，对于极少数特殊的情况，机器只要没有见过就不会处理，例如在一个路口遇到交通信号灯故障、双向车辆在路口拥堵时，老司机可以根据具体情况采用诸如逆行等违规方法将车开出来，如果自动驾驶汽车的决策系统是基于规则而设计的，它就无论如何也不会采用违反规则的方法去解决问题。而采用大数据训练车载人工智能系统的时候，到了后期主要就是寻求类似上述的特殊场景，基于老司机的做法，"教会"机器处理这些可能发生的特殊情况。毕竟，机器的特点就是过目不忘，只要教过一次，就一劳永逸，再特殊的同类情况，它处理起来都会得心应手。

目前，无论是感知还是控制算法都还处在不断完善的过程中，复杂的硬件系统需要提高可靠性，这些都对提高自动驾驶汽车的安全性产生了不利影响，好在我们一直坚持循序渐进的发展路径，在发展过程中务必把安全第一的原则贯彻始终，尽最大的努力减少交通事故的发生。

第六章 全方位打造产业生态

　　智能汽车已经成为全球汽车产业发展的战略方向。我国持续将智能网联汽车纳入国家发展战略，制定了中长期发展规划，完善跨部委协同机制，打造跨部门、中央与地方互动的技术创新支持体系，汇聚行业和企业力量，开放道路测试，探索示范应用，加强产业链上各种软硬件产品的供应链建设，加快自动驾驶全场景商业化应用落地，不断推动产业进步，全方位打造适合产业发展的生态环境。

智能汽车已经成为全球汽车产业发展的战略方向。我国持续将智能网联汽车纳入国家发展战略，制定了中长期发展规划，积极推动相关法律法规的制修订工作，完善跨部委协同机制，打造跨部门、中央与地方互动的技术创新支持体系，汇聚行业和企业力量，通过顶层设计、开放道路测试与探索示范应用、加强产业链上各种软硬件产品的供应链建设、加快自动驾驶全场景商业化应用落地等各种方式推动产业进步，全方位打造适合产业发展的生态环境，抢占全球智能网联汽车产业发展制高点。

6.1 | 先手设计：从中长期规划到道路测试与示范应用

我国在 2015 年首次提出将无人驾驶技术作为我国汽车产业未来转型升级的重要方向，明确要制定中国版的自动驾驶乘用车、商用车标准，以及到 2025 年需要掌握的关键核心技术，从而实现汽车行业转型升级。

经国务院批准，工业和信息化部、国家发展改革委、科技部于 2017 年发布了《汽车产业中长期发展规划》，对自动驾驶汽车的发展进行了全面部署，明确要加大智能网联汽车关键技术攻关，充分发挥智能网联汽车联盟，汽车产业联合基金等作用，不断完善跨产业协同创新机制，重点攻克环境感知、智能决策、协调控制等关键核心技术，促进传感器、车载终端、操作系统等研发与产业化应用，提出要研究确定我国智能网联汽车通信频率，出台相关协议标准，规范车辆与平台之间的数据交互格式与协议，制定车载智能设备与车辆间的接口、车辆网络安全等相关技术标准，促进智能汽车与周围环境和设施的泛在互联，在保障安全前提下，实现资源整合和数据开放共享，推动宽带网络基础设施建设和多行业共建智能网联汽车大数据交互平台。

这一规划还描绘了预期目标和实现路径，按照驾驶辅助、部分自动驾驶和有条件自动驾驶系统的发展路径，逐步实现自动驾驶技术在产品上的应用，到 2020 年，这三类系统新车装配率超过 50%，到 2025 年这三类系统新车装配率达到 80%，高度和完全自动驾驶汽车开始进入市场。这一规划提出的目标比较具体且乐观，现在回过头来看，在 L3 及以上级别的自动驾驶技术应用上，从国内到国外，都遇到了技术成熟度问题，特别是遇到了各种各样的安全性问题，需要持慎重态度，在安全性得不到保障的情况下不可以过早地放行。真正实现大规模乘用车无人驾驶可能要到 2035 年以后，当然在一些特定场景（比如固定区域、固定线路或者是不载人的情况）下，无人驾驶汽车还是有按期或提前实现的可能。

在新兴产业发展过程中是否需要明确技术路线？长期以来意见并不一致。国内有一种观点认为，政府应该保持技术路线中立的基本点，让企业自主选择使用什么技术，归根到底这是受国际上自由经济学派的影响。在全球经济一体化、各国贸易自由流动不受政府干预的理想条件下，这种主张也许可行；问题是近年来国际上出现了一股逆流，反对经济全球化，美国拉拢一些国家试图建立"小院高墙"，对中国等发展中国家动辄采取经济制裁、贸易限制、技术封锁等措施，无所不用其极地遏制中国的崛起，利用一切手段试图把中国限定在产业价值链的中低端，严厉限制中国高科技产业与国外合作，甚至对中国的高科技企业采用"断供"的办法，欲置之于死地而后快。在这种情况下，我们一定要清醒认识到坚持技术创新和产业发展事关发展大局，坚持高质量发展的目标不动摇，这是关系到中国发展权的重大问题，事关中华民族伟大复兴的实现。坚持自主创新不动摇，制定技术路线图必不可少，必须以一张蓝图干到底的韧性，发扬钉钉子精神，将高新技术牢牢掌握在我们自己手中。当然，强调自主可控并非关起门来发展，并非一切从零做起，而是要坚持对外开放基本国策，扩大高水平对外开放，实行开放合作，共同发展。

智能网联汽车的基础是人工智能技术在汽车产品上的应用，其中最关键的是要通过大量实际使用场景获得数据来训练人工智能系统。按照我国现行的法律规定，除非经过特殊许可，一般来说，在正式道路上是不能够进行各种级别的自动驾驶汽车测试的。如何既为智能网联汽车提供测试条件，又符合现行法律规定，这就是一个难题。显然，现阶段智能网联汽车的各种应用场景只能由测试场来搭建。经过多轮协商，2018 年 4 月，工业和信息化部联合公安部、交通运输部发布了《智能网联汽车道路测试管理规范（试行）》，对于智能网联汽车的道路测试行为在履行相关手续后予以许可，规定测试车辆可以在封闭道路、场地等特定区域进行充分的实车测试，省、市级政府相关主管部门在辖区内道路选择若干典型路段用于智能网联汽车道路测试并向社会公布。测试主体向拟开展测试路段所在地的省、市级政府相关主管部门提出道路测试申请，省、市级政府相关主管部门负责组织受理、审核测试申请，为审核通过的测试车辆逐一出具智能网联汽车道路测试通知书，并对测试期间的交通违法和事故处理进行了规定。

这一规范为各地政府积极推进智能网联汽车测试示范区建设提供了一个标准。规范发布后，各地政府积极推进智能网联汽车测试示范区的建设，承建的运营主体积极完善场地建设和基础设施布局，强化软硬件部署，加快开展测试验证工作。截至 2023 年底，全国共建设 17 个国家级测试示范区、7 个国家级车联网先导区、16 个"双智"（智慧城市基础设施与智能网联汽车协同发展）试点城市。据不完全统计，截至 2023 年 11 月，全国开放道路超 2.2 万公里，累计道路测试总里程超 8700 万公里，发放测试示范牌照超 4800 张。总体来看，不少城市积累了丰富经验，具备了开展大规模示范应用的条件。

在道路测试的基础上，北京、上海、武汉、广州、深圳、长沙、重庆等城市探索开展智能网联汽车自动驾驶功能示范应用，涉及乘用车载人、商用车载货等不同形式。百度、文远知行、滴滴、宝马、上汽集团等公司已于不同城市获得自动驾驶示范应用资格。我国多地还积极推动乘用车、商用车示范应用，在港口、矿区等限定场景下的无人驾驶汽车应用已经开始实施，环卫、Robotaxi、干线物流等公开道路场景示范应用正在蓬勃开展。

但是客观地说，在推进过程中也出现了测试示范区重复建设和资源浪费的风险；存在对 L4/L5 的测试要求不够明确的问题，且出现测试项目"扎堆"现象；测试结果不互认的问题依然存在，有的测试场收费较高；道路测试和示范应用的数据缺乏综合利用，数据开放共享比较困难。对于这些发展中的问题，有关部门应当高度重视并采取有力措施加以解决。当然，瑕不掩瑜，相对于这些问题，还是应该充分肯定取得的成绩，如果没有这些测试示范区的支持，就不可能有今天的发展结果和成效。

2019 年，《交通强国建设纲要》中提出加强智能网联汽车（智能汽车、自动驾驶、车路协同）研发。2020 年，《智能网联汽车技术路线图 2.0》对自动驾驶汽车关键技术架构给出了明确的路线图，与 1.0 版相比，时间延长至 2035 年，场景上细分为城市道路、城郊道路、高速公路和特定场景 4 类，商用车又细分为货运车和客运车，路线图对顶层架构、产业化推广、应用等方面做出了明确规定。

各级地方政府主管部门积极响应国家智能网联汽车发展政策，制定发布地方性政策，规划智能网联汽车的未来发展方向和目标。2017 年 12 月，《北京市关于加快推进自动驾驶车辆道路测试有关工作的指导意见（试行）》及《北京市自动驾驶车辆道路测试管理实施细则（试行）》等文件率先出台。2018年 12 月又发布了《北京市智能网联汽车创新发展行动方案（2019 年—2022年）》。北京市将支持 L4 的高级别自动驾驶汽车的规模化运行作为重点，向下兼容低级别自动驾驶汽车的测试运营和车联网应用场景实现，引导企业在技术路线选择上从一开始就采用"车路云一体化"解决方案，改变了过去被动选择单车智能的局面，推进技术进步。在基础设施建设上，示范区采用"底层打通、全网融合、多方投入、共同使用"的方法，注重开放式平台的建设，致力于构建统一的数据底座，同时坚持以市场化为导向，探索政府与企业投资的边界，鼓励企业积极参与投资建设，提高一体化网络使用效率和产业黏性，探索可持续的投资建设模式。

在建设内容上，高级别自动驾驶示范区部署了高可靠、低时延的 5G 和 C-V2X 通信网络设施、可持续发展的感知基础设施、符合国家政策的高精度地图与定位基础设施，以及连通底层技术的交通基础设施。示范区还建设了边缘云、区域云与中心云等逻辑统一、物理分散的三级架构云控基础平台，同时结合基础设施部署的情况，以车端真实需求为核心，以商业模式探索为驱动，实现 L4 自动驾驶出租车、智能网联公交车、自主代客泊车等高级别应用场景。

百度、奥迪、戴姆勒、北汽等公司参加了测试和示范运营。第一阶段进行了 10 公里城市道路、10 公里高速公路和 1 个自动泊车停车场的建设，在 12 公里的主干道、28 个城市路口、110 个点位部署了路边感知系统。百度、小马智行已经在示范区开通了 Robotaxi 常态化试运营，新石器、智行者在南海子公园里配备了无人送货车、清扫车和安全巡检车，实现了无人配送。另外，示范区选择大兴国际机场到示范区之间的线路作为物流运输的试点线路，开始了干线物流自动驾驶运输的测试。第二阶段的示范区建设则以北京经济技术开发区全域为核心，扩大到北京市约 60 平方公里的范围，目标是建成"智慧的路、聪明的车、实时的云、可靠的网、精确的图"。

北京市是我国最早开放和规范自动驾驶道路测试的地区，也是我国目前自动驾驶产业发展速度最快、配套最完善的城市。北京市在测试牌照规模、测试主体数量、车辆类型数量、测试场景丰富度、测试管理标准方面均居于全国首位。

上海市在国内首创"全车型、全出行链、全风险类别、全测试环节和融合新基建基础设施"的"四全一融合"的智能网联汽车测试场景，打造了错位互补的四大测试示范区：嘉定区定位打造"L3+高度自动驾驶创新示范区"，临港新片区定位打造"未来交通新模式创新示范区"，奉贤区定位打造"全出行链智能驾驶创新示范区"，浦东金桥区域定位打造"融合交通基础设施创新示范区"。在"十四五"期间，上海市推进高度自动驾驶示范区的建设，显著降低了自动驾驶测试的综合成本，大幅度增加测试道路里程，探索在高速公路上开展测试，推动自动驾驶技术在集装箱运输、出行服务、高架道路清扫、自动泊车等典型场景的示范应用，探索自动驾驶法规豁免申请机制，对测试及商业化应用过程中触及的现行法规进行关键约束，研究一揽子解决方案，支持无安全员测试等创新举措在有条件的区域开展试点。

浙江、江苏、湖南、湖北、福建、重庆等多地也都发布了相关政策，推动智能网联汽车产业发展和技术研发，加快示范区的建设。到目前为止，相关产业政策及地方政府政策还主要集中于道路测试的相关内容，后期的示范运营及商业化应用等方面的政策还有待完善。对道路交通安全法的修订势在必行，对个人信息、对数据的使用等的保护问题需要进一步细化法律规定，对地方各测试示范区的测试结果互认还需要进一步提出要求，从而为智能网联汽车加快发展、实现全球引领创造更好的环境和条件。

6.2 | 标准体系构建

标准体系对产业发展具有基础支撑和规范引领作用。为了抢占未来汽车产业制高点，国际与国内外相关标准化组织一直在加紧建立智能网联汽车标准体系。

表 6-1 简要介绍了与智能网联汽车相关的重要标准化组织。

表 6-1　与智能网联汽车相关的重要标准化组织

标准化组织名称	标准化组织英文缩写	标准化组织简介
联合国世界车辆法规协调论坛	WP29	前身为联合国经济及社会理事会欧洲经济委员会中内陆运输委员会道路交通分委会下属的车辆结构工作组（UN/ECOSO/ECE/TRANS/SC.1/WP29），主要负责汽车安全、环保、节能防盗等领域的国际汽车技术法规的制定工作，其下设的自动驾驶与网联车辆工作组负责智能网联汽车相关国际法规的制定工作
国际标准化组织	ISO	由各国标准化团体组成的世界性非政府组织，主要负责制定电气和电子工程领域之外的国际标准
国际电信联盟	ITU	主管信息通信技术事务的联合国机构，其中，ITU-R 负责分配和管理全球无线电频谱与卫星轨道资源，ITU-T 负责制定全球电信标准，ITU-D 负责向发展中国家提供电信援助，促进全球电信发展
美国汽车工程师学会	SAE	由航空航天、汽车和商用车辆行业 128 000 多名工程师和相关技术专家组成的全球协会
第三代合作伙伴计划	3GPP	全球性通信技术组织，主要制定包括 GSM 核心网、通用移动通信系统、LTE、5G NR 以及后续演进的技术标准，落地 ITU 规划的技术需求和愿景

　　WP29 是汽车行业全球标准化组织，成立于 1952 年。为了方便欧洲各国之间的贸易与技术交流，检验汽车产品是否达到技术法规要求，在欧洲开展统一的型式认证，1958 年 3 月，联合国经济及社会理事会欧洲经济委员会在日内瓦制定了《关于采用统一条件批准机动车辆装备和部件并相互承认此标准的协定书》（简称《1958 年协定书》），这是一份具有法律效力的多边框架协定书。由此，汽车技术标准在欧洲范围内得到了统一，且技术标准上升为技术法规。WP29 就是《1958 年协定书》的执行机构，专门负责欧洲经济委员会技术法规的制修订和实施工作。

　　20 世纪 80 年代开始，全球经济一体化快速发展，各国家和地区技术标准不统一的问题凸显，于是 WP29 成为协调和统一技术标准的主要机构。经过近 20 年的努力，《全球性汽车技术法规协定书》（简称《1998 年协定书》）终于在 1998 年 6 月达成。我国于 2000 年正式完成了国内的批准手续，成为《1998 年协定书》的第 9 个缔约方。世界各国以此协定书为框架，共同制修订全球统一的技术法规，WP29 继续作为全球技术法规的执行机构。

早在 1996 年，我国机械工业部就派出代表团参加了 WP29 的相关工作。随着我国汽车工业的发展壮大，我们在 WP29 中的地位和作用都发生了很大变化，具体工作由全国汽车标准化技术委员会承担。

我见证了中国在 WP29 中发挥作用的全过程。WP29 根据汽车的功能下设 6 个工作组，每个工作组每年都要召开 3 ～ 4 次会议，每当有技术法规需要制修订时，还要召开由缔约方代表参加的大会，进行投票表决。早期，我们很难一年派出多个工作组和代表团参加 WP29 会议，只能有选择地参加，有时不得不授权委托我国驻联合国日内瓦使团代表参加相关会议。由于当时我国汽车工业整体上落后于国际先进水平，多数时候出国的团组也只是参与和学习，很少主导技术法规制修订工作。不过这样的状况在若干年后大为改观，在新能源汽车的技术法规制定过程中，中国就发挥了积极作用，在智能网联汽车的标准制订上，中国方面相关人员担任了工作组副主席，发挥了重要作用。

2019 年 6 月，WP29 第 178 次全体会议审议通过了中国、欧盟、日本和美国共同提出的《自动驾驶汽车框架文件》，该文件旨在确立 L3 及以上级别自动驾驶汽车的安全性和相关原则，并为 WP29 附属自动驾驶与网联车辆工作组（Group of Experts on Autonomous Vehicles，GRVA）提供工作指导。文件确立了 WP29 的工作重点，明确了相关成果（交付物）、时间表和工作安排，并对系统安全、失效保护响应、人机交互界面 / 操作者信息、事件数据记录和数据存储、消费者教育培训、碰撞后自动驾驶汽车行为等 13 项内容予以明确阐述。

根据框架文件要求，GRVA 第一阶段主要依托 5 个工作组开展工作，即模块化车辆组合非正式工作组、先进紧急制动非正式工作组、网络安全 / 软件升级非正式工作组、自动驾驶车辆功能需求非正式工作组、自动驾驶车辆验证方法非正式工作组。其中网络安全 / 软件升级非正式工作组开展网络安全、软件升级相关法规制定任务；自动驾驶车辆功能需求非正式工作组开展自动车道保持系统等相关法规制定任务。GRVA 第二阶段要在前一阶段工作的基础上，增加一个自动驾驶数据存储系统非正式工作组。

2020 年 6 月，WP29 第 181 次全体会议以网络视频会议的方式通过了 3 项法规，分别是有关车辆网络安全和与之相适应的网络安全管理体系法规（155 号）、有关软件更新和与之相适应的软件管理体系法规（156 号）、有关自动车道保持系统型式认证法规（157 号）。3 项法规于 2021 年 1 月 1 日起施行。这是自动驾驶领域首批国际统一、具有约束力的技术法规，对全球范围内自动驾驶汽车的技术发展和产业规范具有里程碑的意义。

除了 WP29，另外两个与智能网联汽车关系密切的标准化组织是 ISO 和 SAE。

ISO 是一个国际性非政府组织，成立于 1947 年，中国是其常任理事国，由国家标准化管理委员会代表中国加入。在自动驾驶汽车领域，最有名的标准就是由 ISO 发布的《道路车辆 功能安全》（ISO 26262），第五章已经做过介绍。

SAE 成立于 1905 年，我们在许多场合将其翻译成"美国汽车工程师学会"，其实准确的翻译是国际自动机工程师（包括航空航天、汽车、船舶和商用车辆等）学会，它是这些行业的学术组织，目前拥有 14.5 万名会员。SAE 在自动驾驶汽车发展方面最大的贡献在于制定了自动驾驶技术分类标准（SAE J3016），将自动驾驶系统分为 L0 ～ L5 共六类，并且对每一类等级都给予明确的定义，各国都参照这种分类标准制定了本国的标准。

其他国际标准化机构，如 ITU、3GPP、英国标准协会、德国自动化及测量系统协会等，也在自动驾驶汽车的标准化建设方面做出了各自的贡献。

我国对智能网联汽车的标准化工作高度重视。2016年，工业和信息化部联合国家质检总局、国家标准化管理委员会，在《装备制造业标准化和质量提升规划》中，首次明确提出了开展智能网联汽车标准化工作。2018年6月，工业和信息化部、国家标准化管理委员会联合发布了《国家车联网产业标准体系建设指南（智能网联汽车）》，该指南主要针对智能网联汽车通用规范、核心技术与关键产品应用，提出加快构建包括整车及关键系统部件功能安全和信息安全在内的智能网联汽车标准体系，充分发挥智能网联汽车标准在车联网产业关键技术、核心产品和功能应用方面的基础支撑和引领作用，并逐步形成统一、协调的国家车联网产业标准体系架构。2023年7月，工业和信息化部、国家标准化管理委员会联合修订发布《国家车联网产业标准体系建设指南（智能网联汽车）（2023版）》，提出到2030年，全面形成能够支撑实现单车智能和网联赋能协同发展的智能网联汽车标准体系。

2017年底，全国汽车标准化技术委员会下属的智能网联汽车分标委正式成立，负责归口管理我国智能网联汽车的国家标准和行业标准，并设立了先进驾驶辅助系统（ADAS）标准工作组、自动驾驶（AD）工作组、汽车网络安全标准工作组、汽车功能安全标准工作组和网联功能及应用工作组，开展了各领域标准的研究制定工作。智能网联汽车分标委发布了《汽车驾驶自动化分级》《智能网联汽车术语和定义》《智能网联汽车自动驾驶系统的设计运行条件》《智能网联汽车自动驾驶系统通用技术要求》《商用车辆自动紧急制动系统（AEBS）性能要求及试验方法》《道路车辆先进驾驶辅助系统（ADAS）术语及定义》等标准，涵盖了包括标准基础、通用规范和产品技术应用的智能网联汽车标准体系的各个方面。

总体来看，由于自动驾驶汽车的技术发展得很快，产品的形态和技术架构快速迭代升级，在自动驾驶汽车标准制定方面，我国相对落后，特别是在针对L3及以上级别自动驾驶技术的标准制定方面落后得更多。另外，在互联网车辆标准方面，需要互联网标准、电信标准和车辆标准之间的协调，避免各搞一套。在积极参与国际标准制定工作方面，前期已有很好的基础，目前要全力排除地缘政治的负面影响，继续发挥全国汽车标准化技术委员会的作用，做出中国贡献。

6.3 | 智能网联汽车推进机制

智能网联汽车的概念提出以后，因为涉及行业众多，涉及部门不少，无论是工业和信息化部内部还是外部，都需要进一步协同，形成合力。

以业务分工为例，在工业和信息化部内部，汽车、电子信息和通信行业分属不同司局管理，要推进智能网联汽车产业的发展，首先就必须做好内部的协调工作，使各司局按照统一的目标分工负责、协同联动。

2017 年，报经国务院批准，国家制造强国建设领导小组车联网产业发展专项委员会成立，由工业和信息化部、交通运输部、国家发展改革委、教育部、科技部、公安部、财政部、人力资源和社会保障部、环境保护部、商务部、国家质检总局、国家安全监管总局、国家知识产权局、中国科学院、中国工程院、中国保监会、国家自然科学基金委员会、国家能源局、国家测绘地信局、国家标准化管理委员会等 20 个部门相关负责同志组成，由工业和信息化部作为牵头部门。

这种部际协调机制是跨部门合作的一种很有效的工作机制。机制建立之初，需要制定一整套制度，首先要明确牵头部门和牵头人，牵头人一般由牵头部门的部长担任组长（召集人），若干主要部门分管相关工作的副部长担任副组长，其他部门的分管副部长担任专项委员会成员。协调机制办公室设在牵头部门（要明确一个内设司局），办公室主任一般由牵头部门的副部长兼任或者由这个司局的司（局）长担任。在协调机制第一次会议上讨论通过工作制度，之后就按照制度执行。协调机制一般会要求每个成员单位明确一个司局的领导同志作为联络员，平时的工作就在办公室与相关部门司局的联络员之间进行。为了及时通告工作进展情况，可以建立简报制度，以便各成员单位及时了解新动态。这种协调机制要报经国务院批准，定期向国务院报告工作的进展情况。

建立这种协调机制最大的好处就是能建立起经常性的联系，不需要每次都耗费时间从头说起，因为一些工作可能要持续多年，其间即使人员发生变化（要经过报批调整），也不影响工作连续性。实践证明，部际协调机制在智能网联汽车道路测试管理、标准体系建设等方面发挥了重要作用，相关部委联合发布文件，推进了智能网联汽车发展的相关工作。

2017年9月，专项委员会第一次会议在北京举行，会议决定要做好国家层面的顶层设计和统筹规划，积极开展部际协调和会商，务实推动产业发展。会议还要求发挥好专家组作用，充分听取产业意见，建立融合汽车、信息通信、道路设施等内容的综合标准体系，加快关键技术标准的研制，促进多领域协同创新。要加大关键产品研发攻关力度，完善测试验证、技术评价、质量认证等公共服务平台。要促进LTE-V2X车联网移动通信技术等新技术的部署和应用，推动5G与车联网融合发展。会议还强调要强化安全管理，健全安全机制，提升防护能力，保障关键环节的信息和网络安全。要积极开展国际交流，吸收先进技术与创新资源，促进国内外产业合作。

之后，形成了每年一次专项委员会会议的惯例，每次会议要总结上一年工作，研究车联网推进过程中遇到的问题，部署下一年的工作。在河北雄安召开的第二次会议上，工业和信息化部、公安部、交通运输部、雄安新区管委会共同签署了在雄安新区开展车联网及智能交通示范应用的协议。同时，全国汽车标准化技术委员会、全国智能运输系统标准化技术委员会、全国通信标准化技术委员会、全国道路交通管理标准化技术委员会共同签署了加强汽车、智能交通、通信和道路交通管理 C-V2X 标准合作的框架协议。

为了解决智能网联汽车的行业共性技术问题，我们设立了国家智能网联汽车创新中心，由中国汽车工程学会牵头筹建。2017 年 6 月，中国智能网联汽车产业创新联盟成立，发展的成员单位涵盖汽车、电子信息、通信、交通等行业，围绕智能网联汽车发展设立了 13 个工作组。2018 年 3 月，国汽（北京）智能网联汽车研究院有限公司正式成立，由国内外 12 家整车企业、9 家国内外汽车零部件企业和科技企业、2 家行业研究机构共同出资设立。该公司成立之后，先后孵化出国汽智控（北京）科技有限公司、国汽智图（北京）科技有限公司、国汽（北京）检测技术有限公司等 3 家企业，2019 年 5 月最终获批成为国家智能网联汽车创新中心。

我们这么大一个国家，各地情况千差万别，要推进智能网联汽车产业的发展，仅凭中央政府一方面发挥作用还远远不够，必须充分调动地方政府发展智能网联汽车的积极性，按照党中央、国务院的统一部署，按照各部门的职责分工，条块结合，从上到下抓好贯彻，落实到位。

以无锡市的探索为例。早在 2017 年，无锡市就率先尝试建设车联网城市，以单车智能和网联赋能相结合的技术路线，以交通信号灯信息化改造、道路摄像头监控信息利用等路侧信息化起步，为用户提供 V2I、V2V、V2P 等 12 大类共 30 多项服务。2019 年无锡市获得工业和信息化部批复，成为国家级车联网先导区，2021 年又获得住房城乡建设部与工业和信息化部共同批准，成为第一批智慧城市基础设施与智能网联汽车协同发展试点城市之一。无锡市计划在全市范围内实现 600 平方公里的车联网全覆盖，还借 5G 网络建设之机，首先在示范区内加快 5G 网络的室外和室内部署，这就在原来 C-V2X 的基础上增加了移动通信的通道，为建设大数据平台和云服务打下了坚实的基础。车联网优化无锡市城市交通的作用已经开始显现，城市交通智能化实践取得了阶段性成效。

无锡市建设车联网有一个得天独厚的优势，就是公安部交通管理科学研究所设立在此地。该研究所对国内外道路交通管理新技术发展情况有全面了解，对如何使用车联网来实现交通管理现代化认识深刻，对如何从现有交通管理设施入手解决道路拥堵问题最有经验。例如，该研究所借助 C-V2X 实现了绿灯转红灯的预警，防止发生误闯红灯现象，改造以后的红绿灯可主动向有自动驾驶功能的车辆发送无线信息，从而很好地排除了各地红绿灯设施规格不一致给自动驾驶汽车带来的障碍。除了红绿灯外，还有大量的道路标识、限行限速标志等交通设施，进行改造之前，就连驾驶人有时也会因疏忽而违规，更不要说这些道路交通设施有时还会有盲区、有遮挡。自从这些道路交通设施进行信息化改造以来，驾驶人违规受罚现象大减，这显然是用户十分欢迎的车联网应用场景。将来全市一旦实现了道路交通设施信息化改造全覆盖，疏导交通，就能实现"绿波车导流"，也就是按照红绿灯变换的时间和车速，引导汽车经过适当的速度调整，最大限度地实现"一路绿灯"通行，这对提高拥堵路口的通过能力助益良多。

无锡市为了推进城市道路智能化，专门成立了车联网运营平台公司，在全国第一个发行了车联网新基建专项债，正在着力打造由大数据中心和交通管理信息开放平台、V2X 数据应用服务平台、交通路况诊断与信息发布平台（"一中心三平台"）构成的车联网应用服务体系，支撑城市级应用示范项目建设，计划围绕车联网串起商业、停车、餐饮等交通目的地服务和保险、汽车修理等业务，实现车联网建设运营从政府支持向市场化运营的转化，实现可持续发展。

无锡的车联网实践说明了一个道理，就是选取从什么地方突破非常重要，一定要从最受用户欢迎的场景起步，这样才能进展到下一步，形成道路智能化和汽车智能化相互促进的良性循环。此外，道路交通设施智能化的标准统一工作十分重要，基于无锡市的实践经验制定的《道路交通信号控制机信息发布接口规范》已经由公安部批准作为行业标准，于 2020 年 10 月发布，这对在全国推广道路交通设施的标准化很有意义。

2019 年，我趁国家制造强国建设领导小组车联网产业发展专项委员会第三次会议在无锡召开之机，参观了在无锡举办的世界物联网博览会，现场观看了智能交通标识标线、智能锥桶等实物展示，还乘坐 L4 的公交车实际感受了运行情况，体验到超视距行人横穿马路提醒功能等。无锡市在推进智能网联汽车产业的基础设施建设方面的有益探索和实践令人印象深刻。

6.4 │ 锻补产业链供应链关键环节

智能网联汽车是智能汽车与车联网的有机联合，搭载了先进的车载传感器、控制器、执行器等装置，并融合现代通信与网络技术。智能网联汽车产业链大大超越了传统汽车产业链，也不同于一般的新能源汽车产业链，包括核心软硬件、系统集成、运营服务等多个环节，涉及数据及平台服务、出行服务等新型模式。而"车路云一体化"架构下的智能化基础设施，是融合雷达（毫米波、激光）、智能摄像头、边缘计算和路侧单元等智能化设备的道路设施。

产业链上各种软硬件产品的供应链建设，是我国增强智能网联汽车市场竞争力的重要抓手，从关系重大的若干产业链环节中，足以见证"锻长板""补短板"的功课不可或缺。

鉴于这方面内容繁多，本书仅以车用芯片为例，说明产业链供应链面临的挑战、锻补产业链供应链关键环节的重要性及突破方向。

6.4.1　传统车用芯片

根据市场研究机构 TechInsights 公布的数据，2023 年全球车用半导体市场规模达到 692 亿美元，比上一年增长了 16.5%，英飞凌以 14% 的份额位居第一，恩智浦排名第二（10%），意法半导体、德州仪器、瑞萨位居第三至第五位，前五家企业大约占有一半的市场份额。排在其后的是安森美、博世、亚德诺、美光和高通。全球前 20 家车用半导体企业中，只有安世半导体一家是由中国企业闻泰科技通过股权收购而来的，主要产品包括分立元件和功率半导体芯片。

比较消费级芯片，车规级芯片的使用环境更恶劣，使用寿命更长，有专门的技术标准，包括可靠性试验标准 AEC-Q 系列、质量管理标准 ISO/TS 16949（2016 年 IATF 16949 发布后被替代）、功能安全标准 ISO 26262 等，需要经过特殊的产品认证后才能用在整车上。表 6-2 列出了不同等级芯片的工作温度范围、电路设计、工艺处理和系统成本的要求。

表 6-2 不同等级芯片的要求

比较项	民用级芯片的要求	工业级芯片的要求	车规级芯片的要求	军工级芯片的要求
工作温度范围	0℃～70℃	−40℃～85℃	−40℃～125℃	−55℃～125℃
电路设计	防雷设计、短路保护、热保护等	多级防雷设计、双变压器设计、抗干扰设计、短路保护、热保护、超高压保护等	多级防雷设计、双变压器设计、抗干扰技术、多重短路保护、超高压保护等	辅助电路和备份电路设计、多级防雷设计、双变压器设计、抗干扰技术、多重短路保护、多重热保护、超高压保护
工艺处理	防水处理	防水、防潮、防腐、防霉变处理	增强封装设计和散热处理	耐冲击、耐高低温、耐霉菌
系统成本	线路板一体化设计，价格低廉但维护费用较高	积木式结构，每个电路均带有自检功能，造价稍高但维护费用低	积木式结构，每个电路均带有自检功能并增强了散热处理，造价较高，维护费用也较高	造价非常高，维护费用也很高

车用芯片的分类五花八门，以中国汽车芯片产业创新战略联盟的分类最为细致，将车用芯片细分成十类。

第一类，计算类芯片，包括 CPU 和人工智能芯片。

第二类，控制类芯片，包括 MCU 等。

第三类，存储类芯片，包括闪存类芯片（Flash）和 DRAM。

第四类，电源类芯片，包括智能电源开关芯片、稳压器芯片、电源管理芯片等。

第五类，通信类芯片，包括移动通信芯片、有线通信芯片、以太网芯片等。

第六类，功率类芯片，有时候也称功率半导体，包括直流／直流变换器、交流／直流充电器、直流／交流逆变器、电动辅助变换器等。具体形式有绝缘栅双极型晶体管（Insulated Gate Bipolar Transistor，IGBT）、金属－氧化物－半导体场效应晶体管（Metal-Oxide-Semiconductor Field Effect Transistor，MOSFET）。

第七类，传感器芯片，包括传统传感器芯片、互补金属氧化物半导体（Complementary Metal Oxide Semiconductor，CMOS）图像传感器芯片、毫米波雷达芯片、激光雷达芯片等。

第八类，模拟类芯片，包括运算放大器、比较器、音频功率放大器、模拟开关、模数／数模转换器、电压基准芯片、逻辑类芯片等。

第九类，信息安全类芯片。

第十类，各种驱动类芯片，包括灯光、照明、显示屏驱动等。

根据 ICV TAnK 的研究结果，汽车上使用数量最多的是控制类芯片（MCU），占比约为 30%，其次是模拟类芯片占 29%，传感器芯片占 17%，计算类芯片（CPU、GPU）占 10%，功率类芯片占 7%，存储芯片占 7%。

在这里，我重点介绍控制类芯片和功率类芯片，计算类芯片将在下一小节介绍。至于其他类车用芯片，在功能上与其他一般芯片的使用场景完全一样，只是由于车用的工况更加恶劣，需要按照车规级芯片要求进行认证而已。

我们首先来介绍汽车控制类芯片（又称微处理器芯片、单片机），汽车MCU 是以集成的方式将 CPU、GPU/FPGA（有些低端的平台没有这类芯片）、只读存储器、运行内存、定时器、交流 / 直流转换、输入 / 输出端口等芯片集中封装到一起，以实现终端控制的功能，高端车型中每一辆车会使用约 100 个 MCU。MCU 加上输入缓冲器、输出驱动器、电源、模数转换器、通信模块和嵌入式软件，就组成了 ECU。

汽车 MCU 的主要参数包括：工作电压、运行主频、Flash 和运行内存容量、定时器模块和通道数量、模数转换器模块和通道数量、串行通信接口种类和数量、输入输出接口数量、工作温度、封装形式及功能安全等级等。

如果按照应用领域划分，汽车 MCU 又可分为车身域、动力域、底盘域、座舱域和智驾域。不同的使用场合对汽车 MCU 有不同的要求，例如，在动力域和底盘域（合起来也称车控域），要求芯片有更高的工作温度和功能安全要求，基本上都要达到 ASIL-D 等级的安全标准，同时芯片满足高主频、高算力的要求，200 MHz 以上的 MCU 主频要求至少需要 55 纳米的工艺才能够满足。国外厂商基本上都采用了集设计、流片、封装测试于一体的垂直一体化模式——集成器件制造（Integrated Device Manufacture，IDM），而且形成了高度集中的垄断格局，国内大多数企业都是从设计端进入，这就需要与代工企业建立起长期的合作关系。而座舱域和智驾域（合起来也称车载域）则要求芯片有较强的运算能力和具有高速传输的外部通信接口。汽车也正从车载影音娱乐系统向智能座舱快速发展，座舱以人机交互界面呈现出来，除需要一颗运算速度快的 SoC，还需要一颗实时性高的 MCU 来处理与整车的数据交互。随着"软件定义汽车"、OTA、AUTOSAR 标准等在智能座舱上的逐渐普及，对座舱域 MCU 的要求越来越高。在新能源汽车发展方面，我国汽车企业走在世界前列，这为车用芯片企业创造了机遇。以比亚迪公司为例，在新能源汽车上，已经将车身域分成左、右、后三个域，重新布局和定义系统集成的产品，同时也大力支持了自己公司的 MCU 产品上车使用。在车身域方面，正在进行从灯光、门窗、后视镜、钥匙和门锁、座椅等分散控制向集中控制的转变，这为后进入者创造了很好的机会，当然这部分的技术往往要与高效电机、控制软件一体化考虑，不能仅仅就芯片谈芯片。高通公司凭借其手机芯片技术优势打入智能座舱 SoC 领域，占据了 2024 年前三季度中国座舱域控芯片 60% 以上的市场份额，远超第二名 AMD。在中国市场上，智能座舱渗透率在 2023 年就超过 60%，远高于全球渗透率。匹配高通骁龙 8155 成为产品宣传的一大亮点。

从 2020 年底开始，"车用芯片荒"横扫全球，车用芯片的供应问题让几乎所有汽车企业焦头烂额，尤以 MCU 和功率半导体这两类产品为甚。究其根源，既有全球新冠疫情和地缘政治的影响，也与芯片供应商遭受罢工、大雪、火灾等突发事件的影响有关，还与车用芯片的供求变化周期相关。总之，车用芯片专用生产线难以形成生产能力，这让芯片的选配和供应这类过去都是由汽车供应商关心的问题，变成了整车企业关注的头等大事。2021 年，芯片短缺影响了国内乘用车约 150 万辆的整车销售，全球汽车减产停产更高达 1027 万辆。这种芯片短缺局面整整延续了两年时间，经过各方努力，到 2023 年才有所好转。痛定思痛，一批中国芯片企业正加速进入车用芯片市场。

在 MCU 方面，国内的上海芯旺微电子、杰发科技、比亚迪半导体等公司推出了一批极具竞争力的产品。

功率半导体按照功能不同可以分为：直流 / 直流变换器，用于将一种电的直流电转换成另一种或几种电压的直流电；交流/直流充电器，通过车载充电器将充电桩的交流电转换为直流电来为电池组充电；直流/交流逆变器，将电池的直流电转换为交流电，用于驱动电机；电动辅助变换器，如转向盘助力、车窗升降、雨刷器、电动座椅等。以IGBT为例，多年来，我国车用IGBT产品主要依赖进口，2019年仅英飞凌一家公司就占据我国约60%的车用IGBT市场。我国株洲中车时代电气公司通过收购英国丹尼克斯半导体公司75%的股权，掌握了IGBT的工艺技术，建成了世界上最高电压等级、最高功率的IGBT，实现了为高铁配套的目标，近年来开始进军新能源汽车市场，也取得了一定成效。上海华虹半导体与斯达半导体合作打造的高功率车规级12英寸IGBT成功实现了规模量产。先人一步、进步最快的还是比亚迪公司，从2007年开始致力于IGBT的技术突破，经过4代开发、10年奋斗，终于生产出具有竞争力的IGBT，且一下子就冲到了国内市场占有率第二的位置。在几乎所有汽车企业都深陷全球"车用芯片荒"的供应链困境中时，比亚迪公司凭借自身强大的供应链自控能力，在IGBT供应方面掌握了绝对的主动权。

在以IGBT为代表的功率半导体方面，碳化硅基器件正在取代传统硅基器件。相比传统硅基器件，碳化硅基器件具有更好的导电性、更快的晶体管开关速度、更高的击穿电压、更耐高温等性能。高温、高效和高频特性是实现新能源汽车电机控制器功率密度和效率提升的关键所在。碳化硅基器件的体积只有传统硅基器件的20%，质量可以减轻35%，电力损耗从20%减少到5%，经济效益和社会效益都十分明显。但是碳化硅基器件存在几个突出问题：一是碳化硅衬底的生产效率极低，平均每小时只能生长0.2～0.3毫米，而硅衬底的生长速度是其100倍；二是良品率低，碳化硅晶棒的良品率只有50%左右，切片成型过程中又有25%左右的损耗。上述问题造成碳化硅基器件的价格比硅基器件高出20倍左右。虽然价格高，但是带来的好处明显，碳化硅基器件将成为未来车用芯片中重点发展的功率半导体产品之一。

IGBT 发展经历了从第一代到现在第七代的过程。按照结构特征，IGBT 从最初的平面型发展到沟槽型；关断时间从第一代的 0.5 毫秒减少到第七代的 0.12 毫秒；功率损耗（相对值）方面，假设第一代为 100%，那么第七代则降低到了 25%；耐高压强度从第一代的 600 伏提升到第七代的 7000 伏。

6.4.2　人工智能芯片

人工智能芯片是指针对人工智能算法做了特殊加速设计的芯片，现阶段一般以深度学习算法为主。人工智能芯片主要包括 GPU、FPGA、定制的专用芯片（ASIC）三类，是专门用于处理人工智能应用中的大量数据计算任务的模块，其他非数据计算任务仍由 CPU 负责。

GPU 一般用来处理图像信息，早期主要用于计算机的显示，人们习惯称之为显卡。显卡就是将文字、表格、图形等存储起来，在需要时将其传送到显示器上。后期 GPU 可以自主生成图形，也能够对感知到的图形甚至动态图像进行计算分析。GPU 设计的初衷是用于图像处理中的大规模并行计算，而在 CPU 上则是串行计算。串行计算指一个计算任务完成以后才能够进行下一个计算任务。串行计算的精度较高，但是计算效率较低，主要用在计算任务的处理上。而并行计算的精度较低，但是多个单元同时进行计算，效率较高，适合应用在图形识别训练上；但对于单一输入进行推断的场合，并行计算的优势并不明显，还是使用 CPU 更好一些。CPU 架构与 GPU 架构对比如图 6-1 所示。英伟达、AMD、英特尔是国际上生产 GPU 的三大公司，其中英伟达公司在全球数据中心用 GPU 领域一家独大，其车用人工智能专用芯片已经进入汽车市场。

图 6-1 CPU 与 GPU 架构对比示意
（资料来源：NVIDIA）

GPU 不能单独使用，必须与 CPU 结合才行——由 CPU 下达指令，GPU 按照指令要求快速并行运算大量数据。2016 年，谷歌公司开发的能下围棋的机器人 AlphaGo 就使用了 170 颗 GPU 和 1200 颗 CPU，这台设备要占据一个机房，耗用大量电源，还需要多名工程师进行维护。CPU 可以单独进行数据运算，只是运算速度相对较慢，相同时间内能够处理的数据量要远远低于 GPU，所以有人又称 GPU 为运算加速器。

FPGA 是一种半定制化的芯片，其内部集成了大量的基本门电路和存储器。FPGA 同时具有任务并行和数据计算并行的特点，用户可以根据算法调整更新配置文件来调整门电路与存储器之间的连线，这样就可以解决定制 ASIC 不可更改和 GPU 门电路数有限之间的矛盾。形象地说，这就好像初学者用一块插满电阻、电容器和晶体管的电路板，自己根据电路图焊接接线（半定制化），而不是用一块连接好引线的电路板，只将插好元器件的板子焊接好（定制化）。由于没有数据存储和读取时的输入/输出，FPGA 运算速度比 GPU 快、功耗比 GPU 低，但是 FPGA 价格是 CPU+GPU 的几十倍，而且存在编程复杂等问题。

国际上最大的 FPGA 设计企业有阿尔特拉、赛灵思（Xilinx），这两家占有 90% 的市场份额。阿尔特拉公司 2015 年底被英特尔公司以 167 亿美元收购。AMD 公司在 2022 年 2 月宣布以近 500 亿美元的价格收购赛灵思，创下了当时的集成电路行业收购规模新纪录。赛灵思将 FPGA、自适应系统级芯片、人工智能引擎和软件专业知识与 AMD 公司的 CPU、GPU 结合在一起，优势互补，志在于大数据、云计算的发展中大显身手。这也再一次说明，在芯片的发展中，在某个领域占据优势的企业仍然不能独善其身，还需要纵横捭阖、扩大优势领域，才能立于不败之地。

我国 FPGA 领域最大的几家企业是紫光同创、高云半导体、安路信息科技、邀格芯微、复旦微电子等。国内企业除了在技术上与国际先进水平存在一些差距外，还面临与国外 FPGA 头部企业直接竞争的压力，但是，如果能够利用好 FPGA 发展的最佳时间窗口，立足于细分市场精耕细作，还是有很大的发展机遇的。FPGA 企业除了做出芯片外，一定要为用户提供自主开发的软件工具，这是国外成功企业的经验，也是我国芯片发展中长期存在的短板。这方面做好了，既有利于自身的发展，也有利于形成产业生态。

在车上使用的人工智能芯片一般都是以 ASIC 为主。衡量芯片计算快慢的指标是运算能力，简称算力。按照浮点运算，人们将每秒执行 1 万亿次操作称为 1 TOPS，数值越大说明运算得越快。车用芯片既要大算力，又要低功耗；除了要满足智能网联汽车所需的大算力，还要为将来的发展预留"冗余"算力。在 2020 年全球人工智能和机器人峰会上，地平线提出了评估芯片的方式，包括：理论峰值计算效能，这是传统评估芯片的方法，将 TOPS/瓦、TOPS/美元作为衡量指标；有效利用率，就是根据架构特点，用编译器等系统地解决极其复杂的带约束的离散问题，得到一个算法在芯片上运行的实际利用率，这是软硬件计算架构的优化目标；AI 算法效率，即衡量每消耗1 TOPS 算力，能够带来多少实际 AI 算法的性能的指标，这是算法研发的优化目标。这是对我们现在普遍存在的只关心算力大小、不关心架构和运算效率的评估观点的纠偏，实际上就是强调要对软硬件协同、算力和功耗平衡等要素进行综合评估。

车用人工智能芯片不仅要求算力大，而且功耗要求比其他领域都严苛。

要降低功耗，最有效的措施是使用先进制程芯片，这已经成为现阶段业界的共同选择，7 纳米、5 纳米先进制程经常出现在媒体报道中，更先进制程的芯片也在计划之中。问题是世界上先进制程代工企业只有少数几家，目前国内企业先进制程能力与国际先进水平还有较大差距，我们必须正视这个现实，通过集成而达到先进的效果。国内有多家企业，如寒武纪、地平线、华为海思等，都在投入研发车用 ASIC。

国外研发车用人工智能芯片的主要企业有英特尔公司旗下的 Mobileye 以及英伟达。

Mobileye 芯片是汽车行业自动驾驶技术平台使用的主流芯片之一。以色列希伯来大学教授阿姆农·沙舒亚于 1998 年创办了 Mobileye。他当时只使用了一个摄像头，就将一个平面图形变换成三维的立体图形。最早他还是依靠丰田公司的 10 万美元天使投资才成立了公司，公司名称也体现了其目标：Mobil+eye（移动 + 眼睛）。公司成立后不久，他听说通用汽车公司正在为车道偏离预警项目招标，便主动参与，表示其不但可以实现车道偏离预警，还能探测路上的车辆和行人。通用汽车公司听完介绍后当即取消了招标，拍板为这个项目提供 20 万美元的资金支持，这也是 Mobileye 公司承接的第一个项目订单，由此它成为通用汽车公司的供应商，也开启了其汽车辅助驾驶之路。

Mobileye 公司早期主打软件加摄像头的解决方案，到 2004 年，第一代人工智能芯片 EyeQ1 开发成功，这是一款 ASIC。Mobileye 公司将积累的大量测试数据通过算法固化下来，与芯片结合使用，现在已经演进到第六代技术 EyeQ6，包括 EyeQ6H 和 EyeQ6L。在 L1 和 L2 辅助驾驶阶段，Mobileye 公司的市场份额居首，但近年来英伟达公司凭借人工智能技术的发展，车端高算力芯片的市场份额已经超过了 Mobileye 公司。特斯拉公司早期的自动驾驶平台就采用了 Mobileye 的技术。Mobileye 公司的产品一度占据自动驾驶技术平台市场 70% 以上的份额，不过由于后加入的企业大多没有沿袭只采用摄像头感知的技术路线，转而采用摄像头和各种雷达融合的感知方案，Mobileye 公司的技术优势大为削弱，原有市场份额遭到蚕食。2017年，英特尔公司以 153 亿美元的价格收购了 Mobileye 公司。2021 年 12 月，Mobileye 公司宣布其新开发的辅助驾驶芯片 EyeQ 系列出货量超过 1 亿片。2022 年，Mobileye 公司首次推出 EyeQ Ultra，算力达到了 176 TOPS，具有 12 核、24 线程 CPU，配备 2 个通用计算加速器和 2 个 CNN 加速器。这是一款面向 L4 自动驾驶的芯片，能够处理摄像头、毫米波雷达、激光雷达的感知信号，形成系统解决方案。

英伟达公司成立于 1993 年，早期是经营计算机显卡的企业。公司敏锐觉察到未来人工智能发展的方向，2004 年从斯坦福大学引进了实习生伊恩·巴克负责人工智能项目。在之后很多年里，这个项目只是花钱，并没有给公司带来多少收入，但是公司在年销售收入只有 30 亿美元的时候，就果断投入 5 亿美元用于人工智能芯片 GPU 的开发，之后 10 年又投入了近 100 亿美元。2012 年，英伟达公司终于等来了人工智能爆发的时刻，世人蓦然发现全世界找不到比英伟达更好的人工智能芯片了。由于做显卡的需要，GPU一直是英伟达公司的强项，随着云计算的发展，英伟达公司的人工智能芯片和大数据计算平台呈现高速增长态势，一度在数据中心相关市场占据了 90% 的份额。紧跟英伟达公司的成功脚步，谷歌、苹果、AMD、ARM、高通等公司纷纷进入人工智能芯片领域。2015 年，英伟达公司开始进入汽车自动驾驶技术领域，还是在其擅长的车用娱乐信息系统和显示屏方面发力，毕竟这是其轻车熟路的领域。之后英伟达公司开发了 Drive PX 系列芯片，这是专为汽车自动驾驶设计的芯片。奥迪公司最先采用了英伟达公司的芯片，特斯拉公司在放弃 Mobileye 的技术后的一段时间里也采用了英伟达公司的芯片。再后来，英伟达公司又发布了 Drive Xavier 平台，其算力达到 30 TOPS，支持 L4 自动驾驶。2019 年，英伟达公司发布 Drive AGX，首次采用了 Orin 芯片，这是一款集软硬件于一体的系统级芯片（SoC），算力达到 200 TOPS，而且是高开放度的平台，正好抓住了汽车从分散的 ECU 控制向集中的域控制器演进的机遇，获得很大成功。

这两家之外，特斯拉公司先走合作开发的路子，后走独立研发的路子。特斯拉公司在与 Mobileye 公司合作推出第一代 ADAS 产品后，又与英伟达公司合作推出了第二代 ADAS 产品，之后决定自己研发芯片，并且抛弃了 ADAS 的称谓，直接将其命名为 FSD（完全自动驾驶），2019 年 4 月正式发布自研的 14 纳米自动驾驶芯片，并且用于其后所有车型。马斯克自称要开发的是一款专门为自动驾驶设计的芯片，其算力足够强大，在用户使用汽车的过程中，通过更新软件就可以实现全自动驾驶。这款芯片除了配备 CPU 和 GPU，还内置两颗神经网络处理器（Neural Processing Unit，NPU），算力达 144 TOPS，功耗 72 瓦，能效比达到 2 TOPS/ 瓦，能效水平是当时全球最高的。为了安全，特斯拉公司还为 FSD 芯片封装了安全芯片，确保该系统只认特斯拉公司的密码，只运行特斯拉公司的视频编码器。

国内自动驾驶芯片设计企业有很多，这里简要介绍几家主要的企业。第一家是地平线公司，其开发的第一款旭日处理器芯片和征程系列芯片于 2017 年底推出，前者用于边缘计算，后者则瞄准车用。2019 年，自动驾驶芯片征程 2 实现量产，并于次年在长安汽车上装车。2020 年推出的征程 3，在理想 One 上量产装车。两代征程系列芯片获得不少汽车企业和汽车零部件企业的青睐，出货量超过了 100 万颗。地平线公司设计的第三代自动驾驶芯片征程 5 在 2021 年 7 月宣布流片成功，算力达到 128 TOPS 并于 2022 年成功上车理想 L8。基于征程 5 打造的 Matrix 5 自动驾驶平台和全场景下的系统解决方案也同步推出。地平线公司表示自己不做量产硬件，不做软件捆绑，不做封闭方案，可以根据客户的需要提供开放平台选择。2022 年 10 月，大众汽车集团宣布投资 24 亿欧元与地平线公司建立合资公司，为中国市场开发自动驾驶解决方案。

第二家是黑芝麻公司。2019 年 8 月，该公司第一款车规级自动驾驶芯片华山 1 号 A500 首发，算力达到 5 ～ 10 TOPS；2020 年 6 月，第二款芯片华山 2 号 A1000 发布，算力达到 40 TOPS，功耗 8 ～ 10 瓦，采用 16 纳米工艺，由台积电代工生产。2021 年 4 月，黑芝麻公司在原有芯片的基础上升级推出了华山 2 号 A1000 Pro，算力进一步提高到 106 ～ 196 TOPS。黑芝麻公司从一开始就采用定制化芯片，功耗低、能效高，比亚迪和红旗车型都采用了黑芝麻公司的芯片。

根据高工智能汽车研究院发布的 2022 年的榜单，以新车上险量统计，中国乘用车市场标配的导航辅助驾驶芯片使用量排前几位的依次是地平线、英伟达、德州仪器、Mobileye 和华为海思的产品。

特别值得一提的还有华为 MDC 智能驾驶计算平台，这是在华为海思推出的芯片基础上开发的平台。这一平台包括可以用于 L3 自动驾驶的 MDC300 和可以用于 L4 自动驾驶的 MDC400。MDC300 平台由昇腾 310、鲲鹏系列芯片组成，具有 64 TOPS 的算力，可以接入 11 个摄像头、6 个毫米波雷达、12 个超声波雷达、6 个激光雷达。MDC400 由 8 颗昇腾 710、鲲鹏系列芯片、英飞凌 IGBT 组成，可以接入 16 个摄像头、16 个超声波雷达、8 个激光雷达、6 个毫米波雷达。MDC 智能驾驶计算平台在 CPU 方面使用了华为公司自研的鲲鹏系列芯片，这是用在服务器上的多核 CPU，采用 ARM 架构，在自动驾驶平台上应用绰绰有余；而在人工智能芯片方面使用的是华为公司自研的昇腾系列芯片，昇腾系列芯片放弃了传统架构，转而采用华为公司自己开发的复杂指令集计算机（Complex Instruction Set Computer，CISC），支持训练和推理两种场景下的精度计算。昇腾系列芯片是 MDC 智能驾驶计算平台中硬件的核心，有面向云端的昇腾 910，也有面向终端的昇腾 310。昇腾系列芯片集成了 FPGA 和 ASIC 两种架构的优点，既能实现定制化，又有可编程功能，可以适应不同用户的需求。

2021 年 4 月，在上海国际汽车展前夕，华为公司发布了 MDC810 自动驾驶计算平台，其算力提高到 400 TOPS 以上，是当时量产产品中算力突出的平台，采用统一的硬件架构、一套软件平台、系列化的产品模式，实现了操作系统平台与异构芯片相结合，操作系统平台适应 AUTOSAR 软件体系，通过超前预埋硬件和未来软件更新，方便用户在使用期间及时升级，加载安全模块，确保功能安全和性能安全。整个平台达到了汽车安全完整性等级最高级别的要求，采用集合式设计，可以根据用户需求提供不同的配置。我希望华为公司将来能够逐步打通车控—车载—座舱—动力控制系统—娱乐信息系统—云端等，从域控制器向整车控制前进，争取在国内率先实现整车的计算平台控制。

从车用自动驾驶芯片的国内外对比来看，国内企业起步晚、规模小，虽然个别单项指标领先，但是技术和产品总体上与国外领先企业还存在不小差距，而且国内企业遭遇了对方不会有的一些特殊困难，例如国际并购重组越来越难，因而更需要长期坚守，从而在国内合纵连横。既然进入了这个发展潜力巨大的领域，就应该持之以恒地投入，更多着眼于未来，适当兼顾眼前，事实上，每一家成功的企业无不是经过艰苦卓绝的努力、依靠坚韧不拔的意志力才最终登顶的。

自动驾驶芯片很重要，但是自动驾驶系统更重要，换句话说，软硬件的协同更重要。长期以来，只重硬件而忽略软件这一点应该得到纠正，芯片企业也应该重视包括工具在内的软件匹配，重视操作系统和所使用的架构，应该在这方面投入更多力量。

这么多年来，经过市场经济的洗礼，国内企业竞争的意识很强，但是合作意识却大大削弱了，其实二者是对立统一的关系，只有处理得好才能促进企业更好地发展。美国硅谷的发展经验就是术业有专攻，有些企业专门搞研发，当研发成果具备产业化潜力时，它们就转让成果，兑现资金，继续去研发新的产品。国内企业大多缺乏这样的分工协作，不管懂不懂企业管理和经营，往往一条路走到底，很多手握研发成果的企业因此功亏一篑，没能走出

"死亡谷"。因为从事技术研发和从事企业经营管理对人员素质的要求是完全不同的，只有极少部分人能够在这两方面都表现出色。

建立产业发展的生态比卖出产品更重要，自电子通信行业在发展过程中出现这一特征后，这在其他很多行业被反复证明是一条规律。我国是移动互联网的大市场，也是汽车的大市场，互联网发展的结果是赢者通吃，为了实现在自动驾驶汽车发展上的全球引领，利用既有优势，乘势而上，加快建立自主产业生态，刻不容缓。

车用人工智能芯片总体分为两大类。一类是用在车端的 ASIC，上文已经介绍过。另一类是用来训练车用人工智能系统的芯片。这种训练系统与近期非常火爆的通用大模型系统一样，是用上万颗 GPU 组合而成的一个大模型，通过大数据来训练车用人工智能系统学会处理各种各样的路面情况。英伟达公司的 A100 和 H100 是这类芯片中最知名的。2022 年美国政府下令限制对中国出口 A100 和 H100，英伟达公司随即推出一个"阉割版"的 A800 以应对美国政府的限制要求。2023 年 10 月，美国商务部进一步加严了出口管制，连 A800 这样的芯片也不被允许向中国出售。日益苛刻的禁令促使我国业界彻底丢掉幻想，激发了国内 GPU 的开发和使用，例如华为公司开发的昇腾910B 就堪当大任。再说国内云计算和大数据中心的总算力在全世界名列第二，仅在美国之下，应用好现有的云计算能力，有助于做好自动驾驶汽车的智算中心规划和建设，关键是由每一家汽车企业各自独立都去做还是组织起来分工合作，这是需要认真研究的问题。

这里我想再次强调，随着操作系统的上车，一种操作系统可以适配不同的芯片，大家没有必要把所有的"鸡蛋"放到一个"篮子"里，完全可以多一种选择。此外，现在大家都将目光集中到算力上，其实算法也很重要，好的算法可以在算力有限的情况下，耗费更少的电能，且更快地得到结果。算力和算法如果能够形成合力，就会形成自动驾驶汽车的产业发展生态。

通过算法进入人工智能领域的集成电路设计企业有很多。互联网企业凭借其掌握的海量数据，通过算法了解掌握用户的需求，可以更有针对性地进行营销，由此获取了很好的收益。当汽车发展到智能时代，人工智能三要素——算力、算法、数据进入汽车领域，谁能够借鉴互联网发展的内在规律，把握好人工智能的发展方向，谁就能在激烈的竞争中占据主动。不管传统汽车企业还是各种新势力，大家都有机会，后来者由于没有以往的拖累，可能更容易轻装上阵，取得领先优势。

就像传统芯片设计需要 EDA 工具一样，为了大幅度简化人工智能算法开发和模型构建的流程，开源的开发框架应运而生。开发框架集成了很多基础算法，开发人员可以使用这种工具提高开发效率，降低开发成本。现在国际上使用较多的是谷歌公司的 TensorFlow 和 Meta 公司的 PyTorch 开发框架，它们远超其他开发框架，国内百度公司的飞桨和旷视的 MegEngine 等也具有一定实力。

我国车用芯片迎来了高速增长阶段，在制造工艺、封装技术、关键设备、材料等方面的能力都有大幅提升，企业实力不断增长，芯片设计、制造、封测等产业链上涌现了一批新的龙头企业。由于我国拥有全球最大、迭代速度最快、创新最活跃的智能汽车市场，国内汽车企业（尤其是造车新势力自身）的智能汽车产品升级速度快，对芯片迭代速度要求也高，这促使中国成为全球顶级车规级计算芯片的"竞技场"，进一步提升了国产芯片量产上车的速度和规模。

经过多年努力，我国智能网联汽车产业链各环节共同发力，在整车集成与部分关键技术（如激光雷达、车载芯片）研发上与国际先进水平处于并跑阶段，具备网联通信芯片—模组—终端全产业链供应能力，迎来了 C-V2X 市场化应用的突破，已经初步形成较为完备的智能网联汽车产业链。回到传统的产业链视角来看，在上游，关键传感器、定位和地图、车规级计算芯片、线控执行器等产业关键环节基本齐备；在中游，各类智能驾驶解决方案、智能座舱集成方案及共性基础技术服务解决方案均较为成熟；在下游，整车企业推出各种智能网联车型，多场景下的智能网联汽车（如 Robotaxi、无人配送车、无人港口 / 矿山运输自动导引车）应用层出不穷。

6.5 ｜自动驾驶全场景应用

为了培育我国的汽车智能化零部件产业链，先行发展自动驾驶及其应用是最有效的途径，因为自动驾驶的规模化落地应用可以大力带动企业自主技术研发，重塑汽车产业链布局，加速产业转型升级。

6.5.1 推动封闭低速场景率先落地

2020 年 2 月，国家发展改革委、中央网信办、科技部、工业和信息化部等 11 个部门联合印发《智能汽车创新发展战略》，提出开展特定区域智能汽车测试运行及示范应用，到 2025 年实现高度自动驾驶智能汽车在特定环境下的市场化应用。同年 7 月，国务院办公厅发布《关于进一步优化营商环境更好服务市场主体的实施意见》，强调在条件成熟的特定路段及有需求的机场、港口、园区等区域探索开展智能网联汽车示范应用。这标志着自动驾驶汽车从测试走向实际应用。

以港口、矿区为代表的自动驾驶封闭场景在政策引导下率先开展应用。由于这些场景具有封闭、低速、面向 B 端等特点，自动驾驶汽车落地难度低、标准化程度高、实现商业闭环相对容易、法规限制相对较少，而且其行驶范围和路线相对固定，应用起来复杂度低。国内企业希迪智驾主攻矿山用卡车和物流车，按 2024 年上半年的销售收入计，排在这一细分赛道的首位。与开放道路的自动驾驶相比，这些场景的自动驾驶速度低，舒适度要求也低，人机交互简单，因而企业投入的技术成本也就低得多。图 6-2 示出了自动驾驶应用在不同场景下商业化难度的差别。

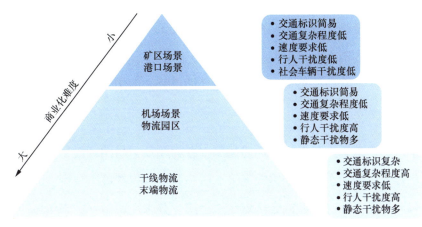

图 6-2　自动驾驶应用在不同场景下商用化难度的差别
（资料来源：亿欧）

目前，我国特定区域自动驾驶渗透率大大超过开放道路自动驾驶乘用车。其中，运营性最强的港口和矿区发展最快，而配送需求高速增长的社区、园区市场规模最大。

以港口水平运输为例，港口具备作业空间封闭、时间连续、流程可控、内部交通标识简易、受行人及社会车辆干扰度低等特点，是自动驾驶技术最先落地的最佳场景之一。有些港口的集装箱运输车辆跨过了 L3、L4 阶段，一步进入 L5 阶段，它们取消了驾驶室，只有一个平台，而且可以双向行驶。

三一海工、振华重工等传统工程机械公司，经纬恒润等传统汽车电子公司，斯年智驾、飞步科技等自动驾驶科技公司都为港口提供了自动驾驶解决方案，并在港口开展自动驾驶测试和代运营服务。

无人配送的应用场景则介于封闭社区场景与开放道路之间。例如，我国仅生鲜市场，规模就是几千亿元的数量级，而且还处在高速增长期，未来达到万亿元规模也是可能的，末端即时配送需求激增，通过一部分无人配送车来弥补配送骑手运力不足等问题是相对理想的解决方案。

目前，进入无人配送领域的企业主要是两类，一类是以京东、美团、阿里巴巴等为主的大型互联网企业，基于其在物流配送、餐饮外卖等业务场景建立的壁垒以及强大的资金和资源优势，可以迅速部署较大规模的无人配送车辆，为内部的电商业务提供相关服务；另一类是以白犀牛、毫末智行等为代表的初创企业，通过与有无人配送需求的场景方绑定，为其提供点到点的无人配送服务。

不过，目前无人配送车应用还是集中在封闭及半封闭场景，开放道路投放比例较低，因为全国范围内向无人配送车开放路权的城市较少，而且这些城市只允许无人配送车在指定区域合法上路，并未实现单一城市全域应用放开。另外，城市道路基础设施没有同步升级，与无人配送车运行需求难以匹配；信息基础设施缺乏网络通信或边缘计算的资源支持，难以保障无人配送车大规模部署；各地区基础设施建设没有统一规范，为企业跨区域部署带来挑战。

6.5.2　干线物流应用

干线物流市场容量相当大，应用环境又是以结构化的高速公路为主，交通参与者类型相对固定，因此被行业公认为率先实现高度自动驾驶商业化的关键赛道。通过无人驾驶物流重型卡车，可以实现货物的自动运送，大幅提升物流运输的自动化程度、安全性和效率。对我国来说，公路货运在社会物流中占据重要地位，干线物流是个超级市场，试点应用自动驾驶卡车并示范推广，是智能网联汽车产业拼图上不可或缺的板块。

国内自动驾驶卡车领域更多地聚焦具有高频需求的封闭或半封闭场景进行测试或示范性应用。以图森未来、赢彻科技等为代表的高度自动驾驶重型卡车头部研发企业侧重于整合商业化落地的要素，提前在场景构建或量产化方面寻求突破。这些企业有的持续在一线城市的自动驾驶开放道路进行道路测试或示范运营，有的集中投入可优先实现交付的后装卡车，有的降级为辅助驾驶功能后，通过后装的持牌车辆参与传统物流业务，总体都还处于预先布局、积极探索商业化路径的阶段。开放道路场景中，多个城市为自动驾驶卡车发放了测试示范牌照，如小马智行在北京、广州等地获得自动驾驶卡车测试牌照，并于 2023 年 11 月获得广州首个自动驾驶卡车编队行驶测试牌照。友道智途于 2022 年 7 月在上海洋山港实现商业化试运行，2023 年度累计测试里程超 400 万公里，实现 1 拖 4 编队行驶。

6.5.3 Robotaxi

前有谷歌、百度，后有特斯拉公司等，它们都看中 Robotaxi 市场，是因为运营 Robotaxi 的市场空间远远大于单纯造车，一辆出租车的价格不过十几万元，但是其在生命周期里通过运营可能创造的价值会远超车价。Robotaxi 作为自动驾驶技术最复杂、难度最大、应用规模最大的场景，是引领汽车产业变革的重要方向，理所当然地成为全球各大科技公司和汽车企业重点聚焦领域，其市场规模无疑比无人配送车、干线物流卡车、Robobus 等市场大得多，Robotaxi 未来有可能成为自动驾驶商业化最重要的载体。

一般认为，Robobus 会先于 Robotaxi 落地，因为其运营路线相对固定，对企业运营能力的要求相对更低。2023 年 10 月，北京公交公司与轻舟智航公司联合获得北京首张大型普通客车自动驾驶路测牌照，这也是全国范围内公交公司拿到的第一张大型普通客车自动驾驶路测牌照。

相比之下，Robotaxi 的应用场景更加复杂，出租车行业市场化程度较高，对企业运营能力的要求很高，如何在安全和成本这两个层面满足需求，是市场突破的关键。Robotaxi 的产业发展大体可以分为 6 个阶段：前期技术研发、道路测试、示范运营、小规模商业化运营、无人化运营试点和大规模推广应用。目前，行业已进入示范运营阶段，部分城市开始了小规模商业化运营及无人化运营试点，代表性企业包括萝卜快跑、元戎启行、小马智行、文远知行等。据媒体报道，萝卜快跑在武汉市投放了 400 辆无人驾驶出租车，覆盖了武汉 3000 多平方公里的面积和 770 万城区人口，日均订单量达 20 单 / 车，与普通出租车日均订单量相当。然而，目前 Robotaxi 的智能化水平相比出租车老司机依然存在差距，为了确保安全，需要牺牲一点效率，直观的表现就是车速受控，遇到突发事件可能造成拥堵现象，影响其大规模的商业化。一方面，企业需要通过研发创新寻找技术与成本的平衡点，降低成本，突破高级别自动驾驶系统量产瓶颈，推进自动驾驶汽车大规模进入市场；另一方面，需要建立城市运营服务支撑体系，解决城市交通管理部门和出租车用户的后顾之忧。

研究咨询机构 HIS Markit 发布的《中国自动驾驶和未来出行服务市场展望》预测，到 2030 年，随着技术发展逐渐深入，Robotaxi 整体市场规模将超过 1.3 万亿元，Robotaxi 将成为市场空间最大的自动驾驶场景之一，这是自动驾驶实现商业化的重要路径。但是，就现状而言，处于试运行的 Robotaxi 并非完全按成本定价，无人驾驶汽车如果算上后台安全员等，成本要远高于网约车，更不要说很多大城市的出租车有上万辆，一次投放一万辆 Robotaxi 的资金就高达数十亿元，按五年折旧，每年的折旧费用就是十亿元左右，其商业模式还没有实现闭环，有待研发突破真正跑通。

以 Robotaxi 为代表的自动驾驶汽车一旦实现大规模量产并进入市场，将与智慧城市的基础设施协同发展，对智能道路、智能交通发展的期待更高，这是第七章要讨论的话题。

专题访谈

紧盯产业生态建设关键环节

在全球汽车产业大变局的"下半场"，智能网联汽车产业链大大超越了传统汽车产业链，也不同于"上半场"的新能源汽车产业链，供应链生态更加丰富，涉及核心软硬件、系统集成、运营服务、智能化基础设施等众多复杂环节。同时，我国发展智能网联汽车面临更加不确定的国际供应链环境，需要各行业跨界协作，尽快突破核心技术瓶颈、抓紧制定完善相关标准，智能基础设施建设和汽车企业盈利模式转换的需求也日益迫切。

曾纯（以下简称曾）：在以车用操作系统为主题的专访里，我们谈到了形成产业生态的重要性，感觉意犹未尽。智能网联汽车产业生态建设的外延当然不止于车用操作系统，可以包含产业链角色定位、政策法规与标准制定、测试与验证、零部件供应、整车制造、技术研发、基础设施建设等诸多方面，我们能否围绕产业生态建设，选取其中一些举足轻重的环节，做些更加生动直观的说明？

苗圩（以下简称苗）：我的这本《志在超车：智能网联汽车的中国方案》其实就是在描述我国建设智能网联汽车产业生态的必要性和可行途径。通过对话，我们可以把书中的一些理性思考要点抽出来，用更浅显的方式表达。

关于人工智能芯片及其生态

曾：那我们先从智能网联汽车的产业链供应链说起。它显然越来越依赖于芯片、软件、算法这样一些底层技术的进步，尤其是人工智能芯片，因为这是我国相对来说比较薄弱的一个技术环节。

苗：发展智能汽车，首先整车要智能化。所谓智能化，就是人工智能技术在车上的应用，这当然离不开芯片，也离不开算法和数据。人工智能发展三要素——算力、算法、数据，缺一不可。

目前，人工智能芯片领域的领头羊是英伟达公司。"一霸多强"，英伟达公司是"一霸"，一马当先，包括 AMD、英特尔等"多强"公司在人工智能芯片上都无法与其匹敌。不过我国的企业也正在追赶，比如华为公司有昇腾310、昇腾910B 和昇腾910C，昇腾910B 的性能跟英伟达 A100 不相上下，各有所长，据说昇腾910C 甚至直接对标英伟达 H200。这是在美国一再设限、肆意打压的恶劣环境下华为公司取得的了不起的重大成就。此外，国内还有寒武纪，也是研发人工智能芯片最早的企业之一。我们现在还有一些初创企业在人工智能芯片领域开展研发，它们可能不一定都能获得成功，但是我相信这里面会有一两家独角兽企业冒出来。

曾：有一种观点认为，假使中美科技有一天完全脱钩，很可能人工智能芯片就是两家公司独大——英伟达和华为。这种判断是不是偏乐观了？

苗：美国确实采取了一系列措施限制华为公司的发展，但经过四年多的时间，华为公司展现出了强大的韧性，依然保持了业务的连续性，并在高端手机市场取得了一定的成绩。除了手机，华为公司的人工智能芯片、软件、计算平台的发展都在往前推进。也许在一段时间里我们在先进制程芯片方面还会被卡住，但是现在向更先进制程芯片发展的速度有减缓趋势，投资却在不断加大，顶尖企业都在三维方面寻求突破，包括采用芯片上新一代晶体管结构、集成各种不同功能芯片的集成电路技术、三维封装技术等。就像新能源汽车发展那样，在已有路径受阻的情况下，我们要看一看有无换道的机会。

除了芯片，像算法，像软件，带来了解决"卡脖子"问题的机会和途径，只要我们大家齐心协力把它们扶植起来、培育出来，那是谁也卡不住的。

曾：在芯片设计方面我们并不落后。

苗：我们相对比较拖后腿的是芯片制造。我们也在追赶，需要的只是时间。借用比亚迪公司王传福说过的一句话，芯片也不是神造的，毕竟是人造的。我接着他这句话往下说，中国人又聪明，又勤奋，只要给时间，突破先进制程芯片制造的瓶颈就是早晚的问题。

当然，美国对我国人工智能芯片的限制是一件坏事，但是在一定条件下，它有好的一面，它使我们清醒地认识到，靠别人不如靠自己。另外，这给那些初创企业、苦于无法进入产业链供应链体系的科技企业带来了巨大的市场机会。没有谁一开始就会做人工智能芯片，没有谁刚做出的芯片就是品质最好的，但是只要产品有人用，就会有源源不断的收入，就有可能越做越好、越改越好。第一要做出来，第二要用起来，第三要保证能发展得更好。我们已经有一些企业拿出了车用人工智能芯片产品，性能并不比国外产品差，只是规模不大，因此研发投入有限，亟待汽车行业的带动。只要用，就有希望，就能发现问题并不断改进。既然自动驾驶操作系统可以使用异构的芯片，那么我们的汽车企业为什么不可以给国内企业"同构"的人工智能芯片多一些机会呢？事实上，一汽、长安汽车、小鹏汽车已经在这么做了。如果能够在软硬件协同上再进一步，我相信中国的企业、中国的产品会更快地发展起来。

曾：往大了说，这种供应链的储备可能还涉及国家科技安全。既然人工智能芯片是智能网联汽车产业链供应链的核心，为了促进我国人工智能芯片的快速发展，您认为需要关注的重点是什么？

苗：人工智能芯片有车端和云端之分。我们的车端人工智能芯片与世界先进水平差距不大，地平线、黑芝麻等公司正急起直追。当然，受先进制程能力的影响，追赶速度可能会被拖慢一点。我们的车端人工智能芯片的性能与英伟达 Orin 芯片不相上下。后来英伟达公司推出了 Thor 芯片，那是一款算力更大的车端人工智能芯片。值得重视的是，英伟达公司在推广 CUDA 编程模型，其中包含一系列开发工具。CUDA 的作用类似 AUTOSAR，可以将研发人员使用的高级计算机语言转换成 GPU 能够读懂的底层计算机语言，极大地降低了开发者使用的门槛。目前，全球绝大多数人工智能软件都是基于 CUDA 开发的。

关于通用的人工智能芯片，大家都看到英伟达硬件厉害，比如 A100、H100、H200，很容易忽略它在编程模型上的布局。美国在 2022 年底对向中国出口的芯片设限，我们往往忽视了比限制芯片出口更致命、比 A100 更厉害的其实还是像 CUDA 这样的软件，它相当于计算机时代的 Windows、手机时代的安卓操作系统。当年有 Wintel 联盟、ARM+ 安卓联盟，现在人工智能时代又出现了英伟达的 GPU+CUDA 组合。如果这一生态最终统治人工智能时代，形势会比先前更加严峻，因为只有一家公司独占人工智能生态。这样的生态甚至连联盟都不是了——一家公司既做硬件又做软件编程模型，会呈现垄断的趋势。

不过客观上说，不是我们不用英伟达公司的芯片和编程模型，而是美国不让英伟达公司供货给我们，那就给了我们一个另起炉灶的机会。现在华为公司 CANN、寒武纪 BANG 等自研的编程模型与它们的人工智能芯片一道推出，基本具备了自主演进的能力，迈出了可喜的一步。

我们的车端人工智能芯片设计公司必须高度警觉，补上这块短板。我们要利用好美国供应设限的机会，所有的汽车企业都至少得有一个"备胎"，以防某一时刻被突然"卡住脖子"。这自然给国内的一些创新企业带来了进入的机会，它们虽然不可能一下子做到世界领先的水平，但是汽车企业只要给自主芯片下订单，我相信我国的创新企业经过几次迭代，会很快进步的。中国制造的能力一定会让产品性价比大大改善，质量不断得到完善，最终具备与世界领先水平比拼的竞争实力。

曾：汽车行业需要通用的人工智能，更需要专用的人工智能。除了面向整个人工智能领域的芯片企业，我国面向汽车行业特别是智能网联汽车行业的芯片企业，有没有让您印象较为深刻的？

苗：我国也有一些新创立的企业，比如说地平线、黑芝麻。据我了解，地平线的征程系列人工智能芯片，装配到车上的已经超过了 400 万颗，就是说至少有 300 多万辆车选择了它。这两家企业就是专门做车端人工智能芯片的企业。

曾：这类企业是不是可以或者说应该建立一个联盟？

苗：互有所求，这是一个自然演进的结果，政府不能强求，更不能"拉郎配"，如果它们认为联合起来比单打独斗更好，那就自己联合起来，这是横向的。事实上，地平线与轻舟智航、鉴智科技等软件公司就建立了合作关系；而大疆卓驭、Momenta 则从软件起家，进入智能驾驶领域。还有纵向的联合，比如大众汽车集团参股地平线，并和地平线共建了一家合资公司。大众汽车集团为什么看上地平线？它是觉得将来的智能化产品肯定要用到车规级的人工智能系统，有可能也希望地平线能够做它的供应商。具有远见卓识的汽车企业，认识到芯片的重要性之后，并不一定都得自己去建芯片企业，就像发展新能源汽车并不意味着汽车企业都得自己去做电池一样。委托专业的人做专业的事，通过纵向联合合作就行。

曾：我们关心通用的人工智能芯片，具体到车端使用的芯片当然是车规级芯片，它的供应状况怎样？如何保证车规级芯片的供应链畅通无阻、产业链完整可控？

苗：前几年全球芯片短缺，其实短缺的主要是消费级芯片。由于美国对我们实施供给控制，相当一段时间里我国企业大幅增加库存，间接造成车规级芯片供应方面的问题。这个混乱时期过去后，从全球范围来说，车规级芯片供应并不紧张。

通过这几年的风风雨雨，我们的汽车行业和企业已经充分认识到芯片对未来发展的重要性。政府部门和行业协会也做了一些工作，组织汽车行业的企业、专家和芯片行业的相关企业、专家相互对接，了解我们国内有哪些企业能生产哪些芯片，可以让汽车企业去对接。

但是我认为，这不仅仅是不同行业的企业和企业之间对接的问题，因为车规级芯片要有专门的生产线，特别是在制造和封装环节，很多要求与消费级芯片是不一样的，制造必须单独拉线，封装更是如此。

对集成电路的国内生产企业而言，它们也有困惑，很难做好一点对多点的服务，希望有专门的机构汇总整个汽车行业未来几年对芯片的要求，包括需求量、品种、结构等，更希望有人能把芯片涉及的众多企业组织起来，实现多对多的长期战略合作。只有基于这样的合作，汽车企业才不用担心将来的供应链被"卡脖子"，反过来芯片行业也能充分了解未来的汽车市场需求究竟有多大。在这个过程当中，不要排斥外资芯片企业在中国境内投资设立工厂，也不要排斥台资芯片企业在中国大陆投资或合资设厂。因为不管怎么说，三星、LG和SK海力士在中国都有巨额投资，在某些具体芯片的产品上有巨大产能，美国对它们向中国企业的供应进行审查，时紧时松，原来是一年一审，后来放宽了限制。美国对台积电向中国大陆企业的供应审查也放宽了限制。对此我们还要善加利用。我再强调一下，解决"卡脖子"问题，绝不意味着关起门来，一切都是我们自己从头干起。一定要把各方面的资源和力量组织起来，实现战略性的、中长期的合作关系，这才是根本的解决办法。将来我们再看一看还有哪些空白、哪些漏项，一点一点把它补上。现在美国的打压主要集中在第一类芯片即计算类芯片上。

曾：在这个意义上是不是可以说，车规级芯片的断供风险并不像舆论渲染的那么厉害？

苗：受限的主要就是人工智能芯片，加上一部分 CPU。车规级芯片大多是成熟制程，之所以一有风吹草动就受制于人，跟供应链前后无法连通有很大关系。除了人工智能芯片，其他的车规级芯片都没有那么高的要求。车规级芯片更重要的不是先进制程，而是可靠性。

放眼产业生态全貌

曾：企业的纵向联合也是产业生态的一种表现。您在上一本书《换道赛车：新能源汽车的中国道路》里提到，新能源整车企业和原先那些龙头供应商的角色定位、发展模式都在发生重大变化。那在智能网联汽车产业生态里，整车企业和供应商的角色将会发生怎样的变化？整车企业如何在变化中确定自己的定位，扮演好自己在未来产业生态中的角色？

苗：在燃油汽车时代，整车企业不太关心自动化功能如何实现的问题，一般都将这些业务外包给一级供应商。到了新能源汽车发展的阶段，汽车企业不得不自己来关心如何实现差异化的功能，因为 ECU 从分布式走向了集中域控制器，最终要走向计算平台，而软件也从嵌入式软件逐渐向全栈式软件集中。

全栈式软件开始分层，正文里做过详细介绍，这里不重复了。着力发展智能汽车的汽车企业不得不亲自关心硬件选配、软件构建等工作。不过起初尽管汽车企业开始关心这些，还是会把大部分任务委托给第三方的系统供应商，特别是在 L2 及以下级别，往往采用外包、交钥匙工程的方式去实现，比如整车企业计划配一个 AEB 系统或者配一个自动跟车系统，完全可以根据自己整体设计的需要，跟第三方系统供应商谈好要求，谈好合同，让后者照章配套。

到了 L3，发生了一个明显的变化，就是一旦出了安全事故，如果事故责任被认定为车端方，汽车企业要承担相应的责任。大家都清楚，现在一直是驾驶人承担主要责任。到了 L3 这个节点，汽车企业将不得不主导软硬件的构建，这是从消极的方面来讲。从积极的方面来讲，过去体现整车功能的，可能是整车油耗、转弯半径、功率大小、制动距离等，在"软件定义汽车"之后，可能就是汽车能不能 360 度转弯、能不能自动泊车、我的自动泊车相比别家的自动泊车有什么独到之处。换句话说，在功能汽车向智能汽车转换的过程当中，整车功能的实现变换成由软件定义，于是汽车企业的定位和发展模式都会发生根本性的转变。这是这场汽车产业大变革所带来的巨变，不以我们的意志为转移。

曾：在智能网联汽车生态里，汽车本身会变成移动智能终端、算力中心和能源终端，而且最终它要实现真正意义上的出行自由。基于这样的变化和目标，它和智慧城市、智慧交通、城市治理自然有密切的关联性，所以政府的作用应该会进一步加强。您如何看待政府在智能网联汽车生态建设中的角色和作用？

苗：新一轮科技革命和产业变革，我认为最根本的就是互联网、大数据、云计算、人工智能这一系列新技术发展和应用给各行各业、给社会治理带来的巨大变革。具体到智能网联汽车上来说，一个是车，我们要从功能汽车向智能汽车转变；另一个是在城市治理、交通治理、交通发展方面，有关部门要建设智慧城市、智能交通，把各方面带来的变化最终在某一点上聚焦，使之相互协同，形成相互促进、共同发展的局面，创造出发展智能网联汽车的最佳环境。

曾：我们有时可能太过关注芯片这类技术环节了，很容易只见树木，不见森林。如果我们把整个智能网联汽车产业生态的全貌比作森林的话，您认为维持这片森林茂盛的基本机制是什么？

苗：我理解你问的还是未来智能网联汽车产业的盈利模式问题。可以肯定将来汽车的盈利模式会发生根本性的转变。马斯克说将来是靠软件来收费的。我归纳就是卖硬件不如卖软件，卖产品不如卖服务。软件跟硬件最大的不同在于，它的边际成本几乎为零，卖软件也可以通过不断升级去赚 n 次钱，同样，提供差异化的服务会成为企业的核心竞争力，这就是今后汽车产业发展的基本生态。谁能够想明白，谁能够先走一步，谁就能取得先发性的优势。而产业发展生态又是符合马太效应、遵循丛林法则的，赢者通吃，有第一，可能有第二，最多有第三，不会有第四、第五吧，汽车生态无非就是这样一个格局。

曾：从某种程度上说，过去是一个硬件的时代，慢慢地演变成硬件和软件结合的时代，再逐渐走到软件主导的时代。

苗：软件的作用越来越大。

曾：请您再介绍一下产业链的其他环节，像传感器、摄像头、激光雷达、高精度地图、算法等，您觉得哪些相对来说在我国发展智能网联汽车产业的过程中会是比较重要的环节？有什么值得关注的进展？

苗：我感觉，在发展智能网联汽车方面，我们前几年稍微走了一点弯路的，就是高精度地图。当时期待通过汽车企业采集或者用户采集，能够把全国道路情况细化到一条路有几个车道，我这辆车在第几车道上，一个路口有几个转弯道、有几个直行道等，全部进行高精度呈现。事实证明这条技术路线不可行。现在以华为公司、小鹏汽车为代表的企业已经甩开了高精度地图，因为它太费时费力，而且也做不到高精度，毕竟我们的道路每天都在变。现在有精准定位，配上普通地图，通过车上的感知系统，完全可以实现高精度地图的功能，不必再花那么多时间和那么大精力在全国范围内采集高精度地图。要知道，我们有五百多万公里的公路，包括十几万公里的高速公路，城市的道路更是复杂，天天都在变，基础设施建设日新月异，给我们原先的高精度地图数据采集带来了极大的难度。

特斯拉公司从一开始就不依靠高精度地图，而且也不依靠激光雷达，很早用过一段时间，后来果断甩掉。它认为既然人的两只眼睛就可以识别这些场景，那配置 2 个摄像头，甚至 4 个、8 个、10 个摄像头，怎么会识别不了呢？人的视距是不可变的，但摄像头可通过调整焦距扩大视野，还可以实现360 度全景识别。

不过我倒不认为激光雷达不好、毫米波雷达不好，关键还在性价比。如果我们能够真正实现华为公司几年前说的 96 线的激光雷达价格降低到 200 美元以下，那激光雷达还是值得用的。毕竟只靠摄像头，就算实现 360 度识别，在雨雪天气、在全黑的环境下，仍然会有看不清、看不到的时候。各种雷达，包括毫米波雷达、激光雷达，可以在这些环境中做准确的探测，最远可以看到几百米以外的实时路况。这使我们可以及早采取措施，减少频繁紧急制动带来的问题。但是一切的一切，取决于部件的成本。

曾： 我国汽车产业在新能源汽车"上半场"取得了傲人成绩，智能网联汽车"下半场"开局也不错，但是业内竞争日益激烈，"价格战"如火如荼，"水军"泛滥，这在一定程度上影响了产业的健康发展，对此您怎么看？

苗： 依托新能源汽车，我国汽车产业取得了长足的进步，但是我们也必须清醒地看到，我们距离建设汽车强国的目标还有差距。

在电动化、智能化、网联化发展的趋势下，汽车的产业链供应链在加速重构，市场竞争无疑会非常激烈。但是打"价格战"只是一种低级的竞争形式，它以牺牲长远的发展为代价，是一种短视行为，特别是以牺牲质量和服务为代价的"价格战"，更是一种自毁长城的做法。

从消费者的角度来看，往往是买涨不买跌，如果车价持续下降，消费者无疑会采取观望态度，因为最"受伤"的总是新车用户。汽车企业应该采取增加配置而保持价格稳定的方式促销，而不该采取简单粗暴直接降价的方式。直接打"价格战"往往导致没有任何赢家。

探究产生这么激烈竞争的市场根源，还在于国内的汽车市场在 2017 年达到峰值之后连续 5 年负增长，2022 年我国国内汽车的销量比 2017 年减少了 465 万辆。直到 2023 年下降势头才逆转，实现小幅度回升，不过仍然没有达到 2017 年的国内市场销量。也就是说，现在大家看到的"内卷"打"价格战"，其发生的根本原因，与其说是人云亦云的产能过剩，不如说是客观存在的有效需求不足。

中央政府已经充分意识到有效需求不足的问题，并采取了积极措施，加大了对老旧汽车报废更新的补贴力度，效果正在逐渐显现。我们呼吁将这个政策延续到 2025 年乃至其后几年。

对汽车企业来说，要想从"价格战"中走出来，靠建立价格同盟当然是违法的，靠业界签署宣言也不一定有效。我认为企业主要领导一定要看清楚，实现汽车高质量发展是我们建设汽车强国的首要任务，发展新能源汽车是我们建设汽车强国的必由之路，新能源汽车发展过程当中还有很多困难需要我们共同克服，自动驾驶汽车时代已经到来。各家汽车企业必须持续增加研发投入，持续提高产品质量和为用户服务的水平，为长远的高质量发展打下良好基础。

过去我在企业工作时，在跟国外公司的合作中有一个深刻体会，你手里头要有新车型、有新技术，你不一定在人家打"价格战"的第二天就被动上场，而是可以利用一段时间，通过推陈出新，通过提高产品性价比来做好应战准备，达到应战的水平。所以在这方面我们要看得长远一点，特别是企业家、汽车企业的主要领导站位有多高，格局有多大，决定了企业到底能够走多远。面向高质量发展，发展新质生产力，最核心的还是要增加研发投入，增加产品的科技含量，以增加产品的附加值，这是我们竞争的根本。

我认为行业内打"价格战"是一个短期现象，希望行业内能够充分地认清这一点，坚持走绿色低碳可持续发展的道路，推动技术的进步和产业生态的发展，继续为全球新能源汽车发展注入强劲的动力。

曾：现在社会上和行业内有一种说法，新能源汽车好是好，但是搞不起，汽车企业都不赚钱。也请您谈一下看法。

苗：所谓赚不赚钱，讲的是销售利润率。我一再强调，汽车是一个规模经济效益型的产业，没过盈亏保本点时，干一辆亏一辆，干得越多亏得越多；过了盈亏保本点，干一辆赚一辆，干得越多赚得越多。所以市场上新能源汽车也不是都不赚钱，特斯拉、比亚迪、理想都赚钱了，2024年赛力斯也赚钱了。它们都经历过盈亏保本前的亏损状态，但是随着产品力的提升和消费者的认可，逐步地爬坡过坎，走到了赢利的广阔天地中。

因此我建议不再用销售利润率来衡量新能源汽车，而改用毛利率来衡量。我个人认为，就汽车行业的一般规律来看，毛利率达不到20%，是很难有可持续发展能力的，更谈不上高质量发展；毛利率如果低于10%，企业只能是维持简单再生产，很难保证大投入；如果毛利率低于0，那就是不正当的竞争行为。用每个企业不同时期的毛利率来衡量它的可持续发展能力，比用销售利润率更符合汽车行业发展的实际。

曾：发展智能网联汽车的最终目标是大幅度提高道路通行效率，促进"出行即服务"的实现，彻底改变特大城市"车多用少"的现状。问题的另一面是，这是否意味着未来汽车销量将大幅减少？是否意味着税费流失？地方政府发展智能网联汽车的积极性从何而来呢？

苗：这是个好问题。政府要投资改造道路，建设智能道路，实现车路协同，还需要付出很多。

现在很多道路都被大量停在那里的汽车占住了。越是堵车，红绿灯越多，限制就越多，恶性循环。如果发展了自动驾驶，可以想见，现有的道路通行效率可以成倍地提高。更长远地看，如果将来人们在任何时间、任何地点都能轻松获得所需的服务，那还买车干什么？毕竟，花那么多钱买的车，一天至多只开一两个小时，其他20多个小时都停放在寸土寸金的停车场或者道路上，这样的投资很不经济。要是能使现有车辆高效运转起来，可能20%～30%的保有量就能承担现在整个的运输需求量。提高道路通行效率的同时，减少了空驶，也会减少尾气排放，减少油耗。

这本身就是一种基础设施。政府的责任之一就是要把基础设施建设好，促进产业的发展，促进人们生活水平的提高。就从现在基础设施的改造来说，主要还是要找到一种盈利模式，即商业可持续模式。互联网的发展给我们开拓了思路。不一定是投资收益，有可能羊毛长在猪身上，也不一定从 To C 去收费，有的时候 To B 也可以收费。更何况我们国家基础设施建设在某些方面比发达国家发达。比如说摄像头，我们路口所安装的摄像头可能是世界上最多的。现在多安装一个摄像头其实不需要增加多少投资，就可以增加一条线用于向过往车辆提供路况，这不就是举手之劳吗？然后还应该算一本账。如果每年因基础设施的改善能够减少数万起死亡事故，这是多大的收益呀。所以在基础设施端，我们不必过于担忧，一方面要充分考虑它带来的社会效益，另一方面，一旦建设完成，还可以充分地利用现有的资源实现共建共享。

企业端呢，问题复杂一些。如果道路通行效率提升了，是不是汽车销量会减少？需要专家做更加深入的分析。

我觉得汽车运转效率提高了，报废的周期自然也缩短了。比如私家车一般 10 年甚至 15 年才报废，出租车由于使用频繁，一般三四年差不多就报废了，要远远低于私家车的使用年限。这样算起总账来，汽车销量不会像直观的想象那样一下子减少一大截。

曾：不会是一个线性递减？

苗：可能会减少一些。我觉得通过增加后服务收入，完全可以弥补因基础设施改善而导致销量减少的损失。比如蔚来采取的换电模式，是一个不错的可持续商业模式，但是单独由一家企业承担，资产投入确实过于庞大。李斌曾说过，他将来要把这一服务做成电池银行。也就是说，你买车的时候不是省了 7 万元吗？把这 7 万元作为对电池银行的投资，当然前提是蔚来拿下相关的金融牌照。这确实可以采用众筹的模式。你即使没有买物理的电池，也可以花 7 万元钱投资，相当于买一块电池放在一个公司里去经营。你要用电池的时候就从公司租用，约定好折旧怎么算。总而言之，这里头是可以走出一条新路来的。

曾：企业和用户之间就不单纯是买卖关系了。

苗：用户三天两头与企业发生联系，企业通过自己的服务来增强用户的黏性，这样可以培养出一批忠实的用户，这对企业的长远发展十分重要。

曾：让我们回到更宏观的产业链供应链生态话题上来。一方面，智能网联汽车是我国汽车产业发展的必然选择；另一方面，我们又面临原有全球化分工体系塌方的风险。除了上面谈到的内容，您觉得还有哪个方面需要强调的？

苗：我认为，要实现自动驾驶功能，数据是不可或缺的要素。据中国电动汽车百人会的研究报告，截至 2024 年 4 月，特斯拉汽车全球保有量超过 600 万辆，FSD 累计行驶里程达 20 亿公里，而我国企业积累最多的测试里程仅有 4.6 亿公里。至于"端到端"的技术，神经网络至少要经过 100 万个视频片段的训练才能达到基本可用的工作状态，要达到好用的状态则需要经过 150 万个视频片段的训练。在这方面，如何把分布在各家企业的数据集中起来是一个关键问题。

此外，特别要关注数据要素的标准问题。党的十九届四中全会中提出将数据作为生产要素，十九届五中全会提出要完善要素市场化配置。既要保证数据安全，又要依靠数据发展新质生产力。如何处理好数据安全与发展的关系？需要掌握好度，虽然原则容易阐述，但真正利用好数据，推动数字产业化，创造出新的数据红利，替换现在的劳动力红利、土地红利，是一项挑战。像数据的跨境流动、公共数据的开放共享、个人数据保护、数据确权，都需要进行市场配置，需要建立相关标准。2022 年 12 月，中共中央、国务院发布了"数据二十条"（即《中共中央　国务院关于构建数据基础制度更好发挥数据要素作用的意见》），需要更多的配套标准保障其落实。一旦数据保护过度，就无法训练高级智能驾驶系统，就不会有自动驾驶，更不会有汽车产业"下半场"的超车。

第七章　车路协同和智能交通

着眼于长远，随着人工智能技术的广泛应用，应该实现的是智能的车、智慧的路、智能的交通信息系统之间的互动，让机器相互了解各自的目标和下一步的举动，实现相互之间的协同，促使交通体系"自动"运转起来。

汽车的行驶离不开道路，汽车行业的发展一直与道路的发展密不可分。从最早的马车道到城市道路，从标准公路到高速公路，道路缩短了人与人之间的距离，道路的发展也促进了汽车产品的进步。展望未来，自动驾驶汽车的发展还需要加快智能化道路基础设施建设步伐，需要得到智能交通体系的支撑。

7.1 | 建设智能道路

道路是伴随着人类的发展而出现的，特别是在牲畜被驯化为人类的生产工具后，供马车行走的道路被称作"马路"，尽管汽车早已取代了牲畜，但是这个称呼一直保留下来，延续到现在。一般我们只把城市内的道路叫"马路"，城市间的道路叫"公路"，仔细想想这种区分也没什么道理可讲，难道马车只在城市内跑？城市内的路就不是"公路"？称呼不过是约定俗成，并没有太大的障碍，重要的是我们的管理体制也是据此划分的——"马路"归城市住建部门管理，"公路"归交通运输部门管理。不管怎么说，"马路"一词反映的是历史的延续。

汽车的出现促进了公路，尤其是高速公路的发展，而我国早期的汽车都是"舶来品"。新中国成立以后，我们才开始建设现代汽车工业体系，轿车的大发展则是在改革开放以后，比西方国家晚了几十年。与汽车发展水平密切相关，我国的高速公路建设也是在改革开放以后才开始的。

我国规划的第一条高速公路是京津塘高速公路，1984年立项，因为之前我国没有建设高速公路的经验，加上等待世界银行的贷款发放，一直到1987年12月这条高速公路才真正开工建设，1993年才建成通车。这一耽搁使得沈阳到大连的高速公路（简称沈大高速公路）后来居上，成了我国最早通车的高速公路。为了防止攀比和争议，在相当长一段时间内，甚至连"高速公路"这个词都不用，起了"汽车专用公路"这样一个让外人不明就里的名称。同样为了回避"高速公路工程"的名号，当时都是以"一级公路"的名义立项。幸好这条高速公路全程处于辽宁省境内，地方政府对遇到的各种问题都进行协调，解决起来比较顺畅。尽管如此，还是几经周折才将"一级公路"改名为"高速公路"。经过不断努力，高速公路工程调整终于获得国家认可。沈大高速公路项目于 1984 年 6 月开工，于 1990 年 8 月全线建成通车。这是全国第一条双向 8 车道高速公路，全长 375 公里，其建成通车的意义超出了畅通交通本身，还为我国要不要建设高速公路的争论画上了句号。

我国高铁建设也有类似的例子。本来我国规划先建京沪高铁，后建京广高铁干线，但是当时京沪高铁为选用磁悬浮技术还是轮轨技术争论不休，在主张选用轮轨技术的专家当中，又有引进技术集成创新还是使用国内研发技术两种不同意见，双方各执一词，谁也说服不了谁。我当时在武汉市任职，听铁路主管部门的领导讲，在京沪高铁选用技术没有定论的情况下，京广高铁武汉到广州段"抢"了个先，不过起了个非常拗口的名称，叫武广"铁路高速客运专线"，避开"高铁"的名称，以免陷入争论难以自拔。

截至 2023 年底，我国已经建成公路通车总里程达到 544.1 万公里，其中高速公路通车里程达 18.4 万公里，这两项指标都稳居世界第一位。我国高速公路对 20 万以上人口城市的覆盖率已经超过 98%。对比一下，1984 年国家规划高速公路时，我国二级以上的公路通车里程只有 1.9 万公里。

公路建设特别是高速公路的建设投资巨大。过去公路建设资金只有国家投资这一个来源；改革开放后，首先从广东开始，利用社会投资和银行贷款建设公路、桥梁，然后实行收费还贷。这种做法极大改变了我国的公路状况。

1984 年底，国务院批准了"贷款修路、收费还贷"的公路建设新模式，1985 年，国务院决定推出在用户购买新车时收取 10% 的车辆购置附加费（后来改为车辆购置税）的政策，加上已有的养路费（后来为燃油税取代）和银行贷款，扩充了公路建设的资金来源，极大地激发了各地建设公路的积极性，使得我国公路建设驶上了"高速路"，取得了举世瞩目的成就。

党的十八大以来，习近平总书记高度重视我国交通事业的发展。2021 年 10 月，习近平总书记在第二届联合国全球可持续交通大会开幕式上发表主旨讲话，指出"交通是经济的脉络和文明的纽带"，"要大力发展智慧交通和智慧物流，推动大数据、互联网、人工智能、区块链等新技术与交通行业深度融合，使人享其行、物畅其流"。中共中央、国务院于 2019 年 9 月印发《交通强国建设纲要》，明确提出到 2035 年基本建成交通强国的目标。2020 年 8 月，交通运输部又牵头制定并出台了《关于推动交通运输领域新型基础设施建设的指导意见》，指出"结合 5G 商用部署，统筹利用物联网、车联网、光纤网等，推动交通基础设施与公共信息基础设施协调建设"，"协同建设车联网，推动重点地区、重点路段应用车用无线通信技术，支持车路协同、自动驾驶等"。同年 12 月，交通运输部还制定并出台了《关于促进道路交通自动驾驶技术发展和应用的指导意见》，部署有序推进基础设施智能化建设，鼓励结合载运工具应用水平和应用场景实际需求，按照技术可行、经济合理的原则，统筹数字化交通工程设施、路侧感知系统、车用无线通信网络、定位和导航设施、路侧计算设施、交通云控平台等部署建设，推动道路基础设施、载运工具、运输管理和服务、交通管控系统等互联互通。

从智能交通的角度来看，城市内的智能交通体系建设比城市间的公路智能化改造更为迫切，因为城市内部道路拥挤的情况远甚于高速公路，在汽车进入千百万家庭后，几乎所有的大中城市都遇到了程度不同的交通拥堵问题。

一些特大城市为了缓解拥堵而采取的"购车摇号"或牌照拍卖等政策效果有限，只能延缓进一步恶化的拥堵状况，限制消费的负面作用却很明显。当然，限购城市的政府也很无奈，因为城市道路的建设速度远远赶不上汽车潜在需求的增长，限购只能减慢汽车保有量增长的速度，形成长尾效应。

更多的城市采用了限行的方式控制汽车的使用。从长远来看，这些都只是缓解而不是根本解决问题的办法，治标不治本。限行方式还催生了部分人群购买第二辆车的需求。就算加上限购政策限制了这种需求，已有的车辆也必然占用城市道路停车，这一方面使道路通行进一步受限，另一方面也使有车一族增加了额外的负担。最糟糕的结局就是陷入越堵越限、越限越堵的恶性循环。

在国际金融危机发生之后，我们深刻认识到内需的重要性。党中央确定构建以国内大循环为主体、国内国际双循环相互促进的新发展格局。在内需当中，更应该重视最终消费对经济的拉动作用。衣食住行是人们日常消费的最基本需求，我们成功解决了 14 亿多人的温饱问题，就是解决了衣和食的问题，在此之后就是住和行的问题了。

住房问题不在本书讨论的范围内，我也完全没有深入研究过，只是直观感觉到还存在不少问题，各级政府都在想办法解决。行的问题就涉及汽车购买和使用。许多人都想要买车买房，这是巨大的消费需求。如果说买房还有大城市房价高企、个人支付能力不足的问题，买车却几乎不存在类似问题，反倒是在实行限购政策的大城市，有的年轻人有支付能力却受到摇号的限制，一些年轻人宁可多花几万元的牌照拍卖费也要买一辆自己心仪的汽车。看一看年轻人报考驾照的踊跃，看一看摇号排队名单的庞大，我们应当深思能否找到更加切实可行的办法来解决问题。

当然，我国人口众多，主张解决人们的出行问题应该主要靠公共交通，这是完全正确的。但是千万不要把发展公共交通与私人购买汽车二者截然对立起来，应该统筹兼顾，加强引导；简单采用限购措施，与我们鼓励消费的政策相悖。如何解决城市交通拥堵问题，可以采取更好的办法，有关这方面的内容，我在本书 9.2 节中再做详细论述。在这里先说一下基本的思路，就是应该在降低汽车停驶率、提高汽车使用率上想办法。

城市内的道路智能化改造比城市间的公路智能化改造更难。首先是钱从哪里来？仅靠现有的城市建设税，要保障上水下水、垃圾清扫、路灯照明、公共交通等，真正能够投入城市道路的建设资金非常有限，有限的资金还要优先保证现有道路的养护，能够用在道路智能化改造上的就少之又少了。如果不转变观念，投资全部由政府包下来，不仅不够用而且也不可取。事实上，用户在购买和使用汽车的过程中，在乘用车上还有车价的 10% 的车辆购置税、根据发动机气缸容量大小征收的车价的 1% ～ 40% 不等的消费税，使用过程中，每年要缴纳车船税、燃油税，行驶中还要缴纳过桥过路费，加油也要缴纳消费税、增值税，停车还要交停车费，等等。这些加到一起是一笔非常可观的收入，如何管好用好这些资金，还有进一步优化的空间。

就资源来说，城市内有许多资源还没有得到完全利用。比如各个城市都安装了大量摄像头，它们基本上是公安、交通管理、市政管理等部门分别设立的，我们经常看到在一个路灯杆上安装了多个摄像头的现象，其实完全可以做到整合成一个摄像头摄取图像，在后台分别供各部门使用，这样甚至都不需要增加投入就可以兼顾自动驾驶汽车路侧感知的需求，只是需要城市管理者下决心改革，特别是"一把手"要下定决心，打破部门自成体系的格局，实现数据信息的共享。又比如城市路灯杆、公交车站、电力塔等现有设施，在满足自身使用需求的同时也可以拿出来供其他单位使用，可以适当收取费用以调动共享的积极性。2023 年 11 月发布的《住房城乡建设部关于全面推进城市综合交通体系建设的指导意见》，提出要推动"多杆合一、多箱合一"，建设集成多种设备及功能的智慧杆柱。在工程建设层面，对城市道路空间内各类系统的场外设施进行系统整合，并与信息化功能有效集成，感知、收集城市综合服务管理数据，预留可扩展的挂载空间、结构荷载和管线接口。这为我们开辟了一种利用存量资源的新思路，体现了用发展而不是用限制来解决前进中问题的方法论。

有关收费问题，城市内道路不能也不应该再仿效公路的做法进行一对一的通行收费。互联网的普及为实现全新的收费模式提供了可能，不再一对一收费并不意味着不收费，只是没有从用户处直接收费。这就启发我们，完全可以拓宽思路，从手中掌握的一些资源入手，研究商业可持续的发展模式，可以广泛发动"群众"，充分调动企业家的想象力和创造力，一定会有解决办法。真正要做好的工作是顶层设计，让大家围绕同一目标，在统一规划下共同行动，特别要强调数据的开放和共享，防止形成信息孤岛和管理"烟囱"，这也是在推进电子政务建设中需要下大力气解决的难题。

至于智能道路建设到底应该采取什么样的模式，世界各国都在积极探索。我认为，智能道路建设与自动驾驶汽车直接相关，其内涵至少应该包括公路系统的智能化、路侧单元等基础设施建设、车路协同的发展模式等。

从未来发展来看，我们应该在各地智能网联汽车试点示范的基础上，抓紧研究路侧单元标准化，把路侧单元、交通信号灯、道路标识标线等设施联网作为下一步工作的重点，只有将这些设施连接起来，才能够使它们充分发挥应有的作用。只要连接，就会形成网络，边缘计算也势在必行。很多问题需要通过实践才能够解决，如果只是坐而论道，肯定一事无成。同时应该抓紧研究车、路、云之间通信使用的技术，提出架构方案，循序渐进地落地推进。在功能实现上，要按照急用先行的办法，先开通涉及交通安全和通行效率的功能，让公众感受到建设推广智能道路的好处，从而进一步促进智能道路的建设投资。至于在投资主体方面，建议更多引进社会资本投资智能道路建设，也可以采用政府和社会资本合作（Public-Private Partnership，PPP）的模式，将交通建设企业、通信企业和互联网企业发动起来，让它们分工合作，共同建设智能道路。在收费方面，既可以利用现有的公路收费体系继续收取过路过桥费，也可按照通信使用的流量收取费用，更进一步还可以考虑利用强制性保险等来促进车辆和道路的智能化改造。就拿保险费用优惠来说，如果自动驾驶技术可以减少交通事故发生，保险公司就会减少理赔的支出，这样可以进一步降低保险费用。如果能够精确识别每一种车型的安全水平，进而根据安全水平确定保险的费率，就有望进一步支持安全水平高的车型销售，实现相互促进、共同发展的良性循环。

现在地方建设的一些智能网联汽车测试示范区，大多还是划定一个或大或小的区域的方式来开展测试试验。尽管有些测试示范区包括一部分的高速公路路段，但这主要还是从"车"的角度检测在高速公路上的使用状况，缺少适应高速公路特点、为自动驾驶汽车服务的"试验路"。应该结合高速公路智能化改造，拿出更多的干线高速公路进行全线的智能化改造。在改造过程中，要考虑高速公路安全便捷、提高效率的智能化需求，更要考虑自动驾驶汽车对附近周边环境探测的需求，还要考虑跨省份"一条龙"的交通管理体系。这些是特定区域发展智能网联汽车没有办法解决的问题，应该由交通运输部牵头，采用先试点总结经验，随后形成标准陆续在全国推广的建设和改造方式推进。

在城市里开展自动驾驶的测试，是一件更加复杂的事情，但是又是势在必行的当务之急。2023年11月，工业和信息化部联合公安部、住房城乡建设部、交通运输部发布《关于开展智能网联汽车准入和上路通行试点工作的通知》，采用的还是由地方政府（主要是城市一级政府）提出申请，确定准许L3/L4自动驾驶汽车上路行驶的道路或区域，结果经审核之后，容许经过认证的车型在这些限定区域内行驶的方法。2024年1月工业和信息化部等五部委发布的《关于开展智能网联汽车"车路云一体化"应用试点工作的通知》，则主要支持20个试点城市建设路侧单元、云平台等网联基础设施，开展多场景示范项目。这些举措积极稳妥，是充分发挥地方政府积极性、加强对运行车辆监管的行之有效的做法。当年建设新能源汽车充电桩就是采用这类做法，解决了早期公共充电桩少、企业没有建桩积极性的问题。这是我们制度的优势，按照统一的部署，让一部分积极性高的地方政府先行一步，在实践过程中不断总结经验，走通之后，就会有更多的城市加入进来，最后形成全面进步的局面。

7.2 | 车路协同与路侧单元建设

通过自动驾驶汽车的发展实践，世界各国都认识到，仅靠汽车自身的智能化，要实现自动驾驶难度很大，如果加上道路智能化，特别是实现车路协同，就可以既促进自动驾驶汽车发展，又提高道路通行的效率和安全性，一举两得。国际上一些城市从十几年前就开始进行道路智能化和车路协同发展的研究、探索。

SAE 在 2020 年 5 月发布了《道路机动车辆协同自动驾驶相关术语的分类和定义》（SAE-J3216）标准，首次提出状态共享、意图共享、协同决策、协同调度的 4 种车路协同功能，并列举了协同目标跟踪、协同交通信号灯、协同并道、协同交通管理和协同编队 5 个案例。这对我们建设车路协同系统具有借鉴参考作用。

状态共享是由发送方提供交通环境感知信息和汽车自身信息，供接收方使用，通俗理解就是"我在这里，我看到这些"。这些信息可以帮助处理有时车辆自身由于盲区没有看到的情况。当然，交通参与者可以既是发送方又是接收方，可以将自身探测到的信息发送出去供其他汽车使用，也可以接收其他交通参与者的信息，形成信息交互；发出的信息可能会被接收方利用，也可能因无用而被弃用。

意图共享是发送方提供关于自身计划未来行动的信息，通俗理解就是告知接收方"我计划做什么"。接收方利用这些信息进行协同并就行动计划达成一致，例如在并入前方车道时，可以就双方保持的车速和距离进行信息交互。

协同决策就是将自身（通常是车）规划的路线和现在的行驶状况等信息告知附近的交通参与者（多数是车），通俗理解就是"让我们一起做这个"。它与意图共享的最大区别在于这些信息要供决策使用，而意图共享信息只是增强对未来的预测而不参与接收方决策。当然接收方还是应该进行独立且合理的决策和行动，接收到的信息只是用于帮助决策。

协同调度并不是让接收方被迫接受发送方的指令，而是按照事前约定的优先级分类来执行。协同调度可以利用状态共享、意图共享、协同决策等方式，重要的是让接收方理解调度的背景，主动放弃自身原有的规划，通俗理解就是"我会按照你的指令行事"，比如消防车、救护车就享有比一般汽车更高的优先权。

前两种功能属于增强功能，是在自动驾驶汽车自身功能基础上的支持信息。当然，上述 4 种功能都对自动驾驶汽车具有赋能作用。比如，利用状态共享功能可以预知车道变窄、发现被遮挡的物体等；利用意图共享功能可以及早知道到达和离开交叉路口的时间等；利用协同决策功能可以协同进出高速公路匝道的时序，决定加速通过还是减速避让；利用协同调度功能可以改善运营管理，提高安全水平。

我国车路协同研究与其他国家基本同步。早在 2011 年 11 月，清华大学牵头组织的研究团队就围绕车路协同关键技术开展了系统研究，取得了一系列研究成果。当时他们根据技术的成熟度设计了十几个应用场景，如交叉路口冲突避免、行人和非机动车避撞、紧急车辆优先让行、多车协同换道、盲区预警、车速引导等。2014 年 10 月，该研究团队在青岛智能交通系统国际会议上演示了其中 9 个场景，验证了人、车、路协同的可行性。之后清华大学与百度公司开展了全面合作，将车路协同的技术与百度 Apollo 融合，进一步将这些技术向产业化方向推进。

2021 年 6 月，清华大学智能产业研究院与百度 Apollo 在北京亦庄智能网联汽车示范区联合举办发布会，共同推出《面向自动驾驶的车路协同关键技术与展望》技术创新白皮书。这是当时全球范围内对车路协同技术研究最深入的报告，不仅为车路协同前沿技术创新提供了明确方向，也为自动驾驶技术应用提出了具体路径。白皮书明确提出，目前自动驾驶存在单车智能自动驾驶和车路协同自动驾驶两种技术路线，车路协同是单车智能的高级发展形式，能够让自动驾驶汽车更安全、更舒适、更节能、更环保。车路协同还是城市智能交通系统的重要环节，也是构建新型智慧城市的核心要素。车路协同发展由低到高可分成三个阶段：第一个阶段是实现车辆与道路的信息交互与共享；第二个阶段是在第一个阶段的基础上实现协同感知定位；第三个阶段则是在上述两个阶段的基础上实现协同决策与控制。现在国内大部分智能网联汽车示范区的车路协同发展基本处于第一个阶段，少数示范区的车路协同发展处于不完整的第二个阶段，迄今为止，国内还没有达到第三个阶段的示范区。图 7-1 示出了车路协同平台架构。

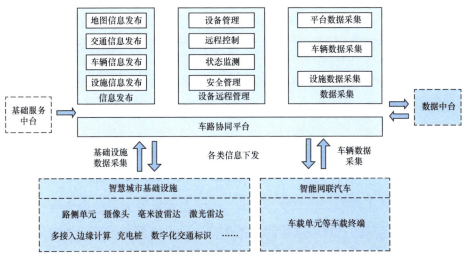

图 7-1　车路协同平台架构

要实现车路协同，就需要在道路上特别是路口安装路侧单元，通过路侧单元与车载单元进行数据信息的交互。路侧系统由感知设备、计算设备以及附属设备组成。路侧系统可以对道路交通参与者、交通事件和交通运行状况等进行实时检测识别及准确定位。

路侧单元是车路协同路侧端的重要设备，它不仅可以弥补车内传感器遇到遮挡、出现盲区时探测不到的缺陷，还可以实现"一对多"的服务，从整体上来看这样做更有效率。与车载传感器不同的是，路侧单元摄像头不是单一设备，在一条路上可以部署很多相同的设备，这就需要根据不同情况组网。设备与设备之间也能进行信息交互，这样可以将动态变化的交通参与者信息一站一站地传递下去，不需要每台设备都从头开始去探测。组网既可以采用有线方式，也可以采用无线方式，如果能够协调好，甚至可以将移动通信的基站与路侧单元统一起来，利用网络切片来兼容一般通信和面向自动驾驶汽车的专用通信，通过联网又可以形成城市道路交通管理的平台。路侧单元还可以与实现边缘计算的部署统筹兼顾，所以建设路侧单元的重要性怎么强调都不为过。

路侧感知设备使用最多的就是摄像头，现在高清摄像头的图像质量、智能化程度都有了很大的提高，价格也有大幅度降低。为了在夜间等光线不好的时段也能探测到周围物体，摄像头经常与远红外线传感器配合使用，这样一般来说可以满足使用要求；在一些光线不好的地方，还加入了灯光照明。

路侧单元的数据信息处理就是将获取的图像信息转变为数字信息的过程，路侧计算设备工作时会对接收到的各种数据进行特征提取、特征匹配、状态估计（有时还进行状态预测），加上定位等信息，得出最后的结果，以数字信息的方式发送给附近的车辆。一个路侧单元可以为附近多辆具有自动驾驶功能的汽车服务。联网的路侧单元还可以相互传递信息、共享计算能力，以避免各个路侧单元计算设备"各自为战"、忙闲不均的现象发生。

路侧计算设备既可以是与路侧单元一体化的计算模块，也可以是安装在机房里的一台服务器，这取决于路侧单元的整体布局。如果是后者，在通过路侧单元联网后，一台服务器可以同时处理若干路侧单元感知的数据信息。

其他辅助设备包括供电、联网、时间同步、信息安全等相关设备。

根据团体标准 T/CSAE 53、T/CSAE 157、T/CSAE 158 和 T/CSAE 156 的规定，通过路侧单元与自动驾驶汽车车载单元之间的信息交互，可以实现交叉路口碰撞、盲区、闯红灯、弱势交通参与者等情况的预警，可以实现左转、变道、"绿波"车速等辅助驾驶的引导，还可以实现异常车辆、道路危险状况、前方拥堵等情况的提醒；可以实现协作式变道、协作式车辆汇入、协作式交叉路口通行、协作式车辆优先通行、弱势交通参与者安全通行等车与车、车与人之间的协同功能；还可以实现动态车道的管理和停车场路径引导的服务。基于路侧单元，可以实现无信号灯交叉路口通行、自动驾驶汽车"脱困"和"僵尸车"识别、交通状况识别、异常驾驶行为识别等，同时对自动驾驶汽车的自动泊车也能提供辅助支持。

自动驾驶汽车在一些特殊道路环境行驶时，会遇到平常很少遇到的困难：在低温、高温、大风等恶劣天气下，有可能造成车载传感器损毁或失效；在雨雪雾天气下，有可能降低车载传感器的感知准确性和定位精度；在桥隧、山区、地下等环境条件下，卫星定位有可能失效；等等。这时候就更需要路侧单元发挥作用，帮助自动驾驶汽车实现高精度定位。路侧单元感知定位系统的多个感知设备可以同时对车辆进行多特征的检测识别，路侧计算设备对这些感知设备的数据进行融合处理，高精度检测出车辆特征信息和位置信息，通过近场通信将这些信息发送到自动驾驶汽车的车载单元，车载单元收到信息后进行解析处理，通过车辆特征信息匹配得到本车的精准位置信息，结合车辆感知的其他信息进行分析处理，进行规划和决策，引导车辆行驶。

路侧单元除了发送感知到的信息外，还需要将一些固化信息，包括道路的类型、路面宽度、车道宽度、车道线类型、道路限速限行等地理信息和路口信号灯信息等，发送到自动驾驶汽车的车载单元。当时的天气状况和天气预报、道路突发的交通事故等信息，当然也属于路侧单元发送的信息内容。图 7-2 示出了车路协同网络的基本架构。

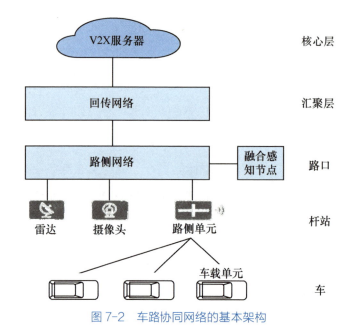

图 7-2　车路协同网络的基本架构

与第三章介绍的车载计算平台类似，路侧单元也需要确定哪些数据的处理应该放到"路边"，哪些数据的处理最好放到云端。与车载计算平台不同的是，对于放到"路边"分析处理的数据，还需要区分哪些是放在路侧单元，利用计算模块进行处理，哪些需要放到机房，利用服务器进行集中处理。这两类数据处理方式都属于边缘计算的应用，只有集中到云端统一处理的数据采用的才是大数据中心处理方式，不属于边缘计算的范畴。虽然有这样的分类，但是在实际应用中，它们不能截然分开，因此一定要打通云端与路侧单元之间的联系，在任务分配时也要灵活调度，这样才能更好地利用资源。从这一点来说，路侧单元也是智能化的设备。

路侧单元的边缘计算可以为车载计算平台腾出一部分算力，用于与安全密切相关的数据信息处理。在路侧部署计算模块也好，部署服务器也好，都比在自动驾驶汽车上部署计算平台要方便得多。特别是在高级别自动驾驶技术的应用环境下，数据会呈几何级数增长，必须将一部分原来在车上处理的数据分流到地面上来。从这一点来说，边缘计算对 L4 及以上级别的自动驾驶汽车是必不可少的。更何况有一些固化数据信息的来源已发生了改变，从车载传感器感知转向从路侧单元端获取，这一方面减少了车载异构传感器的数量和负荷，另一方面还解决了诸如遮挡、盲区等车载传感器经常遇到的棘手问题。当然在道路环境感知方面，不一定要非此即彼，可以同时利用车载传感器和路侧单元对路况进行协同感知，这样做虽然复杂，但是更加安全可靠。

建设路侧单元是发展智能交通的重要组成部分，也是促进智能网联汽车发展的重要举措，建设路侧单元需要的投资很大，运营和管理费用也很高，如何筹集资金，实现可持续发展，是需要各方认真研究解决的重要问题。

建设路侧单元是一项复杂的系统工程，除了要做好顶层设计和标准化工作，每个地区也应该有整体规划，分步实施。比这更重要也是更难的问题在于运行的费用如何保障。我认为需要打破现有的条块分割的管理格局，用开放的办法吸引外部投资，采用公司体制来运营，走出一条新发展道路。

政府部门手中掌握了很多资源，这些资源如果能够得到充分利用，则会取得以少量投入获得更大效益的效果，关键是打破部门所有制，让资源公共化，更好地为社会所用。十几年前，上海市为了支持 4G 网络的建设，主动提出开放政府部门的楼顶，为 4G 基站建设天线提供方便，就是成功案例之一。类似这样的资源还有许多，需要努力去挖掘，更重要的是需要政府主要领导下定决心，若缺乏主要领导的明确支持，下属部门很容易找出各种各样的理由作为借口，阻碍项目的推进。

对于数据这一新时代的新生产要素，还需要继续努力开发利用，特别是促进政府部门掌握的数据开放共享。如果我们将数据看作与土地、矿产、资本等同样的生产要素，则其蕴藏着无限广阔的利用前景，在做好匿名化和数据清洗后，大部分数据公开并不会导致失密泄密和泄露个人隐私的问题，那么充分利用好数据资源就大有可为。这同样需要政府主要领导下定决心，推进数据公开和共享的实现。

现在我国的 5G 网络建设走在了全球前列，随之而来的就是 5G 的应用问题，如果应用推进迟缓，时间过久，势必影响几家电信运营商的建设进度。设想一下，要是能够在路侧单元建设上引进电信运营商，将 5G 建设与道路智能化改造统筹起来，就可以取得一举两得的效果。关键还是解放思想，通过改革开放在发展中解决问题。

7.3 | 交通管理智能化

现在越来越多的城市设立了道路交通管理信息中心，道路路口大都安装了摄像头，只要坐在信息中心的大屏前，我们就可以观察到任意一个路口、路段的交通通行情况，称得上"秀才不出门，便知天下事"。但是，从总体上看，现在的道路管理系统只是向用户、向管理者单向提供实时信息，终极决策还是要靠人，换句话说，道路管理系统还不够"智能"，不会"思考"，更不能为机器决策提供更多信息。着眼于长远，随着人工智能技术的广泛应用，应该实现的是智能的车、智慧的路、智能的交通信息系统之间的互动，让机器相互了解各自的目标和下一步的举动，实现相互之间的协同，促使交通体系"自动"运转起来。

在整个智能交通体系中，智能汽车处于核心地位。根据工业和信息化部装备工业发展中心的统计，2023 年，具备组合辅助驾驶功能（L2）的智能网联乘用车上险量达到 309.9 万辆，市场渗透率为 47.3%。

现在越来越多的国家意识到自动驾驶汽车的重要性，纷纷研究道路基础设施的智能化改造问题，支持采用智能道路基础设施发展自动驾驶汽车的国家越来越多。从这一点来说，事实上汽车产业大国在这方面的暗中竞赛已经"开哨"。

达到 L3 的自动驾驶汽车可以完成许多 L2 的自动驾驶汽车无法承担的

任务，例如，实现高速公路的编队行驶，由一辆领头车辆和一辆或多辆尾随车辆组成编队，每一辆车都拥有自动转向功能，具有对前方车辆测距和控制间距的功能，车与车之间具备通信功能。这种场景在高速公路上长途行驶时非常受驾驶人欢迎，因为长时间集中精力驾驶汽车很容易使人疲劳"走神"，这对汽车的安全行驶来说是一个很大的隐患，高速公路上的交通事故很多都是由此产生的。如果进行编队行驶，尾随车辆的驾驶人可以最大限度地减轻驾驶疲劳，经常奔驰在高速公路上的重型商用运输车驾驶人由此受益良多。编队行驶的车队既可以是同一家公司的车辆，也可以是在高速公路上随机编队的车辆；既可以在出发前就编好队一路同行，也可以在高速公路上随时编队伴行一段路程。编队和解队都十分灵活，前提是车辆都装配有 L3 及以上级别的自动驾驶系统，具有自适应巡航功能。在这样的场景下，后车除了通过传感器探测出车辆行驶的速度以便留下足够的制动距离外，还可以通过车与车之间的通信提前了解前车的"动向"，以便调整本车的"决策"。L3 的自适应巡航功能与 L2 的自适应巡航（俗称"跟车"）功能相比，最大的不同在于"跟车"只能与前车保持一定的距离，前车快本车也快，前车慢本车也慢，但是由于没有自动转向和相互之间通信的功能，且只能是一辆车跟上一辆车，做不到多辆车编队行驶。"跟车"最怕"插队"，如果有车辆从侧后方斜插进来，这时本车只能采取紧急制动的办法应对。编队行驶时，所有参与编队的车辆都装配了 L3 自动驾驶系统，由于有状态共享、意图共享的功能，特别是有协同决策的功能，前述危险操作就根本不会发生，所有车辆只会严格按照既定的规则行动，因为机器是不会投机取巧的。

再比如，车辆在市区内行驶时，借助路侧单元可以让达到 L3 及以上级别的自动驾驶汽车之间建立起通信联系，路侧单元可以将附近所有交通参与者（不仅仅是车辆）的信息推送给附近 L3 及以上级别的自动驾驶汽车共享，从而有效弥补车内传感器的局限，也可以在超视距范围内发现诸如行人闯红灯这样的风险因素，提前预警以避免交通事故的发生。

一般认为，解决拥堵问题就应该多修道路，道路多了拥堵问题就能够缓解，这种观点在城市之间的公路建设上基本是正确的。这些年，我国公路建设突飞猛进，高速公路通车里程也多年保持世界第一的位次，加上民航、高铁的建设，人们长途出行的效率大大提升。不过遇到节假日，高速公路仍时有拥堵现象发生。相反，这种认识放在城市内部道路建设上，基本上不对。首先，在城市内修建更多的道路比建设高速公路更难。其次，城市道路建设受到资金限制，不仅投资受限，收费问题也是一个制约因素。最后，也最重要的是，可用来建设道路的土地资源非常有限，特别是在一些老城区，保护历史风貌与道路建设本身就是相互矛盾的。

如何从根本上真正解决这种矛盾呢？我认为智能交通是最佳出路。我还是拿无锡市的智能交通实践为例来说明。第六章从车联网建设角度对无锡市的探索经验做过介绍。无锡市属于第一批国家智慧城市试点城市，率先在无锡锡山区建立了车联网小镇，对交通信号灯进行了智能化改造，在锡东新城建立了道路实时感知系统，通过不断地感知道路信息数据，为智慧城市管理赋能。无锡市政府于 2022 年 9 月决定在全市范围内实施道路智能化改造。如果能在全国范围内推广无锡市的智能交通实践经验，提高城市道路基础设施的智能化水平，从而提高城市交通管理现代化水平，完全可以实现既满足人们快速出行的需求，又不更多地造成拥堵的良性循环。

以道路交通标识的智能化改造为切入点的交通管理智能化，不仅有助于提升通行效率，还能减少因为人类疏忽或者视而不见引发的交通事故，相关论述见第五章，这里不再赘述。

除了继续提高汽车智能化水平，我认为，城市道路智能化和城市交通管理智能化大有可为，建议重点关注以下方面。

其一，在道路基础设施智能化的过程中，更多从整体上优化设计方案，而不是局限在一部分地区，防止局部畅通而整体拥堵更甚的局面出现。这里以交通信号灯为例，说明道路交通设施不断提高其自身智能化水平的必要性。需要在一个区域内进行信号灯智能化联动，让每个信号灯都能感知所覆盖区域而不仅仅是路口的拥堵状况，使得整个区域内的信号灯连接成一个网络，按照"点阵图"方式，把所有交通参与者以实时图像方式表示出来，通过应用人工智能技术，对信号灯配时给出整体最优的设置，由近及远给出每个信号灯放行和时长的指令，保证区域内的交通畅通。这样一个最优方案是从全局分析得到的，一般应该在城市交通管理信息中心内形成，还需要根据不断变化的动态情况及时调整。可以以拥堵路段为重点划分出"重点域"，通过智能化的感知进行决策，解决局部拥堵问题。"绿波出行"这种智能交通管理策略在一部分大城市的部分路段已经开始使用，期待更多的城市有这个功能。

其二，通过预约出行做到"有的放矢"。有人认为只有在无人驾驶时代才能做到明确出行需求，其实现在很多人在驾车出行之前就通过电子地图进行导航，我们完全可以通过图商了解到用户的出行信息，进而引导汽车行驶的路线，避免"扎堆"现象。这时候图商的信息应该得到更好的利用，在图商提供行驶路线导航的同时，城市交通管理信息中心就应该实时汇总相关信息，并预测下一分钟经过某一路段的车流量，通过导航及时疏导车辆选择非拥堵路段，更进一步还可以给出避开高峰时段的具体建议。当然，这样做要在使用电子地图导航的用户达到一定比例（比如 50% 以上）时才有效，但是至少可以使用误差律来改变使用率不高的现状，提前告诉用户这一点，也会促使更多的人出行时使用这个功能。预约出行在城市上下班高峰时段和举办大型活动的交通疏散时有特别的需要。了解到用户的需求信息后，可以提前与地铁、公交车等其他城市交通工具和停车场等相互衔接，给出乘坐公共交通工具或驾车出行的选择，还可以提供乘坐公共交通工具＋自驾的接驳方案。这同样需要交通信息共享，需要使用人工智能技术来提高预测的准确率。

其三，加快智能停车场的建设。城市停车场的短缺也是交通拥堵问题的成因之一。因为我国私人拥有汽车的时间短，很多早期建设的住宅区和大型商业设施没有考虑足够的停车需求，再加上很多大中城市没有按照功能分区形成组团式发展的规划建设模式，而大多以"摊大饼"的方式向外拓展，这带来了许多"大城市病"，其中道路交通拥堵就是典型的后遗症。今后的大城市布局应该是由一个一个功能明确的组团和快速连接的道路组成的"大都会"模式，人们一般都是工作生活在城市的某个区域内，大部分人不需要每天跨越整个城市去上班。就现实问题而言，要加快智能停车场的建设和管理，根据我国人口多的特点，城市内部尽可能利用地下和地上的空间建设立体停车场，停车场可以收费，应该更多地吸引外部投资建设。还可以利用智能化收费系统将人工费用降下来，使收费能够更多地转化为投资收益，到了有利可图的时候，发动社会投资建设停车场就会水到渠成。2021年2月，交通运输部发布《关于开展 ETC 智慧停车城市建设试点工作的通知》，进一步推动 ETC 停车场景应用，第一批选定北京等 27 个城市作为先行试点城市，选定江苏省作为省级示范区，先期开展 ETC 智慧停车试点工作。

其四，充分挖掘大数据信息共享的巨大潜力。在智慧城市的建设中，智能交通只是其中一个组成部分。尽管如此，前文已经提过，智能交通仍然遭遇了数据开放、信息共享的问题。从整个智慧城市建设的角度来看，大数据中心建设必不可少，云平台搭建也势在必行，如何建设一个城市的大数据中心，是对各级地方政府特别是城市一级政府智慧的巨大考验。集中建设肯定比各自分散建设要好，但是要让各部门将数据信息贡献出来，又是难上加难的事情。过去在实践中经常遇到的问题，就是以信息安全等借口而拒绝把部门的数据信息拿出来。要破除这种现象，必须是"一把手"做决策，以大无畏的勇气和坚定的决心克服各种阻力，将"公开为常态、不公开为例外"作为原则确定下来。接下来就是确保数据安全，防止被滥用。

总而言之，智慧城市建设是一项庞大的系统工程，交通管理智能化作为智慧城市建设的一部分，需要城市一级政府更多地进行总体谋划，需要先在已被选定的试点城市积极探索，争取早出成效，形成可以推广的经验。

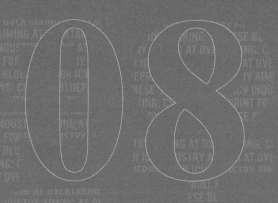

第八章 智能时代汽车企业发展新模式

为了适应汽车智能化大变局，汽车企业纷纷聚焦智能网联技术，推出新的汽车产品形态，调整产业链供应链体系，建立新的商业模式。随着传统汽车企业的快速转型、造车新势力的活跃创新，以及一大批信息通信技术（Information and Communications Technology，ICT）企业的深度融入，我国在智能汽车新赛道上的企业竞争力明显提升，具备了与世界先进水平的企业同场竞技的能力。

进入智能汽车时代，汽车企业的汽车产品形态、产业链供应链和商业模式都发生了巨大变化。越来越多的汽车企业把注意力集中到自动驾驶、软件等智能网联技术上来，从单纯卖产品转向为用户提供更优质的服务体验，力图在汽车产业的智能化大变革中占据一席之地。

8.1 | 价值链重构与新商业模式

经过 100 多年的发展，全球汽车行业已经形成了成熟的产品供应链模式。简单地说，就是整车企业作为系统集成商，主要生产车身和发动机等总成，其他零部件基本上对外采购，由此形成全社会分工模式。根据产品的不同，有一级、二级甚至三级供应商，级别低的供应商向级别高的供应商供货，三级供应商供货给二级供应商，二级供应商供货给一级供应商，只有一级供应商才直接供应整车企业总成或零部件产品。

为了建立竞争机制，一家整车企业的同一个零部件可能有两家以上的供应商，当然，一家供应商生产的同一类产品也可能供应给多家整车企业。供应商与整车企业的关系是相对固定的，在第一次供货之前，产品必须经过整车企业的检测和认证。整车企业如果更换供应商，或者虽没有更换供应商，但是产品图纸、工艺、原材料等发生变化，按照 ISO 9000 质量管理体系的要求，都需要重新进行产品质量的认证。

除了轮胎、蓄电池等产品形成了标准化、系列化产品，过去的供应商大多数都是依托整车企业，根据新车型统一的要求来设计自己的产品，国际上只有博世公司、德尔福公司等少数汽车零部件跨国企业具有实力，制定了行业公认的标准，提供货架式产品供整车企业选择使用。大部分汽车零部件企业都还是依靠整车企业来维持生存和发展。

智能网联汽车的发展带来了供应链的巨大变化，因为自动驾驶汽车是一种全新的整车架构，数据决定体验，"软件定义汽车"。如果说新能源汽车仅仅涉及动力系统的改变，那么自动驾驶汽车则是对整车的全面颠覆性创新。传统汽车零部件企业一定要顺势而为，在变局中开新局，切不可像有人说的那样，先是看不见，接着是看不起，后来是看不懂，最终是来不及。就像安卓操作系统迅速构建起全球智能手机产业生态一样，自动驾驶汽车也需要构建产业发展的生态。

乘成为新能源汽车世界最大市场之大势，我国建立了以动力电池为代表的新供应链体系，在自动驾驶汽车产业格局未定之时，集合国内众多品牌之力，加上车路协同和车云一体的新发展模式，构建起智能网联汽车产业发展的生态是完全可能的，关键在于统一认识、统一行动。留给我们的窗口期只有寥寥几年，如果能够成功，中国汽车将会在全球汽车发展中形成引领；如果错失机遇，我们又会回到原来燃油汽车"追随者"的境地。

8.1.1 产业链供应链大变

自动驾驶汽车产业链供应链的变化，将为汽车企业制造和经营模式带来巨大变化。汽车零部件的产业链彻底打破了传统的分工合作体系，也打破了过去的行业壁垒。汽车供应链体系大大拓展，形成了跨行业的合作关系。自动驾驶汽车使得汽车零部件的范围扩大了许多，汽车零部件企业也将改变从属地位，与整车企业建立起协同创新体系。

具体会带来哪些变化呢？

首先，随着整车产品的自动化要求越来越高，产品中使用的芯片越来越多，过去芯片的选配主要是由供应商负责，现在整车企业需要与芯片企业合作开发车用芯片产品，所选择的芯片要与整车的电子电气架构相协调，与操作系统相匹配。芯片与整车操作系统匹配的程度直接关系到整车的性能和质量，在自动驾驶系统匹配方面就更加复杂、更加重要了，绝非任何一方可以独立决策完成。整个汽车产品的供应链已经从过去垂直一体化的线型结构变成一体化网状结构，在每一级供应商层面都需要与其他行业的企业建立起长期战略合作关系。

其次，是跨行业合作。新能源汽车的发展已经涉及硬件和软件等公司与整车企业的合作，全栈式软件的发展趋势使得整车企业急需补充软件方面的人才，操作系统的应用使得整车企业必须对整车的计算控制架构负责。智能网联汽车的发展更是离不开芯片、软件、算法，这决定了产品性能和安全水平，决定了企业的成败，丝毫不能掉以轻心。领先企业已经开始自主开发操作系统和计算平台，甚至出现自己设计芯片的先例，其他企业也应该根据实际情况谋划未来的发展模式。在车联网方面，我国在 5G 通信网络建设上走在世界前列，发挥好、利用好已有的长板强项可以事半功倍，在这方面整车企业需要与通信企业、互联网企业加强合作。要改变过去我国电子信息行业发展中存在的软硬件协同不够的状况，实现软件企业与硬件企业之间的密切合作。

再次，面向高级别自动驾驶汽车的发展，车规级先进制程芯片必不可少。与消费类芯片比较，车规级先进制程芯片的需求会晚一些出现，但绝不是不存在。我认为，汽车企业与芯片制造企业应该加强沟通和交流，就像与动力电池企业建立起互信和长期合作的关系那样。在这方面，芯片制造企业与动力电池企业最大的不同在于对未来发展的预期，动力电池企业的未来是确定的，而芯片企业的未来是不确定的。这就造成了芯片企业在增加产能方面存在顾虑。消除顾虑最好的办法就是实实在在地对汽车未来的发展进行预测，在此基础上建立起汽车企业与芯片企业"多对多"的长期合作关系。

先前车规级芯片短缺，其实是需求被放大了，毕竟车规级芯片数量占全部芯片数量的比例还不到 10%，只是它需要经过特定的认证。到了自动驾驶汽车时代，整车企业究竟是采购芯片企业成熟的人工智能芯片，还是自己开发人工智能芯片？一切都有可能，需要根据企业情况仔细斟酌决定。但是到了高级别自动驾驶系统时代，再靠系统解决方案供应商"交钥匙"显然是不可行的，否则，结果是汽车产品没有自己的特色，还可能使得整车企业在竞争中处于同质化的尴尬境地。

最后，智能化改造是供应链转型的方向。新供应链的特点是供应商也可以自成体系，不再依附于某一家整车企业。如果说整车企业还担心与其他行业企业合作最终可能会丧失主动权，成为别人的供应商，那么传统零部件企业根本没有这种担心，应该义无反顾地走跨界融合的转型发展道路，与其他行业的企业加强合作，实现产品的智能化、标准化甚至系列化。要加紧补上电子电气方面的短板，还要注意软件的应用，使之能够与汽车整车产品形成"即插即用"的接口，有能力的企业还应该探索建立标准体系。在这方面还是有很多空白领域的，这种"先入为主"的现象在现实中客观存在，实际上是先行企业精心准备和苦心经营的结果。除了动力系统零部件，其他汽车零部件也应该沿着数字化、网联化、智能化的路径前进，以取得转型升级的成效。

随着汽车产业链的转型发展，不仅汽车零部件企业，汽车整车企业也同样启动了共享进程。蔚来公司初期委托江淮汽车生产蔚来汽车，小鹏汽车一开始也利用海马汽车富余的生产能力生产自己的产品，小米汽车的生产起初利用的是北汽越野车的生产能力。这些造车新势力认识到，自己没有整车生产的经验，利用传统燃油汽车企业生产可以迅速共享其在供应链管理、质量控制、生产计划安排、有经验的技术工人等方面的资源，这比完全靠自己去摸索要来得快，而它们自己可以集中精力开发产品、建设营销体系。

当然，代工生产方式也不是有百利而无一害的，弊端主要体现在成本控制，特别是质量控制上。一旦产品质量出现问题，对品牌的损害将是巨大的。这就需要整车企业加强与代工企业的沟通，将其作为一项长期合作的方式而不是权宜之计，双方共同努力去克服弊端，做到双赢。

将来，新能源汽车快速增长、燃油汽车增长乏力，传统燃油汽车企业富余的产能将随之进一步释放，这就为利用这些产能代工生产新能源汽车甚至新能源智能网联汽车带来一种可能。当然，富余的传统汽车产能必须经过改造，特别是总装线基本上要重建，冲压、焊装、涂装也要根据工艺、材料来确定是否改变，比如说如果采用全铝车身，这三大工艺的生产线也需要彻底改变，焊装生产线基本上没有用了。

8.1.2 汽车企业的传统制胜之道

在激烈的市场竞争中，汽车企业想尽一切办法要获得用户青睐，早期主要是靠着技术进步，许多企业靠着一项新技术就能使得自己的汽车产品与众不同，形成市场热销的局面，日久天长，积淀成品牌效应。用户更看重的是品牌，这是多年积累的用户认可，也是长期技术进步和产品质量在用户端形成的口碑，还蕴含着丰富的汽车文化。如福特公司通过创建大批量流水线的生产方式而大幅度降低整车售价，使得普通工人都能够买得起车；丰田公司通过创建精益生产的方式不断提高管理水平，降低成本，从而提高产品附加值。在汽车工业发展史上有许多教科书式的成功案例。但是，这些先进技术或管理经验迟早会被别的企业掌握，而汽车传统技术突破明显放慢了脚步，质量也提升到了一个高台区。

21世纪以来，互联网、大数据、云计算、人工智能技术发展日新月异，这些技术的应用正如火如荼地赋能汽车产品。

大部分传统燃油汽车企业还没有意识到这场科技革命和产业变革的到来

会给自己的企业和产品带来哪些变化，很多企业还在传统的发展路径上一路狂奔，技术进步不快，只好通过不断改变汽车产品内外部造型来吸引用户眼球，"改脸""换型"成为行业内的常用语。通常是 2 ~ 3 年一"改脸"，4 ~ 5 年一"换型"。不过，与技术进步和管理创新带来的成效不同，造型好看与否完全是一种主观判断，有人说美，有人说丑，言人人殊。而每一次造型的改动，都需要大笔资金来支撑，一次"改脸"可能就要花费几亿元的设计费、模具费、工装费等，一次"换型"没有十几亿元甚至更多的资金根本拿不下来。早期砸钱做这些，对用户也许还有些作用，但是每家汽车企业都这么操作，最后只会带来用户的审美疲劳。

2023 年，我国汽车产量达到 3016.1 万辆，销量达到 3009.4 万辆，但是很多人都误以为这 3009.4 万辆车都是在国内市场销售的，其实其中有 491 万辆是以整车出口形式销往海外市场，真正在国内市场的销量只有 2518.4 万辆。对比国内市场销量最高的 2017 年，2023 年的国内市场销量比 2017 年少了 281 万辆，说明国内汽车市场还有潜力，但主要潜力在于新能源汽车。这几年新能源汽车对燃油汽车的替代作用越来越明显，2023 年新能源汽车的渗透率已经达到 31.6%，单就乘用车计算，这一比率会更高。我预计达到 50% 渗透率的时间会大大提前，很有可能在 2025 年实现。

通过分析可以看出，国内汽车市场"内卷"，根本原因在于供求关系产生了变化，有效需求激发不足，再上产品结构调整的变化，传统燃油汽车企业的日子大都不好过，特别是与竞争对手拉不开差距的企业更不好过。在产品技术含量不够的情况下，为了保障市场占有率，有些企业就想到了降价，期待通过降价来增加销量。但是在充分竞争的市场中，任何一款产品的降价都会引起竞争产品的跟进，最后大家都把价格降下来了，但是每家企业的市场份额却几乎没有变化，变化的只是产品的利润率。问题在于任何一家企业只要上了"战车"，就不敢不跟随降价，完全被裹挟向前。

国内其他行业大体上也是如此。由于工业品极大丰富，市场竞争愈发激烈，除了少数奢侈品，大部分工业品都遇到定价难题，新产品定价必须对标竞争对手，老产品需要不断地直接或间接降价，而生产成本在年年上涨，赢利变得十分不易。解决这个难题唯一的办法就是创新，通过技术创新来提高产品的技术含量，通过不断推出新产品以通过"增加配置不增加价格"的办法实现相对降价。这样就可以增加配置的使用量而摊薄成本，进而增加产品的附加值，从而在激烈的竞争中脱颖而出。

跨国汽车企业可以通过产业转移，将生产基地转移到发展中国家来降低成本。对我国大多数汽车企业而言，在国内站稳脚跟尚且不易，"走出去"更是刚刚开始，而且在全球汽车产品中，我国汽车的价格可能是最低的，将生产基地转移到发达国家只会造成成本上升，而转移到其他发展中国家则可能因为其市场较小使成本下降的红利很容易被过低的销量抵消掉。但是，仅仅靠整车出口势必会遇到贸易壁垒，从战略层面考虑，一定要从"走出去"到"走进去"：到出口量大且稳定的国家去投资建厂，在当地生产供当地销售的车型，逐渐采用当地的材料和零部件，提高本地化率；在一些汽车工业发达的国家，最好与当地的汽车企业进行合作，形成利益共同体，这样才能立于不败之地。

当年，国内汽车企业起步时往往采用低价进入市场的策略，虽然这是无奈之举，但是造成品牌价值一开始就被牢牢锁定在中低端的局面，而提高品牌的价值定位，甚至比新创立一个品牌还要难。

在相当长一段时期内，在我国汽车市场上，合资企业的经济型轿车车型一般定价都在 10 万元以上，我国自主品牌汽车起步车型定价一般在 10 万元以下，相互之间井水不犯河水，似乎相安无事。随着竞争的加剧，合资企业的产品也开始进入 10 万元以下的市场，而我国企业需要利润，开始向高端挺进，后者的难度不言而喻。一些大的汽车企业集团可以通过与国外企业合资获得一部分收益，用这些钱来支撑自主品牌汽车的发展；但是对新进入汽车行业的企业来说，它们只能用价格来打动用户，别无他法。也正是靠这种策略，大部分中国品牌汽车获得了用户的认可，得以生存下来。好在在过去的 20 多年中，我国汽车市场基本保持了高速增长态势，这让这类汽车企业满怀着成功的希望。一批造车新势力则采取了完全不同的进入市场的策略，瞄准国际上高端品牌的市场定位，利用新能源汽车发展的机遇，一起步就将产品价位定在了 20 万元甚至 30 万元以上，在汽车市场上打了一个时间差，抓住传统燃油汽车企业向新能源汽车转型慢半拍的契机，居然取得了初步成功。在产品上，它们从一开始就没有采用油改电的过渡方式，话说回来，它们也没有燃油汽车的基础，索性义无反顾地直接设计全新的新能源汽车车型，这样反而少走了弯路，而且正好踩到了"节拍"上，实在是不得已但又非常明智的选择。

8.1.3 卖硬件不如卖软件

在新能源汽车开发的过程中，这些造车新势力发现智能网联汽车技术的发展正处在不断进步的快速上升期，而新技术的应用比"改脸""换型"更受用户的欢迎，年轻用户能够选择新能源汽车的，通常要求有辅助驾驶的新功能。造车新势力发现了"新大陆"，于是纷纷"玩"起了辅助驾驶技术的各种应用，开辟了整车技术创新和应用的新领域。

造车新势力进而发现，如果将一些"冗余的硬件"预先埋进车型中，然后通过软件的 OTA 升级，可以对发动机、变速箱、悬架系统、车身系统进行调校，还可以进一步根据用户的个性化需求开通关闭、升级定制，实现千车千样，最大限度地满足个性化需求。一些软件是免费提供的，一些软件是收费的，用户只要用了就会一直用下去，尽管每次收费不多，但是积少成多，用户数乘以次数，总量还是可观的。这种模式实际上在计算机时代已经出现，在智能手机时代被发扬光大，现在到了智能汽车时代，更有条件延续。

在这方面，特斯拉公司是造车新势力的领头羊，早在 2016 年就提出了软件付费订阅服务模式；2019 年尝试 OTA 付费升级；2021 年则将软件服务收费扩展至自动驾驶，针对增强版自动驾驶（Enhanced Autopilot，EAP）和 FSD 两种不同级别的自动驾驶选装套件推出买断和按月订阅两种模式。买断是一次性付费，之后可以免费升级所有功能；按月订阅则是根据开通的功能每个月支付一定的租金，类似于我们购买手机"套餐"。商家设计了不同的"套餐"，用户根据自己的需要购买"套餐"。如果用户每个月都按照"套餐"设定的项目用光每一项，价格确实不高，但恰恰没有一个用户会用光每一项，也就是说按照用户实际用量来算，"套餐"并没有商家宣传的那么便宜。反过来，一旦某一项用量超过了"套餐"所设定的限额后，单价立刻就上去了。

2020 年，特斯拉汽车全部功能的软件包价格是 1 万美元，在我国售价为 6.4 万元人民币，还比之前价格上涨了 8000 元。我设想，将来用户在买特斯拉汽车时与购买燃油汽车时选择选装件类似，可以根据自己的需要选择相应的功能，当然用户也可以不选。对于燃油汽车，一旦确定不选选装件，事后想选也不行了；但假使你现在不选软件包，任何时候改变主意重选都来得及，只是要根据后期选择支付更高的费用。2022 年第四季度，FSD 给特斯拉公司带来了 3.24 亿美元的收入，且其账面上短期递延收益的 17 亿美元中，超过 10 亿美元与 FSD 相关。虽然这在特斯拉公司整体收入中占比不大，但据称，FSD 所实现的递延收益部分的长期毛利率可达 90%，对比特斯拉公司历年来卖车所得的最高毛利率 32.9%，这是相当可观的。

由此可见，马斯克早就看到了卖硬件不如卖软件的商业模式变革机会，特斯拉公司想通过软件来赚钱，只是还需要时间来改善软件的功能。随着技术的成熟，软件的功能会进一步增加。特斯拉公司其实不是第一个吃螃蟹的，通用汽车公司曾在其出厂的车型上安装安吉星安防服务系统，但是每年收取 2000 元的服务费遭到用户吐槽，续费者很少，这种模式没有获得成功。分析其中原因，最大的不同就是使用环境发生了变化，经过智能终端的用户教育，用户接受了使用软件应该付费的观念，再加上选择的多样性，软件包开始为用户所接受。另外，社会大众日渐了解将来汽车技术进步的方向是自动驾驶，决定自动驾驶功能的是人工智能技术，而决定人工智能技术好坏的是软件。

国内的造车新势力采用了类似的做法。例如，2020 年蔚来推出的软件包有精选包和全选包两种，售价分别是 1.5 万元和 3.9 万元，根据蔚来发布的消息，大约有一半的用户选择了精选包。2023 年底，蔚来正式开启了 NIO Pilot 全配包的订阅，其中未选装全配包 / 精选包的用户订阅价格为 380 元 / 月，已选装精选包的用户订阅价格为 228 元 / 月。小鹏汽车软件包售价为 3.6 万元，如果用户购买小鹏 P7 自动驾驶软件，则软件包价格降到 2 万元，还可以采用年付费的方式。

整车企业一旦开始转变，就会发现卖硬件不如卖软件。由于软件的边际成本非常低，卖软件的收益远远高于卖硬件，而且卖软件不是一次收费，而是可以通过不断地升级获得多次收益，也可以通过用户订阅的方式收费。

8.1.4 卖产品不如卖服务

由于有了随时可以升级的软件，整车企业可以从卖产品向卖服务转变。卖服务将给企业开辟无限的空间，企业通过不断地为用户提供各种各样的服务，在满足用户需求的同时，获得源源不断的收益。

台湾宏碁电脑创始人施正荣总结出产业链"微笑曲线"的概念（如图 8-1 所示），提出在产业链上中下游当中，制造这个环节的附加值最低，而处于产业链上游的研发环节和产业链下游的营销环节的附加值高，是一条两边高、中间低的曲线，很像人微笑时的口型。

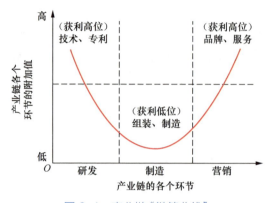

图 8-1　产业链"微笑曲线"

　　这里以蔚来开创的一键加电服务为例。所谓一键加电，就是用户在手机App 上发出一个需求，蔚来的服务人员就将车辆取走，或者换电（如果是用户租赁电池的话），或者使用第三方充电桩进行充电，甚至在用户不方便的时候，直接开来充电车进行现场充电，一切取决于用户所在的区域和用户的要求。例如，购买了蔚来汽车的能量无忧套餐，一个月可以享受 15 次一键加电服务，年付费 10 800 元，也可以按月付费，每月付 980 元，当然也可以按次付费，每次充电收费 180 元。服务人员 24 小时待命，可以在用户要求的任何时间内将电充满并将车辆停放到位。蔚来提供的这些服务，除了可以方便用户，也一定会有投资收益，而且还可以通过良好的服务在用户心目中建立起品牌形象。设想一下，三天两头与用户打交道，对用户的反映及时回复，出现问题及时解决，这样形成的口碑效应是花多少广告费用都达不到的，久而久之就会增加用户黏性，用户换另外品牌的汽车反而不适应了。这就是卖产品不如卖服务的额外效果，只要长期坚持下去，就会形成企业的核心竞争力。

　　图 8-2 以特斯拉公司为例，说明了从卖硬件到卖软件和卖服务的整车企业的商业模式演进路径。

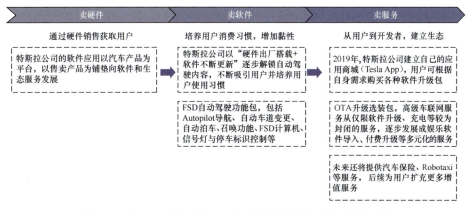

卖硬件	卖软件	卖服务
通过硬件销售获取用户	培养用户消费习惯，增加黏性	从用户到开发者，建立生态
特斯拉公司的软件应用以汽车产品为平台，以售卖产品为铺垫向软件和生态服务发展	特斯拉公司以"硬件出厂搭载+软件不断更新"逐步解锁自动驾驶内容，不断吸引用户并培养用户使用习惯	2019年，特斯拉公司建立自己的应用商城（Tesla App），用户可根据自身需求购买各种软件升级包
	FSD自动驾驶功能包，包括Autopilot导航、自动车道变更、自动泊车、召唤功能、FSD计算机、信号灯与停车标识控制等	OTA升级换装包，高级车联网服务从仅限软件升级、充电等较为封闭的服务，逐步发展成娱乐软件导入、付费升级等多元化的服务
		未来还将提供汽车保险、Robotaxi等服务，后续为用户扩充更多增值服务

图 8-2 整车企业的商业模式演进路径（以特斯拉公司为例）

8.2 | 汽车企业智能化新实践

随着传统汽车企业的快速转型、造车新势力的活跃创新，以及以华为、百度等为代表的一大批 ICT 企业的深度融入，我国在智能汽车新赛道上的企业竞争力明显提升，具备了与世界先进水平的企业同场竞技的能力。

8.2.1 造车新势力的新打法

无论是国内还是国外，在汽车百年未有之大变局中涌现出一批造车新势力，大家通常看到的是它们在新能源汽车市场上取得的成绩，认为它们只是站在新能源汽车发展的"风口"而一举成名。其实，只要仔细研究就会发现，这些企业在实现动力转换的同时，也在产品上实现了智能化。这批造车新势力，在国外以特斯拉公司为代表，在国内以"蔚小理"（蔚来、小鹏、理想）和小米公司为代表。这些企业生来就带有互联网基因，对互联网的一套打法轻车熟路，又没有维护燃油汽车市场的压力，从一开始展现的就是全新做法，特别受年轻用户青睐。

从产品定位和品牌塑造方面来看，造车新势力没有走过去中国品牌进入市场时采取的低价进入、打性价比牌的老路，而是根据自身的定位，大多从相对高端的产品入手，高举高打，树立高端品牌的形象，用高端车型确立品牌在用户心目中的地位，然后又用一系列相对低价的车型走量，同时对以低价起步的竞争对手实施降维打击。

特斯拉公司第一款车型 Roadster 是一款双门跑车，在美国售价是 10.9 万美元起步，对标车型是保时捷和法拉利。第一批 7 辆车都是由出资人买走的，但是跑车一般都是高端品牌的产品，购车者都有相当的经济实力，特斯拉公司虽然没有卖出多少辆，但是借首推跑车先树立了高端品牌的形象。在各大跑车品牌都还在使用燃油发动机时，特斯拉公司却反其道而行之，主打环保牌，推出了世界上第一辆电动跑车，这个卖点给民众留下了深刻印象。特斯拉公司真正量产的第一款车型是 Model S，售价也要 7 万美元左右。通过早期这一系列操作，特斯拉公司将高端品牌形象确立了下来。

国内的造车新势力也是抓住高端燃油汽车品牌转型较慢的机会，有的直接瞄准高端品牌入门级车型价格定价，有的按照国外竞品燃油汽车的价格定价，在市场上直接树立自身的电动汽车高端品牌形象。一开始，各家造车新势力主要从一款车型入手，树立品牌形象和品牌价值。除了理想靠 ONE 一款车打天下，做到月产销量 1 万辆以上的水平，大多数企业采取了以高定价树立形象、靠后续车型走量的策略，这也是早期国外品牌进入我国市场时经常选用的做法。造车新势力一般会趁新能源汽车全新开发之际，将辅助驾驶系统一并上车，从车载系统入手，向用户表明这是高科技产品。辅助驾驶系统的应用降低了对驾驶技能的要求，特别受驾车"新手"（主体消费人群）的欢迎，还进一步培育了自动驾驶市场。我国的年轻用户没有更多的用车历史积淀，特别容易接受新生事物。

从跨界融合方面来看，造车新势力本来就是新跨入汽车行业的，少了各种积存的"框框"，更懂得融合可以产生创造力，加上没有现实的资产、员工、产品、供应链和存量市场等的压力，可以义无反顾地投入新事业。很多人以为造车新势力不懂汽车，是无知者无畏，甚至嘲笑它们是"PPT造车"，认为不可能一天就把百年积淀下来的汽车行业经验学会。其实这些人至多说对了一半，过于轻视了造车新势力的能力。确实有一些鱼龙混杂的造车新势力，但是我所接触到的一些新势力的创始人，如李想、李斌、何小鹏、雷军，他们在进入汽车制造业之前从事的行业大多与汽车相关，他们当年创办的企业有的直到今天仍然存在而且发展得不错，小米公司的智能产品开发经验更是有口皆碑。这些创业经历对他们进入汽车行业其实都是非常有帮助的，如何白手起家，如何吸引社会的风险投资，如何开拓市场，过往的成功实践完全是一笔宝贵财富。反观传统汽车行业的一些人，故步自封，对"软件定义汽车"、数据驱动设计、电子电气架构变革一知半解，甚至完全不懂，从汽车专业人士退化成了"门外汉"。造车新势力的创始人一般都比较年轻，是互联网时代的"原住民"，在这个行业摸爬滚打多年，对全新的发展模式了如指掌，他们谦虚好学，对新进入的领域充满着危机意识，在艰难困苦中磨炼出个人的品格。我在与他们交流的时候，能够深刻感受到这些品格，从他们那里收获颇多。他们对一些问题的见解常有独到之处，少了一些客套"辞令"，多了一些深入思考，而且都是有感而发，是对现实问题的"体悟"，其中有不少真知灼见，对我写作本书有很大启发。

从投融资方面来看，天使轮投资都是创始人多年打拼挣来的钱，有些是几个合伙人共同出资，真金白银地投入一个崭新的领域。创始人凭着一股热情和美好的愿景说服风险投资投入，每一轮投入都要与投资人签订对赌协议，约定多长时间达到什么样的结果。我看过几个协议文本，规定都是量化的指标，一旦签署就没有回旋余地。至于最终的出路，过去风险投资退出的方式就是到海外上市，特别是到美国纳斯达克上市。因为纳斯达克实行的是程序性审查而不是业绩审查，不要求企业一定有盈利，只要求企业及时准确披露重要信息。一旦上市成功，所有投资人都可以获得丰厚回报。现在，我国的证券市场也实行了注册制改革，开启了"科创板"，一批高科技企业已经转在国内上市。除了资本金投入以外，很多造车新势力在初创期，既没有业绩又没有信誉可言，从银行贷款连想都不要想，只能靠一轮又一轮的融资来发展。

当然在这一轮浪潮中，一些动机不纯的投机者骗了别人的钱后远走他乡过上了好日子，却把投资者坑了，还甩给地方政府一个烂摊子。对这样的投机者，我们应该研究"制裁"办法，绝不能让他们逍遥法外。还有一些造车新势力创始人因为各种非主观原因半途"倒下"，我们也应该对其抱有同情心，因为只有宽容失败，才能进一步促进创业创新。现在在市场上活下来的造车新势力，可谓九死一生，每家企业都有自己的酸甜苦辣。蔚来李斌就多次讲述自己曾经的经历——2019 年已经到了山穷水尽的时候，他自己形容就像病人已经进了 ICU。李斌是幸运的，关键时刻，合肥市政府产业投资基金投资70 亿元把他"从 ICU 中救了出来"，条件是蔚来汽车的总部要扎根在合肥市。从这个例子也可以窥见造车新势力一路走来的艰难。

从企业对新技术的应用来看，造车新势力对人工智能、大数据、云计算等 ICT 的应用已经驾轻就熟。在进入汽车行业之前，它们的创始人大都在互联网公司积累了许多"实战经验"，对苹果、华为、小米等公司借智能手机转型之机异军突起的内在原因了然于胸。对于全栈软件、"端到端"技术、软硬件解耦、产业生态建设等新发展趋势，它们相比传统汽车企业有着更加深入的理解。这些企业一般都通过股权期权激励、高薪聘任等方式集聚了一批领军人才，拥有市场上最短缺的软件架构师，这恰恰是传统汽车企业的短板弱项。这些企业早期的融资大多投入研发，它们缺少生产管理、供应链管理、质量管理等方面的经验，在生产线的投资方面则十分谨慎，一般都采用"借鸡下蛋"的办法，正好国内燃油汽车有较多的富余产能，所以这些企业或是低价收购闲置的生产线，或是干脆采用代工模式，减少固定资产的资金投入，也充分利用了传统汽车企业高管人员的经验。它们没有也不可能有燃油汽车平台，不可能先以燃油汽车平台换装动力系统的方式进行新能源汽车的"改装"，而只能按照 AUTOSAR 的方法设计全新平台。它们更明白数据对发展的重要性，想方设法得到第一手的用户使用数据，这对优化算法至关重要，可以使得用户画像更加精准，从而用来完善自己的产品和售后服务。

从营销体系建设来看，大多数造车新势力都采用线上线下并行的营销方式，区别在于线上和线下的分工有所不同。激进的做法是线下只做形象展示和用户体验，通常只在城市中心和一些奢侈品牌扎堆的地方开设展示店，展示店不销售产品（用户下单仍然要在线上进行），不追求在一个城市的开店数量，根据城市的规模合理布局，即可满足需求。比较谨慎的做法是在传统的4S店的做法基础上，改经销为代理，导入线上下订单的模式。这些4S店一般都不是造车新势力自己投资开设的，而是采用加盟方式由当地社会资本投资开设。

采用第一种做法最大的好处就是可以与用户建立起直接沟通交流的渠道。蔚来李斌曾经说过，他要花费大部分时间去与用户直接联系，听取用户的意见和建议。其实很多时候只要及时回复用户的关切，就能得到用户的理解；反过来，用户多次反映才解决问题，用户体验就不好，如果问题没有解决，那就更糟糕了。知易行难，长期坚持更加不易，但是只要长期坚持下来，就会形成用户口碑，用户主动替企业宣传的效果是花多少广告费都达不到的。

当然，事物总是一分为二的，以上所说的造车新势力尽管优势十分明显，但无论面对外部环境的挑战、内部的局限性，还是自身存在的不足，我们都必须重视并积极补齐短板，才能保证今后发展得更好、更快。

先从外部环境说起。任何时候都不要小看传统汽车企业的竞争力，它们就好像大象转身，速度不一定快，但是一旦转过身来，竞争实力绝对不能低估。毕竟智能网联汽车尚处于成长期，处于成长期的产品比处于成熟期的产品竞争力度要小。而且传统汽车企业由于不能够完全抛弃燃油汽车而义无反顾地转向新能源汽车，在攻守相对的形势下，新能源汽车占据了一部分传统燃油汽车的市场，今后在以新能源汽车为主的市场格局下，竞争将会更加激烈，先发有先发优势，后发也有后发优势，今天成功并不意味着明天也一定成功。2023 年，全球最大的造车新势力的产销量略微超过 180 万辆，全球最大的传统汽车企业的产销量则超过 1100 万辆，二者差距巨大。产销量不高，意味着单独建立起自己的产业发展生态难度极大，对我国企业而言，还有时刻被"卡脖子"的风险，唯一的出路就是在垄断寡头还没有形成之时，联合起来共同建立产业发展生态。这是在一种平等条件下的竞争，也是防止被各个击破的必要策略。

再从内部的局限性来看。首先还是要对汽车产品心生敬畏。汽车不同于一般智能化消费品，使用时间更长，关系到用户的生命安全，对安全性、可靠性的要求非常高，所有的零部件必须经过严格的试验认证程序，这从车规级芯片要求高于消费类芯片、工业级芯片上就可见一斑。汽车工业发展 100 多年来积累的经验，有许多是用血的教训换来的。到了"软件定义汽车"时代，如何保证千万行甚至上亿行的代码不出现错误，至少不出现"致命"的错误，到目前为止还没有找到好办法，预期功能安全、网络安全、信息安全面临着严峻考验。其次是供应链管理的难度很大。传统的垂直一体化供应链体系已经被打破，新的供应链体系正在建设中，还没有形成一整套体系。前几年，车规级芯片的供应紧缺和新冠疫情期间供应链的断裂，致使整车企业不得不减产停产，这一严酷现实就是实证，今后的供应链体系究竟如何构建，这个问题还需要大家共同面对。最后就是人才的结构性短缺，特别是既熟悉汽车产品又熟悉软件的人才十分短缺，只能靠企业通过实践去培养。但是行业内现在出现了"挖角"现象，靠从其他企业挖人来迅速解决人才短缺的问题，这种做法实际上是"内卷"的一种表现，是急功近利的做法，缺乏长远眼光，不利于企业的可持续发展。

从自身存在的不足来看，我认为造车新势力特别是其创始人还要进一步提高站位，以全球化的视野和争创国际一流的决心、信心来面向未来的发展。不要满足于现有的成绩，也不要只是追随领先的企业，自身要有颠覆性技术应用和差异化发展模式的敏感性，时刻瞄准"换道超车"的机遇，争取成为全球智能网联汽车的领导者。"不想当将军的士兵不是好兵"，将远大的理想和脚踏实地的做事风格结合起来，敢于走前人没有走过的路，敢于攀登前人没有攀登过的高峰，只要利用好我们的优势，完全可以走出一条具有中国特色的智能网联汽车发展道路。

8.2.2 传统汽车企业智能化转型

2022 年 4 月，比亚迪公司王传福宣布比亚迪公司停止生产燃油汽车，全面转向新能源汽车的产品。这是全球传统汽车企业中第一家彻底转型的，而且是一宣布立即实现，表明了其决心和信心。

众所周知，比亚迪公司是从做电池起家的。1993 年，王传福辞职后到深圳创业，于 1995 年成立了比亚迪公司，生产镍镉电池。他没有依照国外电池企业全自动生产线的生产方式，反其道而行之，设计出了半自动生产线，利用我国劳动力成本的优势降低了成本，首战告捷。1997 年，比亚迪公司在国内率先进入磷酸铁锂电池行业，获得为摩托罗拉、诺基亚等手机企业配套的订单。2003 年，为了获得汽车企业资质，王传福在香港宣布动用 2.7 亿元港币收购中国兵器装备集团位于西安的秦川汽车 77% 的股权，比亚迪公司正式进军汽车行业，之后又收购了北汽的模具公司，在上海成立了研发中心。比亚迪公司一开始也不敢将宝全部压在新能源汽车上面，而是采取两条腿走路的方式，开发出一个汽车平台，实行双动力配置，既可以按照燃油汽车的发展路径往前走，也可以试水新能源汽车市场，用上其多年来在磷酸铁锂电池研发生产方面积累的经验。如果别的企业这么做，我们可以说是战略不清晰，但是比亚迪公司这么做，应该看作"双保险"，毕竟十几年前新能源汽车的市场远远没有形成，投资新能源汽车需要勇气，是一种探索，不敢把宝全部押在新能源汽车上是理所当然的。当然，在新能源汽车发展方面，比亚迪公司比别家多了一个锂离子电池方面的优势。记得我多年前曾经问过王传福一个问题："比亚迪公司的电池是否对外销售？"他回答得也很干脆："这是比亚迪公司的核心竞争力。"

岂止电池这一个优势。比亚迪公司自从打定主意做电动汽车，又布局了芯片产业，在车用功率半导体方面，已经是国内最大的企业。当汽车行业都在为芯片短缺而苦恼的时候，比亚迪公司播下的种子已经开花结果了——IGBT 产品自给有余，还可以为其他汽车企业供货，这一切都显示出王传福的先见之明。

2023 年，比亚迪公司销售新能源汽车 302 万辆，比上一年增长 62.3%，巩固了新能源汽车全球销量冠军的地位。大家都知道，比亚迪公司在电动化方面确实走在全球前列，但是智能化方面却是其相对弱项。2023 年初，比亚迪公司明确把智能驾驶作为公司战略，希望在两年内让中端及大众车型都用上高阶智能驾驶系统，尽快补上这块短板。2024 年 8 月，比亚迪方程豹与华为乾崑智驾签署合作协议，共同合作开发全球首个硬派专属智能驾驶方案。这是一种优势互补、强强联手的模式，如果能够合作成功，将是我国智能网联汽车发展过程中一个里程碑。

上汽集团在几年前就认识到智能网联汽车的发展将是与新能源汽车发展相伴随的新趋势，率先在组织结构上进行了安排，成立了人工智能、大数据、云计算、网络安全和软件中心等 5 个信息技术中心，2017 年还通过收购重组的方式成立了中海庭数据技术有限公司，与地平线公司共同成立了人工智能联合实验室。这一系列的动作表明了上汽集团发展智能网联汽车的决心。

上汽集团旗下的零束科技有限公司（简称零束公司）是全栈式系统解决方案供应商，提供云—管—端一体化解决方案，现在已经成为上汽集团在全新平台上实现集中式电子电气架构、SOA 软件平台、全栈式 OTA 和网络安全 4 个基础技术方案的总集成者。此外，零束公司还负责上汽集团旗下数字化工厂的整体设计工作。中央集中式电子电气架构将车载系统、车控系统、车云系统打通，特别是车云系统的应用为下一步 V2X 打下了坚实的基础，这是自动驾驶汽车中国方案的特点，在全球汽车行业自动驾驶领域都处于领先的位置。零束公司还将整车智能控制算法、感知设备和执行设备集中到一起，封装成统一的可调用的服务，开放给第三方用于开发应用软件。第三方的软件通过上汽集团测试验证后就可以放到应用商店中供用户选择。零束公司的软件平台还可以提供 OTA 下载升级服务，最大限度满足用户的个性化需求。

早在 2006 年，上汽集团为了掌握线控转向、线控制动系统技术，成立了联创汽车电子有限公司，这是国内第一家涉足这个领域的公司，其中的线控转向系统是专门为自动驾驶汽车使用的技术。到目前为止，全球掌握这一技术并拿出成熟产品的企业屈指可数。该公司成功量产了这个系统，这个系统与车联网智能终端（iBOX）一样，是国内产量最大的。该公司在整车域控制器开发中，与华为公司合作的 5G 模组已经通过车规级认证，这在国内也是第一例。

上汽集团将打造集中式电子电气架构、建设开放型面向服务的软件平台、布局全新的数字化工厂比喻为"铸魂"；将打造新一代电动汽车平台、智能域控制器、电动化底盘执行系统比喻为"扎根"；将实现跨界融合，跨品牌、跨平台、跨车型统一比喻为"营势"。从这里我们也可以看出上汽集团前董事长陈虹讲的"汽车企业不能够没有灵魂"的出处所在。事实上，在"营势"的具体操作中，上汽集团与阿里巴巴、百度、腾讯、华为、地平线等公司都有具体合作，很多操作系统的中间件、功能软件和芯片等都是以合作方为主开发的，但是在操作系统内核开发和整体集成方面，上汽集团没有当"甩手掌柜"，没有采取将其他供应商提供的系统解决方案应用在自己某个车型当中的做法，或者说上汽集团要将主导权牢牢掌握在自己的手中。我在与陈虹的交流当中，明确感受到上汽集团在这方面发展的决心和定力，这也是上汽集团有这样的实力的具体体现。我在与其他一些汽车企业的负责人交流对跨界合作的看法时，他们也都对这个问题抱持明确态度，认为跨界合作是必需的，问题在于由谁来主导。如果是对方主导，汽车企业将来就会变成汽车车身供应商，或者变成对方的代工厂。但是在如何"以我为主"这个问题上，他们缺少一点类似上汽集团的底气和实力，多少表现出一些犹豫。

目前，上汽集团搭载自动驾驶系统的智能重卡在洋山港落户，使用了5G+AI技术，在港口内部特定场景下可以达到L4无人驾驶运行，还可以实现编队行驶，极大提升了运营效率。2021年底，上汽集团开发的20辆Robotaxi在上海市嘉定区正式上线运营。这是国内汽车企业开发的第一款L4智能网联汽车，采用飞凡MARVEL R车型，是一款纯电动SUV，由上汽集团整合内外部资源共同开发。上汽集团还着力打造移动出行战略品牌——享道出行，持续推进"百城目标"运营平台目标实现，利用云平台为运营提供实时服务。

有一家传统汽车企业起步不算早但是决心很大，即长城汽车。在2021年夏天举办的长城科技节上，长城汽车宣布未来5年将投入1000亿元用于新能源汽车和智能汽车的技术研发，而且对数据驱动的作用给予高度重视，认为利用好其已经具有数据采集功能车型的25万名用户的数据是提升人工智能系统性能的关键。在获得用户同意后，长城汽车会采集实际使用中的数据来训练人工智能系统。随着之后几年用户数量的大幅度增长，长城汽车将更多的数据聚集起来建立数据集，为自动驾驶建立起了场景库。据说长城汽车已经积累了数万个场景，涉及高速公路、城市开放道路、城市快速路、上下匝道、各种路口等不同工况。长城汽车也在规划大数据计算平台建设，建成之后有望大幅度提高云计算能力。

与大多数企业一样，长城汽车也采用了多种传感器融合感知的方案，其中3个激光雷达采用的是IBEO公司的全固态激光雷达。

除了与国外公司合作，长城汽车还与华为公司合作，使用了华为

MDC610 自动驾驶计算平台，但是在算法上选择与 Momenta 公司合作。可见长城汽车没有把鸡蛋放在一个篮子里，既与其他公司合作研发自动驾驶技术，又把合作主导权牢牢掌握在自己手中。

长城汽车自研了 ICU 小魔盒系列自动驾驶计算平台，先后使用过 Mobileye EyeQ4 芯片、高通 Snapdragon Ride 高算力芯片，是国内首批采用高通 Snapdragon Ride 平台的整车厂商。

长城汽车的自动驾驶计算平台已经发展到 ICU 3.0，平台的单板算力达到 360 TOPS，将来还可以持续升级到 1440 TOPS，能够有效支撑大数据计算，同时还能够支持 6 路千兆以太网，可同时接入最高 14 路 800 万像素的摄像头、8 路高分辨率毫米波雷达，为后续更高级别的自动驾驶功能留下了冗余。该计算平台采用了 Transformer 神经网络架构，这种算法处理数据更加高效，可以提高自动驾驶功能的精准性和稳定性。采用神经网络计算算法的，在国内是第一家。

早就听说，长城汽车为了适应自动驾驶汽车的需要，对转向、制动、换挡、油门、悬挂都进行了线控改造，这也表明长城汽车在超前谋划智能网联汽车。长期以来，长城汽车一直在先进技术的研发上持续投入，而且一直坚持将这些先进技术落地。到目前为止，80% 以上的长城汽车在产的车型都有自身开发的辅助驾驶功能。

根据长城汽车介绍，为了确保安全，实行了六重冗余：转向冗余、制动冗余、感知冗余、控制冗余、架构冗余、电源冗余。

多年来，长城汽车掌门人魏建军一直毫不张扬，公开媒体上很难见到他的踪迹。他埋头于产品和技术创新中，我在与他交流时，感觉其他话题他往往都是一句话带过，但是只要谈到汽车技术，他就会滔滔不绝，并且很有独到见解，我想这也是长城汽车在短短 20 多年就跻身中国品牌汽车前列的原因之一吧。

广汽集团在与本田、丰田等国外大公司合资合作的同时，一直坚持不懈地发展中国品牌汽车。经过十几年的努力，传祺品牌已经成为国内的知名品牌。在传祺品牌站稳脚跟之后，顺应新能源汽车发展的新形势，2017 年，广汽新能源公司成立，传祺 GE3 是广汽新能源公司第一款新能源汽车车型。2019 年 4 月，借 Aion S 上市之机，广汽新能源汽车正式启用埃安新品牌，这是一款纯电动轿车，而且高度定制化，搭载了一系列自动驾驶功能，受到了网约车公司的欢迎。用户使用打车软件时，Aion S 通常也是第一个被推送的车型。这款车在市场上取得了初步的成功。同年 10 月，埃安"智能豪华超跑 SUV" Aion LX 上市，该车采用了 5 个毫米波雷达、4 个全景摄像头和车内高清摄像头，车前的摄像头采用安波福与 Mobileye Q4，最大探测距离可以达到 200 米，应用了高精度地图等技术，吸引了国内一批喜好新事物的年轻人，一下子在市场上引起了轰动。广汽新能源汽车已经成为国内新能源汽车一股不可忽视的力量。除了新技术的采用，在动力电池续驶里程、全铝车身、弹匣式电池模组、5G 技术应用等方面，广汽新能源汽车不断打造新亮点，使得用户感觉自己的爱车是完全不同于传统汽车的产品。

回过头来看，广汽集团在几个重大节点的抓取上十分准确，在保持传统汽车销量的同时，对新能源汽车、智能网联汽车的发展步步紧跟，恰到好处。这体现了传统汽车企业在发展战略研究上的深入，也体现了其对战略落地时机的把控力。每一步都是对前面的巩固，又成为未来发展的基础。

2020 年 11 月，广汽集团宣布，广汽埃安品牌完全独立运营，全面打造高端智能电动汽车品牌，树立"先进、好玩、新潮、高品质"的品牌形象。

除了上述 4 家企业，国内还有很多家汽车企业在智能网联汽车发展方面进行了有益探索。越来越多的企业认识到，新能源汽车的发展是我国汽车工业转型的第一步，随之而来的就是智能网联汽车的发展，二者并不是接续进行的，而是并行发展的关系，只是高级别自动驾驶汽车的发展要靠后一点。至于辅助驾驶功能，不仅新能源汽车上可以应用，燃油汽车上也是可以应用的，只不过整车平台必须按照全新概念设计，靠老平台"改装"是不可能实现的。

8.3 | ICT 企业跨界自动驾驶

破解智能汽车产业发展难题，并借此拓展市场，几乎是入局汽车行业的 ICT 企业的共识。除了我们前面章节屡屡提到的华为公司，蘑菇车联、文远知行、小马智行等公司都是闯入智能网联汽车产业链、发力自动驾驶的典型代表。

自 2019 年始，世界智能网联汽车大会由北京市政府、工业和信息化部、公安部、交通运输部、中国科协共同举办。在每年一次的大会上，赛迪研究院、工业和信息化部装备工业发展中心都会发布《顺义指数：智能网联汽车产业发展报告》。该报告从国家和地区、城市和企业三个维度（全球指数、中国指数和企业指数），按照统一尺度对汽车产业发展水平进行评估，已经具有一定影响力。根据 2021 年 9 月发布的报告，百度 Apollo 仍然排名第一，进步最快的是蘑菇车联，排名从上一年的第六晋升到第二，排名在前列的还有文远知行和小马智行等公司。

百度公司的人工智能技术研究在国内首屈一指，其主题词搜索背后实际上应用了人工智能技术，在海量的互联网信息中实现了"大海捞针"。在取得第一步成功的基础上，又拓展到人脸识别、语音识别、翻译、地图和出行等领域，都取得了很好的成效。百度公司从 2013 年开始进入自动驾驶汽车领域，成立了深度学习实验室，自动驾驶汽车的技术研发就出自这个实验室；之后又建立了人工智能研究院，由李彦宏亲自担任研究院院长，还专门从美国斯坦福大学找来吴恩达担任研究院的首席科学家。吴恩达是人工智能技术全球知名专家，在神经网络计算方面有着杰出贡献，他开发的神经网络观看了一周 YouTube 的视频，就学会了识别所有与猫有关的视频。他在加入百度公司以后，帮助百度公司搭建了百度"大脑"项目。在自动驾驶汽车发展方面，百度公司没有循着从 L1 到 L5 这种渐进式发展路径，而是越过 L3 阶段直接进入 L4/L5 阶段。确实，L3 是从辅助驾驶到自动驾驶过程中最困难的阶段，这个阶段驾驶人和机器都可以操控汽车，场景和界限划分不清楚，一旦出了事故，究竟是驾驶人的责任还是汽车企业的责任，或者各自承担多少责任，等等，很难断清。所以国内外有一批企业试图越过 L3 阶段直接进入以机器为主的 L4 阶段。

2015 年底，百度公司的自动驾驶汽车就在北京市开放的高速公路上进行了测试，完成了自动驾驶技术的验证。2017 年初开始，百度公司制定了一个三年规划。2021 年，百度公司"汽车机器人"操控的 L5 无人驾驶汽车推出，萝卜快跑出行服务平台在国内 4 个城市落地，百度公司向汽车企业提供辅助驾驶技术，为用户提供出行服务。由此可以看出，百度公司并没有局限于"车"，而是以车为核心，拓展自动驾驶技术的应用和落地。

后起之秀蘑菇车联公司创始人兼 CEO 朱磊曾先后担任过百度公司垂直搜索技术委员会主席、滴滴出行副总裁、易车公司 CTO。2019 年蘑菇车联公司创立后，顺丰、京东、腾讯作为风险投资人对蘑菇车联进行过投资。它们从一开始就一并谋划技术体系和运营体系。近两年，蘑菇车联的快速发展引人注目，2021 年，公司分别与衡阳市政府和鹤壁市政府合作，获得超过 10 亿元的订单。在衡阳市 200 多公里的城市开放道路上，蘑菇车联的车辆涵盖了 Robotaxi、微循环公交、环卫清扫、市政巡逻、医疗救助、快递运送等各种场景。蘑菇车联作为全球领先的自动驾驶全栈技术与运营服务提供商，是业内最早提供"车路云一体化"方案的公司，早在 2019 年，就在北京市顺义区北小营镇的国家级智慧交通示范基地完成了 7.2 公里开发路段及全部 18 个路口的智能网联化改造。这是国内第一个 5G 商用车路协同的项目，在单车智能加车路协同自动驾驶解决方案方面具有领先地位。蘑菇车联融合了车端、路端和云端深层感知决策体系，可确保城市全场景和全工况的自动驾驶。它的"车路云一体化"系统核心部件均实现自研和应用，其中包括底层系统、架构算法、应用软件、人工智能、云平台等全栈技术产品，自主化率居行业前茅。据了解，该公司与大唐高鸿公司合作，共同推进 C-V2X 车联网技术的推广应用，于 2019 年落地了全国首条开放式 5G 商用车路协同示范道路，随后在车辆运营中实现百毫秒响应时延等技术突破。

虽然蘑菇车联的产品大多是特定场景下的应用，看起来没有那么高端，但是蘑菇车联的产品对普及智能网联汽车的使用具有开拓性意义，特别是在车路协同方面建立起路端支持系统的意义重大。蘑菇车联的实践，可能会走出一条自下而上的城市道路智能化道路，从局部打开缺口，探索政府如何推进城市道路改造。

文远知行创立于美国硅谷，其中国公司成立于 2018 年，总部位于广州市。它的创始人韩旭是美国密苏里大学终身教授，曾担任过学校计算机视觉和机器学习实验室主任。韩旭于 2014 年加入百度美国研究院，2017 年 3 月开始创业。英伟达、宇通、广汽等公司都是文远知行的投资者。2022 年 5 月，文远知行与博世公司签署了战略合作协议，宣布获得博世公司 10 亿美元的投资，双方将联合开发智能驾驶汽车的软件，共同推动博世（中国）高级别智能驾驶解决方案加速落地。韩旭希望与博世公司一起将 L2、L3 的私家车市场做好。

文远知行此前已经在研发 L4 的自动驾驶汽车技术，为什么又要"退回"到 L2、L3 的技术上来？我猜想主要还是市场原因。在做一些特定场景的 L4车辆的同时，文远知行还有更大的追求，与博世公司合作就是为了进入汽车产品的主流市场。之前文远知行已经与广汽、宇通建立了合作关系，利用与博世公司合作之机，将 L2 至 L3 的技术应用起来，双管齐下，各得其所。据韩旭介绍，在与博世公司的合作中，文远知行更多负责软件模块和算法，博世公司则负责软硬件的集成、产品质量的把控和与整车企业的对接等。文远知行对自己的算法颇有信心，期待着用多年研究的 WeRide ONE 算法覆盖从 L2 到 L4 的自动驾驶汽车。

2021 年，文远知行为了支持广州市防疫需求，主动将与宇通公司联合开发的全无人驾驶车用于运送医疗物资，这种达到 L5 的小汽车可以在城市开放道路行驶，20 多天里出动 500 多车次，运送物资 2 万余件，总重 100 多吨，为防疫做出了贡献。

小马智行创立于 2016 年底，公司总部位于北京市。汽车行业内有"南文远、北小马"的说法。小马智行的联合创始人是彭军和楼天城。彭军在创立小马智行之前，曾经担任过百度公司自动驾驶部门的首席架构师，负责百度公司自动驾驶汽车的整体规划与技术发展。楼天城是计算机编程方面的专家，曾蝉联 TopCoder 中国区冠军 10 年之久，两次获得谷歌全球编程挑战赛冠军。他曾经在谷歌公司从事无人驾驶汽车的技术开发，后来加入百度公司。小马智行还特别聘请姚期智作为小马智行的首席顾问。姚期智是世界著名的计算机科学家、图灵奖获得者，现担任清华大学交叉信息研究院院长、教授，也是中国科学院院士、美国国家科学院院士，他在清华大学设立的"姚期智班"培养了一批又一批计算机方面的人才。

小马智行创立以后，经过不断的道路测试，先后在中国和美国获得自动驾驶出行服务许可，但是在 2021 年于美国加利福尼亚州的测试过程中，发生了一起轻微剐蹭，虽然没有伤人，也没有与其他车辆碰撞，但为了查清楚原因，小马智行还是主动停止了测试。之后美国加利福尼亚州机动车管理局撤销了给小马智行发放的测试许可证。这件事情如果放到中美两国战略博弈的大环境下考量，就不仅仅是技术或安全因素那么简单了。中国企业进入美国市场远比美国企业进入中国市场要困难得多，不仅小马智行，滴滴、元戎知行等中国企业在 2021 年也没有获得加利福尼亚州的无人驾驶汽车测试许可证。2022 年 2 月，美国发布了新版《关键和新兴技术清单》，与 2020 年版相比，新增与自动驾驶汽车相关的技术，包括自主系统和机器人、通信和网络技术、先进网络感知和特征管理、人机界面管理等，这意味着美国会对这些技术的出口进行限制，甚至会对我国自动驾驶技术走在前列的企业进行遏制和打压。

小马智行从创立时起就与丰田、现代、一汽、广汽等公司建立了良好的合作关系，搭载在这些公司车型上研发的 L4 自动驾驶汽车 Robotaxi 已经在一些智能网联汽车示范区取得运营资质。

小马智行开发的自动驾驶计算平台 PonyAlpha X 于 2020 年 11 月发布，这是一个标准化生产的自动驾驶系统，包括软硬件一体的配置，可以采用汽车厂前装方式装入现有车型。2022 年初，第六代自动驾驶系统问世，这一次小马智行抛弃了之前一直采用的机械式激光雷达而改用固态激光雷达。小马智行在拿下广州出租车运营许可之后，又拿到了北京第一批 Robotaxi 的载客运营牌照。借全国政协委员调研之机，我乘坐了小马智行在北京亦庄经济开发区运营的车辆，总体上感觉还是不错的，整个行驶过程中驾驶人都没有进行干预，遇到各种突如其来的情况时，车辆处理得及时且柔和，不像之前许多车型采用紧急制动或猛打方向的操控方式，行驶的平顺性较好。

小马智行是少有的坚持 L4 自动驾驶汽车不动摇的公司之一，这显示了小马智行的战略定力。如果能够有持续不断的资本金投入，加上地方政府的支持，坚持在这一条路上走下去，在一些细分市场站稳脚跟，也会打开一片天地。

专题访谈

走好特色化差异化发展之路

新一轮科技革命和产业变革，本质上是互联网、大数据、云计算、人工智能这一系列新技术发展和应用给各行各业、给社会治理带来的巨大变革。具体到智能网联汽车上，实际表现为功能汽车的智能化。由于数据量越来越大，而"软件定义汽车"要求汽车具备随时随地升级、调整功能的能力，对整车算力的要求越来越高，功耗越来越大，结果引发了追求最先进制程、最大算力的芯片的趋势，从而对单车智能技术路线构成挑战，由此车路云互动融合成为我国智能网联汽车产业解决问题的终极方案。要走出一条有中国特色的差异化发展道路，需要回答以下问题：为什么只有中国坚定走这条技术路线？如何才能充分发挥有效市场和有为政府的作用？怎样才能扬长避短，实现各行业跨界协作，多方共同建设智能网联汽车产业生态，充分体现出集中力量办大事的体制优势？

"打篮球"vs."下围棋"

曾纯（以下简称曾）：以生成式人工智能为标志，人类向通用人工智能迈进了重要的一步，而人工智能技术的最大应用场景就在汽车产业。是不是可以这样说——我国智能网联汽车的发展战略与人工智能的发展战略密不可分？

苗圩（以下简称苗）：是的。当今世界正在经历百年未有之大变局，以互联网、大数据、云计算、人工智能等数字技术为代表的新一轮科技革命和产业变革，是大变局中的关键变量。智能网联汽车是人工智能在汽车上的实际应用，是我国抢占汽车产业未来战略制高点的重要抓手，是汽车产业转型升级、由大变强的突破口，它的发展高度依赖人工智能的技术水平和战略选择方向。

曾：您如何看待当今人工智能的发展趋势？我国人工智能发展与世界先进水平的差距和潜力分别表现在哪些方面？

苗：近年来，人工智能出现爆发式的突破。Open AI 推出的生成式人工智能 ChatGPT，这个大模型的参数数量从 2018 年第一版的 1.17 亿猛增到 2023 年第四版的 1.8 万亿，在短短 5 年当中，增长了 1 万多倍，迭代创新的速度惊人。Sora 又进一步增加了大模型参数的数量，可以实现文本生成视频。有专家预测，将来若生成三维长视频，大模型参数数量更可能高达 10 万亿级别以上。

在人工智能芯片领域，则呈现出英伟达公司一家独大的局面。据统计，2023 年英伟达 GPU 在全球的市场份额达到 85%。一个万亿级参数的大模型，大概需要用成千上万片英伟达最先进的 GPU 来搭建。近些年美国政府对我国设置人工智能芯片出口限制，受此影响，我们在大模型参数上与美国的差距逐渐拉大。

回顾互联网的发展历程，可以看到一个很有意思的现象，具有技术颠覆性、创新性的突破往往是美国第一，中国第二。然而在互联网技术的应用方面，往往是中国第一，美国第二。我国在人工智能赋能实体经济，实现产业数字化、智能化的实际应用方面，即使技术上不领先，至少也是和发达国家处于同一起跑线上。尤其是在制造业方面，我国拥有联合国产业分类中全部工业门类，有 220 多种工业产品位居全球第一，覆盖了几乎所有的传统和新兴制造业领域，包括从原材料供应、零部件制造到整机装配、售后服务的全产业链链条。这些都为人工智能与产业的深度融合提供了丰富的应用场景和巨大的市场空间。

曾：基于这样的判断，我国人工智能的发展战略应该不同于"大力出奇迹"的算力大竞赛模式？

苗：如果我们一味地追踪大算力、大模型、大数据这些热点，就很容易陷入陷阱被拖垮，对此我们应该保持战略上的冷静和清醒。美国占据底层技术、芯片和算法领域领先的优势地位，而我国在基础设施、数据和应用场景方面也具有显著的优势。我们不应该和美国硬碰硬地去"打篮球赛"，不能盲目地跟随美国满场乱跑，我们应该学会用"下围棋"的方法，谋划好如何在先进制程芯片技术支撑落后于美国的情况下，通过大模型的垂类应用来赋能包括制造业在内的千行百业。换句话说，就是走人工智能差异化的发展道路。我们发展的重点应该放在细分领域的垂类应用上。与多模态下生成视频、生成文章相比较，像汽车智能化这类垂类应用有其自身的特点。例如，生成式人工智能的输入模态首先是从文字开始的，到目前为止文字仍然是主流，但是在自动驾驶汽车上可能最主要的输入模态是图像，而不是文字；就模型参数而言，车端使用的更多属于"小模型"，不需要动辄上万亿级参数，然而其产业化价值却更大。

通过人工智能赋能实体经济，加速技术产品的迭代创新，带动产业规模的扩大，形成双向赋能的发展格局，在行业应用场景构建起 To B 的领先优势，这是中国国情所决定的一条具有中国特色的发展人工智能的道路。

单车智能路线 vs. 车路云协同方案

曾：相比起我国提出的车路云协同方案，目前业界仍是单车智能路线占据主导，您如何看待单车智能路线将会遭遇的产业化挑战？

苗：我们不要把单车智能路线和车路云协同路线作为两条对立的技术路线。这跟新能源车与燃油汽车的动力路线不一样。因为即使是车路云协同这条路线，也是要以单车智能为基础的，是在单车智能基础上加上车路协同、车云互动。

自动驾驶光靠单车智能是远远不够的，这个在中外汽车行业内人士间已经达成了共识。因为数据量越来越大，整车上的算力要求越来越高，尤其是为了实现"软件定义汽车"，还要预留很多算力，为将来的升级留下空间，至少要为汽车十年以后的发展留下空间。因为芯片埋进去后就不可能换来换去，在汽车报废之前都很难更新，而实现"软件定义汽车"之后，随时随地都可以升级、调整功能，对整车算力的要求越来越高，功耗也越来越大，必然耗费大量电力，占用大量资源，这引发了片面追求最先进制程、最大算力的芯片这么一个趋势，最终车端算力会成为发展的瓶颈。显然这样做是不经济、不合理的。

曾：既然大家都看到了，甚至形成了共识，为什么只有中国选择了车路云协同发展智能网联汽车的道路？

苗：这是因为我们制度上和发展中的优势。我们既要发挥市场配置资源的效率，也要更好地发挥政府的作用，把这两股力量结合起来。从客观环境的角度看，把一部分运算改放在云端，而不是放在车端，通过云端大数据来训练车端的人工智能系统，使其越来越"聪明"，这样就解决了汽车算力需求对芯片要求越来越高的难题。

曾：考虑到中国通信产业在 5G 时代的全球地位，车云协同显然是我们的一个强项，正好可以发挥我国 5G 通信的优势。

苗：关于车云互动，在本书中我介绍了从计算基础平台 1.0 到 2.0 版本的升级，它们之间最大的区别就在于新版本强调了要发挥好云计算、大数据、计算训练人工智能模型在后台的作用。大家都知道，车联网（V2X）使用的是移动通信。在以 5G 为代表的移动通信领域，中国走在了世界的前列，我们的基站建设数量占全世界基站总数的大约 60%。我说过 5G 的应用也遵循二八律，5G 的 20% 用来解决互联网，即人与人之间的通信问题，80% 则用来解决物联网，即物与人之间、物与物之间、物联网之间的通信问题。

最大的一个物联网，万物互联当中最大的一个市场，就是智能网联汽车。

2024 年，我国有 3 亿多辆的汽车保有量，若干年之后它们大都会换成新能源汽车，换成智能网联汽车，数量可观，而与之相关的数据流量，比人和人之间的通信流量大得多，所以车云互动既是智能网联汽车发展的一个必然趋势，也是我们的优势力量所在。只要我们把 V2X 的优势发挥出来，把不涉及安全性的大量数据处理运算放到云端去进行，就能解决单纯车端算力要求越来越高的难题。

曾：推广车联网，也有助于把我国的 5G 网络更好地利用起来，为将来建设 6G 网络奠定坚实基础。

苗：各大电信运营商仅靠手机用户难以支撑 5G 网络的建设，更不要说发展 5G-A 甚至 6G 网络了，因为现在的网络速度、网络质量足以满足绝大多数手机用户的日常需要，只有像车联网这样的垂类应用场景，才能为 5G、5G-A 甚至将来 6G 提供更大的空间，而移动通信技术的领先优势反过来又让车联网这类应用如虎添翼。

曾：一度有一种舆论，说逢单的移动通信标准都是过渡性的，如 3G、5G 不如 2G、4G 重要；5G 时代欧美是落后了，它们为什么 5G 发展得不好呢？是因为 5G 处在 4G 和 6G 之间的中间阶段，在这个阶段，用 4G 服务足以满足用户的需求，而要实现服务产业的大规模应用靠 5G 又还有些欠缺，所以欧美其实打的是跳过 5G 直接发展 6G 的算盘。您认为欧美有可能在 5G 落后的情况下跨过 5G，转而在 6G 时代领先吗？

苗：不太可能，这不符合技术发展规律。移动通信技术的发展一直是循序渐进的，迭代发展。你说有没有可能从 4G 直接跳到 6G？我都想象不出来怎么跳。移动通信技术升级，无非就是带宽越来越宽，速度越来越快，时延更低，光纤资源更丰富，在同一区域里能够覆盖的终端越来越多。现在 5G 网络覆盖仍然以基站为中心，在基站所未覆盖的沙漠、无人区、海洋等区域依然存在大量通信盲区，占地球面积 80% 以上的区域无移动网络信号，6G

一定要补上这一块，其方式就是发展卫星互联网。

曾：我看到过相关报道，美国力图改变在移动通信领域落后的局面，想要通过"拉群"建立将来 6G 时代的新局面，到时把中国排除在这个群之外。当时国内很多人很关注这件事，担心我国在移动通信领域领先的优势会在未来的 6G 时代丧失掉。对此您怎么看？

苗：这的确是应该高度重视的问题，但是我们应该相信我国企业对市场的认知能力和对技术演进趋势的把握能力。一般而言，移动通信技术演进一直遵循着新一代技术必须兼容老一代技术的惯例，6G 不大可能甩开 5G 及以前的标准，否则建设一套全新网络基础设施的投入将是一个天文数字，而且用户所使用的终端也不得不全部更换，那更是不可承受之痛。我可以明确地说，我国所建设的通信网络不会"英雄无用武之地"。再说，全世界经历过 3G 三个标准、4G 两个标准的时代，好不容易在 5G 时代实现了全球统一的标准，6G 当然应该继续坚持全球统一标准，这对世界各国都是有利的。退一步说，万一由于地缘政治的影响，6G 时代又退回到全球多个标准的状态，那么中国一定会和世界上大多数国家一道，遵循 5G 到 6G 的发展路径，少数国家即便真的要"另起炉灶"，搞出另外一套 6G 标准来，也得考虑两套不同标准的相互兼容。这意味着根本不存在将中国排斥在全球移动通信之外的可能性。

从 5G 开始，移动通信的主要用途已经转向了万物互联，而最先实现的物联网应用就是车联网。如果我们在自动驾驶汽车发展中更好地利用 5G 网络，就为 6G 技术的发展开辟了广阔的空间。现在我们可以看到的 6G 技术就是卫星通信和卫星互联网，加快卫星互联网建设，对 6G 发展是至关重要的一环。华为公司在应用北斗卫星实现移动通信方面，已经走在了全球前列。

曾：相对于车云互动，车路协同难度会更大吧？您建议从哪里入手为好？

苗: 难度会更大一点,因为要建设路侧单元。可以结合智慧交通的建设,按照国家的发展规划,循序渐进。当务之急是在我们各个智能网联汽车试验区的基础上,针对红绿灯、道路标识、标线等迅速制定出全国统一的标准,而且要在国际标准化组织中积极活动,争取使其成为国际统一标准。全世界都是红灯停、绿灯行,到了智能网联汽车时代,我们希望就像红绿灯一样,全球一个标准,首先从中国做起。不要像现在世界上道路分为左行、右行两种不同模式,这带来很多麻烦。如果我们从一开始就把标准统一了,就能为后续的发展提供方便。

举个例子,在发红绿黄灯信号的同时发一个通信信号,技术上并不复杂。汽车无须用颜色传感器,而是通过一个无线电信号来识别、确定究竟是红灯、绿灯还是黄灯,走遍全国都是一个标准。如果我们能先行一步,应用得越广泛,在从众心理作用下,全球统一标准的概率就越大。这个没有什么对或错,无非就是赶紧把标准定下来。

车路协同要统筹好智慧城市的建设,这是住房城乡建设部主抓的事情;也要统筹好智慧公路的建设,这是交通运输部在抓的事情。二者最终形成智慧的车、智慧的路,车路之间实现协同。还是那句话,如果把所有的难题都交到车上去,每一辆车在行驶的时候都要实时地感知周边路况,非常不经济、不高效。我国又是安装道路摄像头最多的国家之一,为什么不把这些摄像头感知的道路信息推送到车端?少花钱多办事,花小钱办大事。我们完全可以把一些有积极性的地方政府调动起来,根据各自的实际情况,从点到线再到面,把这些事情做起来。

曾: 您认为强人工智能最容易发力的是车端、路端还是云端?如何预判断各自的成本效应变化趋势?

苗: 我觉得最容易发力的是车端。因为车端不需要那么大的模型,不要那么多的参数,不像 Sora 和 GPT-4.0 动不动就要上万亿级参数。

至于云端遇到的共同问题，也是我国汽车企业遇到的共同问题，就是大模型、大参数智算中心的建设问题：是每家汽车企业都建设并维护一个智算中心，还是利用好现有的公有云的智算中心？智算中心大算力芯片怎么获得？数据如何集中起来应用？……

第一性原理 vs. 冗余设计

曾：在全球自动驾驶汽车领域，超级玩家实际上都归属中美两国，而其中最耀眼的汽车企业当数特斯拉公司。中国经济是基于对内改革和对外开放发展起来的，像特斯拉公司这样的企业，我觉得实际上是与中国汽车企业一路同行的难得的良师益友。

苗：是很好的伙伴。在新能源汽车产业发展的过程中，特斯拉公司与中国汽车企业共同克服了很多障碍。它在自动驾驶技术上的探索对中国汽车企业有很好的借鉴作用。

对外开放促进了我们的发展。过去我们汽车技术落后，期待着保护，现在反过来，欧美倒是老想着如何保护自己的汽车产业，其实鼓励竞争是促进发展最有效的政策。中国汽车人值得为这种关系的颠倒这一历史性变化自豪。2024 年 9 月，美国将从中国进口的电动汽车关税税率上调至100%。我了解了一下，2023 年中国对美国的汽车整车出口是 6.9 万辆，其中只有 1.3 万辆是新能源汽车，所以说 100% 听着挺吓人，实际上对我们影响有限。

特斯拉公司采取渐进式策略，先搞辅助驾驶，然后推出 FSD，一直升级到最新的 V12。2024 年马斯克到中国来，实际上是谋求 FSD V12 能够尽快落地中国。这一目标如果能够顺利实现，中国智能汽车市场将再添一大变局力量，掀起产业创新的新高潮。

曾： 我们拭目以待，且看下回分解。从产品数据看，截至 2024 年 4 月，特斯拉 FSD 累计行驶里程达 20 亿公里，远超华为公司的 2.2 亿公里和小鹏汽车的 0.7 亿公里。最新的 FSD V12 从 2024 年 3 月开始在美国大范围推送，最令人咂舌的表现是，对比上一版 FSD，V12 需要人工干预的频率大幅降至原来的 1%。这种技术跃迁背后发生了什么？

苗： FSD V12 最大的改变是采用了"端到端"架构，颠覆了传统的智能驾驶模式。简略地讲，传统模式采用感知—规划—决策—执行四个模块，通过传感器感知环境、检测物体和定位，在地图提供的道路信息基础上，以模块化方式传递数据，结合模型和工程师提前写入的规则，运用人工智能规划安全行驶路线。而"端到端"架构截然不同，一端输入传感器数据，另一端直接输出车怎么开的决策，依靠神经网络完成从物体识别到环境理解，再到决策的全过程。神经网络由数以百万计的车辆行驶视频数据训练而成。在 FSD V12 中，规则代码只剩余上一版本的 1%。经过训练的大模型可以从感知数据中捕捉到更多信息来完成决策，提升了系统应对复杂场景的能力。

曾： 中国汽车企业对"端到端"架构持什么态度？

苗： 紧随特斯拉公司之后的就是中国汽车企业。特斯拉公司 2023 年发布"端到端"架构，中国汽车企业中采用类似架构进展最快的小鹏汽车，推出"端到端"智能驾驶系统的时间是 2024 年 5 月。

仅从这个角度说，中国汽车企业也应该把精力放在大模型等未来技术的突破上，而不是简单地"内卷"打"价格战"。另外，为了建设高效计算平台，能够以更低成本的算力跑出更高效率，让算力的利用率更高，让大模型更可靠更稳定，特斯拉公司甩开英伟达，开辟出一条自主设计人工智能芯片、自我迭代发展芯片的路径，这对中国汽车企业具有很好的借鉴意义。

曾： 毫无疑问，FSD V12 的推出显著提升了单车智能技术的上限和迭代速度，这会不会弱化车路协同的路端需求？会不会冲击我国正在探索的红绿灯信息服务、盲区预警等应用场景，进而对国内一些城市正在推进"车路云一体化"基础设施建设的积极性产生消极影响？

苗：首先，FSD V12 的技术进步，如果能够顺利落地中国的话，将是自动驾驶汽车市场教育、用户普及、进一步提升新能源汽车渗透率、通过"鲇鱼效应"促进市场创新的大好事。其次，单车智能路线和车路云协同并不是两条对立的技术路线，后者包含了前者，是锦上添花。最后，智能网联汽车的核心取向还是安全，车路云协同是能够真正实现汽车安全的可靠的科技手段，最终可以实现全社会出行服务共享。这里说的安全，不是那种"泛安全"，比如信息安全之类，说的就是本质安全。单车智能遇到的最大挑战还是本质安全问题，车路云协同等于在单车智能基础上增加了安全保障。

曾：我第一次听到这样的表述。因为我一直觉得单车智能最大的挑战在于，算力要求越来越高之后，单车处理很可能会跟不上。您等于从安全冗余设计的角度解释了车路云协同的另一种价值。即便车路云协同做得没有预期那么理想，也并不影响做好单车智能，还是可以和国外的单车智能路线一比高下。反过来说，如果把车路云协同做成了，那就是一个大大的加分项。

苗：随着汽车自动驾驶功能逐渐改善，怎么才能实现机器开车比人开车更安全？有些是本质安全决定的。比如机器具有过目不忘的特点，机器的存储能力远超人脑的记忆能力，这些方面是人工智能的天生优势。但是面对错综复杂的情况，我们如何才能使机器比人更强？这就是人工智能大模型发展所带来的挑战。过去在生成式人工智能没有突破的情况下，我们采用的办法是基于规则、基于道路交通安全的规则、基于各种路况处理建立各种规则，来教会机器开车。形象地讲，就是训练一个人从不会开车到会开车。但是生成式人工智能这种大模型实现的是使机器从新司机变成老司机这么一个过程。

特斯拉公司训练大模型，其实就是典型的车云互动应用，只是用的是私有云罢了。至于车路协同，特斯拉公司不会看不到它的意义，只是特斯拉公司没有办法左右各国路侧基础设施的建设，只能是所有难题都自己扛，力求在车端解决一切问题。

曾：换个角度看，车路云协同在车端外增加了云端和路侧，那是不是意味着也会增添新的安全问题？

苗：数据在空中的传送当然会比车端内的传送受到更大的干扰。不过我们强调的还是汽车的本质安全，这是最重要的。在这个问题上我不同意马斯克排斥使用雷达的做法。按他说的第一性原理，人的眼睛能看得到的，摄像头就一定能看到，因为摄像头看得肯定比人的眼睛更远。问题在于会有人眼看不到的场景，比如"鬼探头"。如果装了激光雷达，再加上"车路云一体化"，就能及时发现异常，避免事故。就本质安全而言，车路协同是利用我们道路的基础设施为安全加分。遇到光线特别不好的场景，像大雾、雷电、冰雪天，或遇到前面有车遮挡，可以利用道路的摄像头向车端推送警告信息，为车辆安全保驾护航。

曾：我猜测，马斯克不用激光雷达，是因为他最初认为激光雷达成本太高、不经济。等到激光雷达成本降下来了，而特斯拉公司基于全摄像头的这一套系统已经很成熟了，没必要推倒重来？

苗：马斯克担心成本高一定是原因之一，但他的选择标准核心还是坚持第一性原理，这个核心不会改变。第一性原理没有错，但是确实有大风大雨天。非正常状况下，人眼本来就是有局限性的，因此安装再多的摄像头，还是有很多特殊场景的问题解决不了。像火箭那种发射成本非常高的产品，围绕第一性原理运行理所当然，因为只有遵循它才可持续。但是对汽车来说，尤其是很多细小的配件，很多时候为了提高安全性增加一些冗余的设计，其实是有其科学根据的。

曾：按照第一性原理，发展新能源汽车就应该是发展电动汽车。恰恰在中国市场，兼具电动汽车和燃油汽车功能的增程式混合动力汽车风生水起。用户用脚投票，不受任何原理和概念的束缚，做出了自己的选择。

苗：欧洲直到现在为止还是只认电动汽车，不把插电式混合动力汽车算作新能源汽车。插电式混合动力汽车解决了中国用户的里程焦虑问题。实际上这个车型不是中国人发明的，是通用汽车公司发明的，但是在中国开花结果。插电式，特别是增程式，成了中国特色。我们很早就定下来了，它们也是新能源汽车。

曾：在技术先进性和用户体验上，对中国市场和中国用户来说，如果二者不可兼得的话，是不是用户体验的分量远比技术先进性来得重？或者可以说并非最先进的东西就是最受欢迎的？

苗：换一种说法叫先进适用技术，你不能光追求技术先进，还得适用。最终埋单的是用户，用户体验和感受至关重要。用户追求的未必是最先进的东西，而往往是口碑最好、感受最贴心的东西，或者是性价比最优的产品。

曾：我们说车路云协同是好上加好、锦上添花，等于把各方力量都集中起来，然后共同解决一个问题。但是和单车智能比较起来，显然这条路线的门槛就会抬高，您觉得其部署落实的最大难点在哪里？

苗：从我们国家的实际来看，车用操作系统要从车载向车控方向进步，就需要汽车企业和互联网企业深度融合。一旦进入全栈式的操作系统领域，严峻挑战会接踵而至。车载这一部分出了问题，至多是死机；车控这一部分出了问题，可能就是车毁人亡。两个难度有天壤之别。所以必须跨行业深度融合，尤其是互联网企业与汽车企业必须深度融合，必须打团体赛。这是巨大的挑战。

打团体赛，集中力量办大事

曾：特斯拉公司走通单车智能路线的概率越来越大。现在的自动驾驶汽车发展局面很像 2020 年左右的电动汽车发展局面，有"一强"处于阶段性领先位置，其他众多选手跃跃欲试，奋起直追。我们的汽车企业还处于追赶者的位置，您认为在这一阶段应该采取的最重要的策略是什么？

苗：我们不能单纯按美国人单车智能的思路走。特斯拉公司能走通，我们未必能够走通。我们要认清现状，单打独斗很难赢特斯拉公司。我们是每家汽车企业做同样的事，还是分工协作来做大事？我认为我们应该打团体赛。企业可以联手，而不是每家都搞一个大数据训练模型去训练人工智能系统。

曾：我看到一个数据，2023 年一季度，特斯拉公司的云端算力达到 35E（1E 代表 10 万亿次浮点运算），是国内头部企业华为车 BU（3.3E）、百度极越（2.2E）、蔚来（1.4E）等公开自建算力总和的数倍。这种差距如何才能缩小？

苗：虽然我国是世界第一大汽车产销国，拥有那么多汽车企业，但是我国单家汽车企业的体量还不够大。对大多数汽车企业来说，像特斯拉公司一样建立自己的私有云不是最好的办法。

更好的办法是将公有云和私有云结合起来，大量数据由公有云提供，也有些数据需要企业自己来掌握，这就不能全靠公有云。

一般的汽车企业没有能力自己搭建一个智算中心，特别是对我国汽车企业来说，而且还受到核心部件供应限制的影响。关键是怎么把社会资源利用好，要统筹规划，加强引导，这又是需要宏观考虑的一个问题。我们现在是不是可以把大家的力量集合起来，搭建若干个智算中心来提供公共服务？

曾：中国是人口大国、互联网大国，中国的汽车保有量也已超过美国，所以我们的汽车用户在使用汽车时会产生大量数据，如何才能更好地利用这些数据？

苗：中国拥有数据大国优势，充分利用好驾驶数据，是我们有待开拓的一个非常重要的领域。包括国外汽车企业进入中国，要适应中国的需要，也不可能靠外国的路况、外国的训练模型，一定还得在中国采集相关数据。如何把这些数据汇集起来，经过清洗加工然后加以利用？这是一大课题。用好了，对我们来说，是把潜在优势转化成现实优势。如果是每家企业都分散地、一窝蜂地一拥而上，那无异于把这个宝贵的资源通过条块分割碎片化了，结果大家都做不好。其实，做好这种数据汇集工作，是既有经济效益又有社会效益的一件大好事。

曾：关于如何打好团体赛，您还有什么特别想强调的？

苗：在智能网联汽车的发展当中，应该继续坚持我们发展新能源汽车时部门之间协同的好经验、好做法。比如 2023 年 11 月住房城乡建设部印发《关于全面推进城市综合交通体系建设的指导意见》，推动"多杆合一"，支持车联网发展，就是一个结合智慧城市的建设来推动道路基础设施和智能网联汽车相互促进、共同发展的很好的实例。工业和信息化部会同有关部委发布"车路云协同一体化"推进意见，允许 L3、L4 汽车在限定区域内上路行驶，这预示着自动驾驶汽车将从试验场进入实际应用场景。

中国一定要扬长避短，走一条差异化的发展道路。我们"短"在人工智能芯片、软件、算法上，"长"在制度和大市场上，关键是要打好团体赛，不要散兵游勇式比赛。这样一条差异化道路，也是具有中国特色的智能网联汽车发展道路。

曾：集中力量办大事是我国的体制优势，历史上有"两弹一星"，现在要办的大事就是芯片、操作系统研发等，涉及的研究人员、资金投入很多，在中美大国博弈的世界大背景下对国际格局有很大的影响。关于当今集中力量办大事的具体做法、具体思路，您有怎样的原则性思考？

苗：过去的集中力量办大事和今天的集中力量办大事，背景情况不太一样。过去我们的经济条件比较差，在一穷二白的基础上，集中全国优势的资源，去干那么一两件大事。今天我们所处的国际环境、国内的发展水平已经不可同日而语。在这种情况下，实际上我们集中力量办大事，基本上不是由于资源上的短缺，而是出于跨行业协同的需要。比如开发操作系统这个事情，光汽车行业干不了，光软件行业也干不了，必须协同起来，软件还必须得跟芯片配合。我们芯片产业受美国打压，怎么样去用软件优势来弥补我们在硬件芯片方面的相对不足，这也是必须认真考虑、严肃应对的问题。

另外，关于集中力量办大事，我们一定要走与别人不同的路。以新能源汽车发展举例，可以说最早的概念不是出自我国，但是在实践当中，我国把这些概念一一落实了，这里就有我们政府发挥的作用。当年如果没有中央政府的财政补贴，没有那么大的推进力度，新能源汽车产品推向市场后，谁会去买呢？如果没有地方政府对充电基础设施的建设，那车卖出去以后，用户到哪儿去充电呢？

在智能汽车发展方面，还要坚持这个方向，走跟别的国家、国外公司不一样的路。比如说它们是单车智能的路径，我们可能是车路协同模式。智能汽车一启动，通过传感器不断地感知周围的路况，单车智能肯定不是一个最经济、最合理的解决方案。

我们在发展智能网联汽车时，强调了计算平台的概念。这一概念最早是由博世公司提出的，但它只研究到车车互动、车路互动。我国在此基础上提出了车云互动，考虑怎样把一部分数据放在云端去处理。

如果我们能够把摄像头、限行限速标识、路况监测全都进行数字化、智能化改造，然后把相关数据推送到车上，就能大大减少车上感知、处理的信息量，那么数据处理的速度会更快，效率会更高。所以在这些方面，一定要突出我国的制度优势，弥补我们在发展当中遇到的各种不利因素，这样完全可以走出一条有中国特色的发展道路，这也是我们的一个优势所在。

曾：我们将集中力量办大事的原则放在智能网联汽车上，要怎么做才能真正做成大事？

苗：我们在发展新能源汽车时，就强调把有效的市场和有为的政府两种作用充分发挥出来，发展智能网联汽车也离不开这个基本原则。在市场能发挥作用的时候，尽量按照市场规则去办事，让市场在资源配置上起决定性作用。从宏观上讲，在某些时段，尤其是产业起步阶段，可能还得靠有为政府来拉动、推动。具体来说，政府作用的发挥主要表现为组织行业内的企业认真研究硬件，尤其是芯片怎么发展，以及技术路线、软件怎么构建，推动形成良性的产业发展生态，争取搞好，这对于未来形成引领至关重要。

如果错过了这几年的时间窗口，很可能我们就又会陷入追随的状态，我们在"上半场"取得的优势可能会在"下半场"丧失。我们现在处于一个很有利的位置，只要组织好，先让行业内的各方统一思想，统一行动，齐心协力，就有希望做成。

总而言之，我们有汽车大市场的优势，我们"上半场"已经取得了新能源汽车全球发展领先的态势。"时"和"势"都在我们这一边，只要我们把握好"看不见的手"和"看得见的手"的相互作用，充分发挥我国的制度优势，就一定能够引领全球智能网联汽车的未来。

曾：我们一直在说做好准备迎接智能汽车的"iPhone 时刻"。您认为智能汽车的"iPhone 时刻"到了吗？

苗：到了。2023年底我国允许 L3、L4 自动驾驶汽车有条件地上路，以及 2024 年 4 月马斯克到访中国，他期待最新版 FSD 尽快在中国落地，意味着智能汽车的发展迎来了重大突破。

我认为，马斯克这次到访的意义等同于 2019 年特斯拉公司独资落户上海对我国新能源汽车产业发展所起到的"鲇鱼效应"。

曾：我们志在超车，那就意味着我们要赢得这个"下半场"的比赛，那么您认为赢得"下半场"以什么作为标志？它肯定不是一个时间节点，应该是一个技术突破或者产业变革？

苗：标志是最终全面实现无人驾驶。这可能需要十年八年的努力，走得好的话也可能更快些。一些特殊场合比如港口、矿山等，现在已经实现了无人驾驶。

曾：那将是汽车行业翻天覆地的变化。

苗：大势所趋。对我国而言，就是利用新能源汽车的领先优势乘势而上的问题。我们志在超车，只有在智能网联汽车发展方面再一次走在全球的前列，才算在全球汽车行业中实现了超越，那样就越来越接近建成汽车强国的目标了。

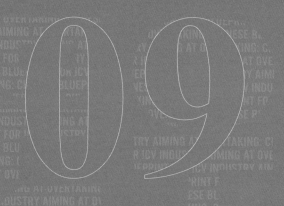

面对发展智能网联汽车的新挑战和新机遇，我们在"上半场"着力发展新能源汽车过程中积累的"五大经验"、收获的"四大自信"完全可以复用到"下半场"的新征程中。已经争取到新能源汽车发展战略主动的中国汽车产业，拥有最大的机会获得智能网联汽车产业竞争的胜利，实现真正意义上的超车，并将成功引领全球汽车产业的转型升级。

第九章 | 智能网联新能源鼎立超车壮志 |

新一轮科技革命和产业变革正在深刻改变汽车行业。作为汽车、电子信息、通信、能源等领域跨界融合的产物，智能网联汽车已成为全球技术革新和产业变革的前沿阵地，这对国内外的汽车制造商来说无疑是一次严峻的挑战。同时，它也对全球各国汽车产业的竞争力提出了更高的要求。

在我国聚力发展新质生产力、扎实推进新型工业化的今天，汽车产业作为国民经济的重要支柱性产业，更需主动担当作为，把握智能网联汽车发展历史性机遇，以实际行动贯彻落实好高质量发展要求，践行新发展理念，实现建设汽车强国的既定目标。

9.1 | 全球汽车产业竞争新格局

全球智能网联汽车产业发展已经驶入快车道，正在走向示范应用与大规模推广的新阶段，产业竞争日趋激烈，塑造了汽车产业的新格局。

9.1.1 领先"上半场"的价值

2023年，我国新能源汽车产销量分别达958.7万辆和949.5万辆，连续9年位居世界第一，全球占比超过60%，初步实现了换道赛车领先的目标；我国新能源汽车市场渗透率达到31.6%，呈现加快推进之势，发展势头不可逆转，渗透率超过50%指日可待。我经常把新能源汽车发展比作"上半场"，将智能网联汽车发展比作"下半场"，可以说，我国汽车行业在"上半场"已经取得了全球领先的优势。

就在我国新能源汽车的产销量持续创下新高之际，国外汽车企业和国外政府对新能源汽车尤其是电动汽车的态度却似乎发生了剧烈转变。鉴于过去

10 多年里新能源汽车在全球市场经历了一个高速发展的黄金期，电动化也一度成为全球汽车业的共识，如此 180 度的大转弯，难免让人感觉出现了一股前所未有的"逆流"。

企业层面上，2023 年底，丰田公司会长丰田章男在接受媒体采访时表示：电动汽车既不是新技术，也不低碳环保，是低级产品，要抵制到底。2024 年 1 月，福特公司宣布，由于市场对电动汽车的需求低于预期，将削减 F-150 Lightning 电动皮卡的产量。2 月，奔驰宣布放弃其 2030 年实现全部电动化的计划，并延迟了电动汽车和插电式混合动力汽车销售计划。也是在 2 月，苹果公司宣布，在启动超过 10 年、投入数十亿美元之后，终止自动驾驶电动汽车开发计划。

政府层面上，英国、瑞典、挪威早在 2022 年就停止了对电动汽车的补贴政策，德国从 2023 年 12 月中旬起停止补贴电动汽车。

如何看待这股"逆流"？网上有些极端观点认为电动汽车是西方针对中国的"阴谋"，甚至说这就是预设的"陷阱"。

对此我们要明辨是非，正本清源，保持战略定力，坚持一张蓝图干到底。

由上述国外知名企业的经营数据可以看出，2023 年，丰田公司全球销量约为 1120 万辆，连续 4 年居全球首位。其中，电动汽车只有 10.4 万辆，在整体销量中的占比不足 1%。福特公司 F-150 电动皮卡销量为 2.4 万辆，大大低于预期，背后的原因是工会罢工造成人工成本上升 25%，电动皮卡在成本上升的情况下，亏损加大。2023 年，奔驰全球销量为 249.16 万辆，其中电动汽车销量为 47 万辆，占比约为 19%，燃油汽车依旧是其销量的绝对主力。可见这几家汽车企业的"后撤"决定都是基于自身电动汽车发展未达预期、电动汽车市场需求疲软等因素做出的。相比燃油汽车的不愁卖、对集团利润的稳定贡献，电动汽车业务依旧需要持续投入。就具体企业战略而言，基于盈利的考量，放缓电动化进程也在情理之中。

至于苹果公司造车遇到挫折则早有征兆。2022 年，苹果公司曾将目标节点延后至 2026 年上市 L4 自动驾驶，或将放弃了 L5 自动驾驶。2023 年 1月，苹果公司再次调整造车方向，将车辆的自动驾驶级别从 L4 下调至 L2+，上市时间从 2026 年再延后 2 年至 2028 年。鉴于电动汽车市场竞争日益激烈，传统汽车制造商和新兴电动汽车公司都在快速扩张，苹果公司要在这样的市场中获得一席之地，需要拿出创新且具有竞争力的产品。然而，汽车行业的技术壁垒极高，特别是在电动汽车和自动驾驶技术方面，苹果公司可能面临技术开发中的重大挑战，最后不得不放弃研发电动汽车，这也是壮士断臂的无奈之举。

这些汽车企业在新能源汽车业务上的调整并非心血来潮，而是多种因素交织的结果。从外部环境看，全球经济的不稳定、原材料价格波动以及政策补贴的逐步退坡，都为新能源汽车的赢利带来了挑战。同时，充电基础设施的普及与用户接受也是一个漫长且需要大量投资的过程。这些客观条件使得汽车企业在推进电动化战略时面临巨大的经济压力和市场风险。从内部因素来看，汽车企业自身在电动化技术研发、生产制造以及市场推广等方面也面临诸多挑战。高昂的研发、生产成本以及激烈的市场竞争，都使得汽车企业在推进电动化转型时面临诸多困难。此外，汽车企业内部的战略调整、管理层的决策变化以及企业文化的转变等，也会对电动化业务的发展产生重要影响。

这些企业集体"后撤"的具体原因可以归纳为以下三点。一是巨大的燃油汽车市场仍有较大盈利，它们很难义无反顾地走向新能源汽车发展道路。到目前为止，这仍然是包括我国燃油汽车企业在内的全球燃油汽车企业"纠结"的原因所在。二是西方政府政策多变，不能保持战略定力。三是欧美国家能源结构和我国有很大不同。美国是石油出口国，油价低，不利于电动汽车发展。欧洲因俄乌冲突造成油气价格和电价均上涨、经济发展停滞、政府财力有限、补贴减少。我国电动汽车的充电价格仅为燃油汽车加油费用的五分之一甚至更低，与此不同，欧洲高昂的电价削弱了电动汽车的竞争力。在社交媒体上，有人专门在德国就此做过对比——特斯拉 Model 3 在 2024 年 1 月充满电的费用为 176 欧元，平均电耗 35 千瓦时 / 百公里，相当于百公里花费 21 欧元；而一辆与 Model 3 同级的燃油汽车加一箱油花费为 145 欧元，折算下来百公里花费 19.9 欧元。换句话说，在德国开电动汽车比开燃油汽车更费钱。

我们要清晰地认识到，"逆流"现象仅仅表明欧美日正放缓、调整汽车向电动化转型的节奏，绝不代表其要放弃。2025 年起，欧洲里程、排放测试方法将从此前的新欧洲驾驶循环（New European Driving Cycle，NEDC）切换为更为严格的全球轻型车辆测试规程（Worldwide Light Vehicles Test Procedure，WLTP），并将二氧化碳排放标准进一步降低至 95 克 / 公里。显然，仅提升燃油汽车减排技术已无法满足要求，提升电动汽车产销量是合规的必然手段。不仅是排放法规，欧美电动化政策的基本面尚未改变，"禁燃令"依然有效。在企业层面，奔驰和宝马宣布将以 50：50 的股比在中国成立合资公司，在中国市场运营超级充电网络，目前合资公司已经获批，可以开始运营建设；日产公司和本田开始讨论在电动汽车和车载软件领域进行合作；丰田公司凭借强大的技术专利优势，期待通过固态电池改变"在电动汽车领域落后"的被动局面。面对这一形势，我国绝不可掉以轻心，绝不可天真地以为电动化转型进程已经被"逆转"，更需要坚定我们的初心和使命。

在"上半场"，我国汽车企业在激烈竞争中表现不错，在全球新能源汽车发展中处于前列。我国新能源汽车产业拥有产业链成本优势、基础设施建设优势等基础先发优势，这不仅造就了"上半场"领先的地位，更为"下半场"竞赛奠定了良好的基础。

我们需要看到,"上下半场"并不是截然分开的。在新能源汽车进入市场之前,自动驾驶技术已经开始在燃油汽车上使用,但是大部分还是L0、L1的辅助驾驶技术,属于比较初级的自动驾驶技术的应用。而在汽车电子电气架构从分散走向集中的过程中,辅助驾驶技术的应用越来越多。新能源汽车出现后,电池包、电机本身都需要控制系统,二者之间又需要建立联系,这就为自动驾驶技术的应用提供了一个比燃油汽车更合适的平台。就自动驾驶技术本身而言,一方面,需要人工智能芯片与芯片驱动软件的协同,另一方面,人工智能还需要利用算法(软件)和大量的数据进行深度学习,这样才能拥有"智慧"。而新能源汽车本身就有前一个方面的需求,后一个方面的应用对新能源汽车而言则是顺势而为。所以L0、L1辅助驾驶技术在燃油汽车新车型上应用还有可能,L2及以上级别的技术在燃油汽车上应用则越来越困难。别的不说,只说电源,由于燃油汽车的电池只存储少量电能,电压只有12伏,自动驾驶技术的升级让运算速度更快、运算量更大,蓄电池储存的有限电量根本支撑不了计算平台的耗电量需求。而新能源汽车的电池容量要远远高于燃油汽车,动力电池的高容量对支撑自动驾驶技术具备天然优势。在新能源汽车中,纯电动汽车这方面的优势比混合动力汽车大。

当然,新能源汽车和自动驾驶汽车的着眼点不同。新能源汽车是从节能减排特别是减少汽车在运行中的二氧化碳排放的角度出发,紧迫性更高,进展也更快。而自动驾驶汽车是从减少驾驶人操作特别是误操作的角度出发,最终实现无人驾驶。二者的侧重点不完全相同,但是有比较大的交集。在发展的过程中,新能源汽车与自动驾驶汽车相互促进、相辅相成,最后实现的应该是全无人驾驶的纯电动汽车。

采用电驱动的新能源汽车,其动力输出更加直接、响应迅速,这对智能驾驶系统来说至关重要，因为系统需要根据周围环境即时反应，如避开障碍物、调整车速等。新能源汽车配备了更多用于动力控制和能量管理的传感器，这不仅有助于提高汽车能效，也可以为智能驾驶系统提供更为详细精确的数据输入，从而提高系统的决策能力和精准度。另外，电动汽车通常在设计上更容易集成先进的车载电子系统，而这些系统是实现智能驾驶所必不可少的，能为车辆提供全方位的安全保障和行驶支持。正因如此，新能源汽车更适合与智能驾驶技术相结合，这样既可提升车辆的安全性和行驶效率，又可为未来智能交通系统开辟更为广阔的发展前景。

汽车行业的百年大变局正在不断深化发展，决定胜负的还在"下半场"。能否真正实现超车，取决于我国汽车产业能不能乘势而上，打好"下半场"，实现智能网联汽车的超车目标。

9.1.2 决胜"下半场"的底气

2023 年 11 月，工业和信息化部、公安部、住房城乡建设部、交通运输部四部委联合发布《关于开展智能网联汽车准入和上路通行试点工作的通知》，明确在前期道路测试与示范应用的基础上，组织开展智能网联汽车准入和上路通行试点，推动量产车型产品上路通行和推广应用，在保障安全的前提下，促进产品的功能、性能提升和产业生态的迭代优化。这标志着智能网联汽车产业规模化发展迈出了关键一步。

从横向产业发展维度来看，智能网联汽车产业的发展正从技术研发、测试验证阶段向示范应用和大规模推广、商业化部署阶段推进。与此同时，从纵向产业结构维度来看，对产业发展居主导影响地位的要素正从环境竞争力、基础辅助竞争力和产业支撑力转变为企业竞争力、消费使用支撑力和社会需求支撑力。图 9-1 列出了智能网联汽车国际竞争力的具体指标。

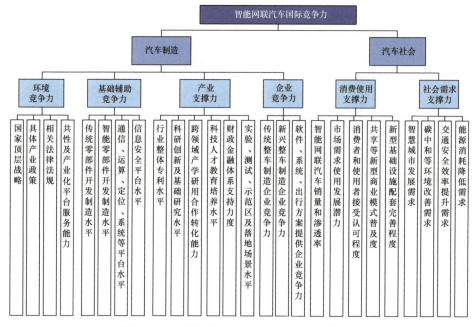

图 9-1　智能网联汽车国际竞争力的具体指标

　　说到我国发展智能网联汽车的潜力和优势，我们首先想到的自然是汽车大市场优势。我国自 2009 年以来一直是全球最大的汽车市场，2017 年达到一个阶段高点，销量为 2888 万辆，之后 3 年微幅下滑。从 2021 年开始，我国汽车产销量重拾升势，2023 年销量再创新高，超过 3000 万辆。由于同期出口 491 万辆、进口 80 万辆，国内市场的实际销量约为 2600 万辆。相比全球第二大市场美国 1550 万辆的数字，我国汽车销量还是高出约 1000 万辆。多年的产销量高速增长，使得我国汽车保有量已经连续三年保持世界第一，2023 年底达到 3.36 亿辆，而同期美国汽车保有量约为 2.8 亿辆。世界上几乎所有的汽车企业都不会忽视这样一个大市场，我国汽车企业的一举一动都会对全球汽车产业的发展趋势产生重要影响。利用好大市场的优势，我国可以形成相对完整的产业链供应链体系，毕竟靠近产销地布局产业链供应链是由经济规律决定的，绝不以某些人的意志为转移。

　　其次，在新能源汽车发展方面，我国保持了十年的领先位置并不断扩大优势。新能源汽车对燃油汽车已经形成了不可逆转的取代之势，我国新能源汽车的突破为发展智能网联汽车奠定了良好基础。

此外，我国具有互联网大国的优势。据统计，到 2023 年，我国上网人数已经接近 11 亿人。互联网催生了许多新业态、新模式，随着互联网的普及，各行各业涌现出许多利用互联网的创新应用。互联网进一步发展要解决物与物之间、物与人之间的连接问题，也就是构建物联网，实现万物互联。车联网有可能随着智能网联汽车的发展走在物联网应用的前列。我国汽车保有量超过了 3 亿辆，车与车、车与路、车与人、车与云之间的数据传输量规模惊人。只要我们做好顶层设计，建设好车联网，就完全可能把这方面的优势发挥出来，促进智能网联汽车的发展。

最后，我们还有移动通信技术的研发和应用优势、5G 网络建设全球领先的优势。在物联网的应用上，使用量最大、最有可能率先实现的就是车联网。只要规划建设好车联网，我国汽车产业就会如虎添翼，就有希望走出一条具有中国特色的、发展智能网联汽车的新路。

这里我想特别强调两点。

一是车路云协同发展是我国的优势所在。面对汽车智能化的两种实现方式，国外汽车企业往往采用单车智能方式，放弃车路云协同方式，这并不是它们不了解后者的作用和潜力，而是因为它们对基础设施的建设没有指望。众所周知，新能源汽车充电基础设施的建设在我国和其他发达国家之间形成了鲜明对比。正是由于我国中央政府统一规划，地方政府积极响应，行业部门之间、央地之间高效协同，新能源汽车才有今天的发展成效，这就是我国社会主义制度优越性的具体体现。

2024 年 1 月，工业和信息化部、公安部、自然资源部、住房城乡建设部、交通运输部联合发布了《关于开展智能网联汽车"车路云一体化"应用试点工作的通知》，力图建成一批架构相同、标准统一、业务互通、安全可靠的城市级应用试点项目，推动智能化路侧基础设施和云控基础平台建设。这有利于促进规模化示范应用和新型商业模式探索，有助于推动车路云协同的智能网联汽车发展。

二是信息基础设施为智能网联汽车发展提供了坚实保障。智能网联汽车不断深入发展，对移动通信网络的带宽、移动性、时延、连接能力，以及路侧基础设施建设等提出更高要求，而网络建设适度超前也是公共基础设施的普遍特点。一方面，5G 网络建设为智能网联汽车的发展打下了良好的基础。我国已建成全球规模最大、技术领先的移动通信网络，融合应用深度不断拓展，创新能力不断提升。2023 年，在巴塞罗那通信展上，华为公司全面展示了 5.5G（5G-A）技术的进展。该技术可更好地应用于 L4 自动驾驶道路交通服务等场景。以雨雾天气为例，5.5G（5G-A）网络可以自动感知道路障碍或异常，并在 1 公里以外通过地图通知驾驶人，保障出行安全。移动通信技术的发展历来遵循着循序渐进模式，大约 10 年演进一代，这是一个技术演进规律，全球规模最大、技术领先的 4G、5G 网络，事实上奠定了下一步建设 5.5G（5G-A）、6G 网络的坚实基础。另一方面，各部门积极推进智能交通基础设施建设。2023 年 11 月印发的《住房城乡建设部关于全面推进城市综合交通体系建设的指导意见》，提出实施城市交通基础设施智能化改造，推动"多杆合一、多箱合一"，建设集成多种设备及功能的智慧杆柱，感知收集动态、静态交通数据，在重点区域探索建设"全息路网"。2023 年 9 月交通运输部印发《关于推进公路数字化转型 加快智慧公路建设发展的意见》，致力于促进公路全流程数字化转型，推动实体公路和数字孪生公路建设，构建现代化公路基础设施体系。此前，公安部于 2020 年 10 月批准了行业标准《道路交通信号控制机信息发布接口规范》，规定了交通信号控制机信息发布的通信要求、信息格式与信息内容，有利于促进面向车联网应用的道路交通信号控制机标准的统一。

综合来看，比起"上半场"的发展条件，我国"下半场"发展智能网联汽车的政策成熟度、市场发育水平、技术迭代能力、商业模式和基础设施建设水平等都要优越得多。2024 年发布的《政府工作报告》明确提出，要巩固扩大智能网联新能源汽车等产业领先优势。我相信，我们拥有最大的机会赢得"下半场"的胜利。

9.2 | 落实共享理念：促进"出行即服务"

党的十八大以来，党中央提出创新、协调、绿色、开放、共享的新发展理念。有一些解读材料中将"共享"只理解为如何分配好发展成果，这将共享理念限制在一个很小的范畴内。其实，共享不只是分配问题，而是贯穿在发展的全过程中。自动驾驶汽车不断发展，最终带来的出行革命必将成为汽车强国博弈的关键主题。我们必须贯彻新发展理念，主动参与并引领自动驾驶的大变革。

9.2.1　出租车率先实践共享发展

共享经济可以把各种资源更好地利用起来，发挥最大效益。

共享经济自古有之，像邻里之间相互借用工具、粮食，读书人之间借书，但是这些共享一般不是或大多不是以获得收益为目的的，其互助性高于经济性。后来的二手市场实际上也是共享经济的产物，是随着市场经济的发展而出现的。人们将自己不用的物品拿到固定的"跳蚤市场"进行售卖，可以将闲置的资源利用起来，也可以获得相应的回报。

共享经济大发展还是因为有了互联网，特别是在 21 世纪初互联网发展到 Web 2.0 时期后，与之前只能被动地单方面接收信息不同，用户不再仅仅上网浏览一些网页，还可以将自己的信息发送出去，获得更多信息。数据流向也从单向下行或上行变成双向上下行，这些变化为共享经济发展带来了便利。我们利用网络既可以找到各种资源（包括滞销、闲置的物品），也可以将自己闲置的东西发到网上，让更大范围的人了解，还可以将世界各地的资源汇聚到一个网站，使买卖双方更容易成交。人们可以分类寻找自己所需要的物品，二手市场也完全可以搬到互联网上来。

除了网上购物，给我们留下深刻印象的另一个现象级共享活动应该就是共享单车了。2016 年 ofo 共享单车走向社会，形成了一场席卷全国的共享单车风潮。与 ofo 几乎同时进入共享单车领域的还有摩拜单车。共享单车在全国各大中城市风靡一时，民众很快就接受了共享单车的出行模式，两家公司也快速扩张，迅速占领新的市场，不断扩大单车的投放量。但是由于盲目扩张、管理粗放，乱停乱放和故意损毁的情况经常发生，ofo 率先因现金流断裂而破产，摩拜单车最后也被迫卖给了美团。现在大街小巷仍然可以看到共享单车，但是物是人非，美团、哈啰和青桔在市场上三足鼎立，我们已经看不到最早熟悉的 ofo 和摩拜单车的标志了。

也是在互联网进入 Web 2.0 时期的背景下，从 2013 年开始，国内出现了网络预约出租汽车（简称网约车）服务。这种商业模式在我国比其发源地美国发展得更快。先后有 40 多家网约车公司创立，滴滴、快的、优步是其中最大的三家公司。它们发现各大中城市存在巡游出租车价格高、用户约车时间久、服务差等消费"痛点"，以快速到达、低廉价格作为切入点，很快就从一线城市向二、三线城市扩展。不同于以往的巡游出租车通过用户在路口招手约车满足出行需求，网约车服务是依托网络服务平台来接收用户的租车需求，了解用户附近的出租车所在。网约车一旦接到用户订单，平台就可以从中抽取佣金。网约车平台公司的车辆大多不属于公司所有，司机也不是公司员工，车主与司机可以是同一人，也可以是不同人，这就体现了共享经济的发展模式。有车一族可以利用空闲时间到市场上接单，增加了收入，提高了汽车的使用率；出租车司机也可以通过平台匹配乘客，增强接单的及时性。网约车的发展形成了对巡游出租车的冲击，因而出租车管理部门一开始大多对这种商业模式采取抵制态度，将其作为"黑出租车"进行严厉打击。

但是，网约车既然能够在市场上存在，而且还受到用户的欢迎，就有其存在的理由。于是，如何看待并管理这个新生事物的问题摆在了管理者面前。最早给予网约车认可的是上海市。2015 年 10 月，上海市交通委正式向滴滴发放了经营许可，打开了一个认可网约车发展的口子。随后陆续有很多城市跟进，对网约车平台公司给予了准入。2016 年 7 月，交通运输部等部门联合发布了《网络预约出租汽车经营服务管理暂行办法》，这意味着网约车得到了国家层面的认可。

在得到国家正式认可之后，网约车呈现出了很强的竞争力，进入了快速发展阶段，取得资质的网约车平台公司迅速增长到 200 多家，取得网约车驾驶资质的司机超过 300 万人，取得运营资质的汽车超过 100 万辆。

网约车市场经过闹得沸沸扬扬的滴滴和快的"补贴大战"以及它们的戏剧性合并以后，有人担心会形成垄断，但是市场经济最大的好处就是，只要有需求，就会有新进入者。事实也是如此，在这种共享模式下，一些传统的出租汽车公司进行了转型，典型的如首汽约车。它利用网约车平台和出租汽车公司的实力，成功转向网约专车定位，配备的车型比巡游出租车要高一个档次，提供的服务比传统出租车更好，在激烈的竞争中打出了一片天地。另外，一些汽车企业纷纷进入这个行业，从最早的吉利公司创办的曹操出行、上汽创办的享道出行，到一汽、东风、长安三家共同创立的 T3 出行，还有美团与高德地图、携程、百度、哈啰共同支持的网约车平台联合接受订单的"聚合模式"。在出租车经营模式上也有各种各样的创新，除了出租车、专车，还有顺风车、拼车、代驾等形式，除了载客，还有大量的物流运输车也采用了这种模式。在共享经济的理念下，竞争各方利用网约车平台这种模式，形成了差异化竞争的格局。换句话说，就是竞争各方根据自身特点获取了同样的结果，最后受益的还是用户。

网约车的发展一直伴随着资本的力量。由于资本的逐利性，出现了利用大数据"杀熟"、顺风车没有纳入监管等问题，对这些不正当竞争行为一定要果断出手，构建公平竞争的市场环境，促进企业规范发展。

其实无论是新能源汽车还是自动驾驶汽车的推广，出租车行业都是最重要的行业之一，它不仅对新车型的用户认可具有教育示范作用，还具有更好地利用汽车保有量资源从而提高使用率的社会收益，这正是共享经济所追求的结果。

准确地说，网约车的发展是对传统出租车行业的一次变革。随着自动驾驶汽车 Robotaxi 在出租车行业的落地，将会出现新的出租车模式。2024 年，百度公司的萝卜快跑已经在北京、上海、广州、长沙、重庆永川等地落地。小马智行拿到广州、北京、上海的 Robotaxi 经营许可，上汽投资的享道出行拿到上海市的经营许可。现在投放 Robotaxi 的数量有限，但是这对积累数据、完善算法都具有很大意义，对智能网联汽车的发展、车联网的建立、车路协同的推进具有积极的作用。

9.2.2　智能网联汽车促成"出行即服务"

随着城市化的推进和人民生活水平的提高，人们的消费水平也不断提高，许多人有了购买私人汽车的能力。消费的拉动使得我国汽车市场在 2018 年以前保持了持续快速增长的态势，市场的不断扩大带来产品的丰富和价格的下降，又推动更多人购买汽车。整车价格从 3 万元到几十万元不等，各种不同价位的车型多到令人眼花缭乱，每个人根据自己的消费能力可以有多种多样的选择。车辆多了，随之而来的就是堵车，有时候自己开车上下班还不如乘坐公共交通工具方便，很多上班族又重新选择乘坐地铁等公共交通工具上下班，但是上下班高峰时段地铁也是人满为患。道路拥堵成了大中城市的常态，出行成了一个新的话题。由于没有那么多停车场，大量私家车不得不停在道路上，占用道路又进一步加重了城市的拥堵。

顺畅出行是大家对美好生活的向往，出行难是大中城市的难题，有没有更好的办法来解决大家的出行问题，成为我们必须正视的问题。2014 年，欧盟在芬兰首都赫尔辛基召开智能交通大会，在会上"MaaS 之父"桑波·希耶塔宁先生首次提出"出行即服务"（Mobility as a Service，MaaS）的概念。他将 MaaS 定义为通过出行服务提供商所提供的互联网界面了解用户的出行信息，通过实时匹配多种交通方式为用户提供解决方案，为用户量身定制出行套餐。不难发现，MaaS 与 SaaS、IaaS、PaaS 一脉相承又具有新意，一经提出立刻引起大家的关注。一些国家的互联网企业、汽车企业、公共交通运营企业和交通管理部门合作，在一些城市开始试运行，实践表明这是一条可行之路，也是利用互联网来解决交通拥堵问题的治本之策。

大概是受到共享单车的启发，在 2015 年前后，我国市场上也出现了一批经营共享汽车业务的公司，如 EVCARD、GoFun 出行、盼达用车、一度用车等。与网约车不同的是，共享汽车基本上不配驾驶人，用户下载 App，通过 App 可找到离自己最近的汽车，驾车到目的地后，可以驶入指定的停车场，也可以停在路边，但是利用后一种方式需要额外付一笔停车费。具有自动泊车功能的汽车可以自动开回附近指定的停车场。早期大部分车型使用的是新能源汽车，为了获得更多的政府补贴以减少购车成本，共享汽车公司大都选择 A0（小型车）甚至是 A00（微型车）级别的轿车。开始时一般都是采用分时租赁的经营模式，发展到后来，一些公司同时开发了分日、分月租赁的方式。国内主要的汽车企业也以不同方式加入这个行业，有的自己投资、自己经营，有的与其他企业合作经营。大部分企业采用风险投资的资金起步，最多的经历了 4 轮融资。

但是，潮起潮落，变化很快。经历了几年时间，大部分企业由于后续融资没有着落，加上经营上未能赢利，很快现金流出现了问题，这一批共享汽车公司接连倒闭。坚持得最久的 GoFun 出行也在 2021 年出现了经营危机，CEO 离职、大量汽车退出经营、裁减员工，虽然没有倒闭，但是基本上已经停止了经营。

认真总结一下共享汽车不成功的原因，也是很有意义的。我认为，最主要的还是共享汽车大多采用了一种重资产的模式，通过购买新车而不是充分利用社会上已经存在的汽车去经营。很多公司选择了 A0 级轿车，是因为当时国家对新能源汽车的补贴还比较多，A0 级轿车价格本来并不高，加上补贴后，实际购买价格往往比同样大小的燃油汽车低；但这只是一时情况，我们在 2013 年决定给购买新能源汽车的用户补贴时，就同时宣布了要采用退坡的方式逐年减少直至取消补贴。共享汽车公司要么是没有注意到这一点，要么是本来也没有打算长期干下去。其实运营共享汽车最好的方式还是采用轻资产方式，从大量闲置私家车中获取资源，把这一块资源盘活，就有取之不尽、用之不竭的后续发展资源，这也是共享经济的本来意义。在这一点上应该学习网约车的做法，关键是将车辆的信息与用户的信息通过网络服务平台进行匹配，找到一条可以长期持续并最终能够赢利的路径。例如，几年前带有自动驾驶功能的汽车还很少，现在达到 L2 的汽车越来越多，这为共享汽车自动找到用户创造了条件。有高级自动泊车功能的汽车都可以做到在不载人的情况下"招之即来"，使用结束以后自动回到指定停车地点。可以想见，随着自动驾驶功能级别的提升和普及，发展共享汽车的技术障碍将被基本排除。

共享汽车既是彻底改变长期以来的出行观念之举，也是充分利用好已有汽车资源的可行之路。通过整合闲置资源来提高资源的使用效率，通过效率的提高取得收益。共享汽车成功的标志应该是社会效益和经济效益双赢，带给用户的好处除了出行的便利、舒适的体验外，还有买车用车方式的改变。

回到 MaaS 来说，李彦宏在《智能交通：影响人类未来 10—40 年的重大变革》一书中总结 MaaS 有六大特征：一站式服务、以人为本、公共交通为先、共享化为基础、可持续发展、更好的经济性。我认同他的观点，如果进一步分析，以人为本这个特征在六大特征中更有根本性，这是彻底改变过去的认知和理念、改变经营模式的一次颠覆式创新。

要实现 MaaS，首先要获取用户出行信息，这在电子地图和导航普遍应用的今天没有太大问题，特别是中国年轻人对这些新事物具有独特的热情。一般而言，年轻人出门前都会查询一下道路状况、所需时间等信息，如果是自驾，还会进行导航。这些信息在各种图商那里都能找到。国内第一个进行 MaaS 试点的是北京市，北京市交通委员会与高德地图在 2019 年 11 月签署了合作框架协议，共同打造交通绿色出行一体化平台，以高德地图为基础，接入北京市公交车、地铁、长途汽车、共享单车、驾车等多种交通信息，为市民出行提供多种解决方案。这一合作促进了双方的服务质量提升，把导航引入人 - 车 - 路 - 云协同体系中，有利于进一步实现智能网联服务的社会价值。在出行前，高德地图会提供出行方式、路线方案、出行时间、路上用时、出行成本等全面的信息，帮助用户做出最优选择。在出行中，高德地图引入了"公交 / 地铁乘车伴随卡"，能直观显示用户位置、多久下车、拥挤程度、出口指引等信息。出行后，用户可以使用停车诱导、一体化支付等服务。该平台也在探索可持续的运营方式，同时探索建立激励机制，鼓励用户采用绿色出行方式，积累绿色能量。

这里最大的问题就是数据信息的开放共享。由于有北京市交通委员会的支持，公共交通的数据开放比较容易实现。由于有高德地图的应用，用户信息的获取也相对容易。双方将各自数据放到一个平台上就可以实现更多的应用，这是一个很好的切入点。但这还不够，因为图商不只高德地图一家，北京市除了公共交通工具的信息，还有大量的个人出行信息，这些都是下一步扩大平台的服务范围、整合更多资源尚需拓展的方面。万事开头难，走好第一步就为未来发展开辟了道路，只要坚持新发展理念，一定会走出一条共享出行的道路。

要做好 MaaS，政府的引导和支持必不可少，但是要实现可持续发展，就一定要发挥市场机制的作用，以企业化形式运营平台，平台的投资也应该以企业为主。一个城市是建立一个平台还是建立几个平台，各有利弊，需要研究，但是建立服务提供商的竞争机制却是必要的，垄断是不可能提供优质服务的。接下来还有各城市之间互联互通的问题，这还必须与有实力的平台跨区域发展策略结合起来考虑。

在共享经济条件下，很多现行的法律法规和管理办法已经不能适应发展的需要。在这方面，芬兰修订了过去的法律，从 2018 年 1 月 1 日起，强制性要求所有的交通服务提供商开放数据，这值得我们借鉴。随着数字经济的发展，如何对交通服务提供商进行监管和规范，也应该探索有别于传统的模式，需要在实践的基础上抓紧修订现有的法律，防止新规则遇到老裁判，动不动就被吹"犯规"。

MaaS 实际上是一个虚拟供应商，主要是搭建一个平台，然后进行供求信息方面的对接。数据信息是供应商自己的资源，其他交通工具都不属于供应商所有，所以流量关系到生存和发展，支付关系到供应商价值的体现。现在国内还没有能够做到一体化支付结算的 MaaS 供应商，这应该是下一步努力的方向。

MaaS 不仅打通了过去的公共交通体系，还在发展中不断地导入新的交通工具，比如共享单车、网约车、顺风车等。它在发展中也会对公共交通定点、定线、定站、定价带来冲击，让这些传统的经营模式随着个性化需求的变化而变化。

中国的人口多、城市化进程快、互联网应用广的国情，决定了 MaaS 在中国推广的必然性。早在 2019 年 9 月，中共中央、国务院印发的《交通强国建设纲要》就提出，"大力发展共享交通，打造基于移动智能终端技术的服务系统，实现出行即服务"。交通运输部等部门也陆续下发文件推进 MaaS 在各地的落地。

除了前文介绍过的北京市的 MaaS 实践外，深圳、广州、上海等城市也进行了各具特色的探索和实践。

深圳市的 MaaS 是对地铁＋公交车接驳模式的实践。2019 年，深圳市选取科技生态园作为 MaaS 落地的试点。科技生态园是深圳市高科技园区，有近 18 万个就业岗位，每天出行大约 20 万人次，其中 80% 采用的是公共交通工具。由于轨道交通未通达园区，人们只好搭乘地铁到达离园区最近的 3 个地铁站，然后骑共享单车或步行去上班。每天早上上班高峰时，经常出现地铁站出口拥堵的现象。从地铁站到工作单位，骑共享单车往往需要近 20 分钟时间，在高峰时段共享单车也供不应求；如果选择步行，则费时更长，上班族对此颇有怨言。深圳市了解到这个"痛点"之后，决定先开展用户需求调查。调查发现，这里的上班族大部分是"白领"，出行体验是第一位的，他们对票价多少不是十分敏感，他们最不能忍受的是夏天一身汗地进入办公室。深圳市决定用 MaaS 方式解决"最后一公里"的问题：以附近的 3 个地铁站为起点，设计 3 条固定的线路将地铁站与各楼宇连接起来，上班族在地铁上就可以预约到站时的车辆，MaaS 平台根据预约信息及时匹配车辆进行接驳，深圳市公交集团按照需求信息及时安排公交车的数量和发车间隔，满足了上班族的需要。

广州市则采用自动驾驶汽车来解决出行问题，选取黄埔区、广州市开发区为示范区，与百度公司一起联手打造 Apollo Park（广州）园区，在园区内设立了近千个自动驾驶接驳站点，配备了全球最大的自动驾驶汽车车队，包括自动驾驶出租车（Robotaxi）、自动驾驶客车（Robobus）、阿波龙（Minibus）、自动驾驶巡逻车（Apollocop），以及承担无人售货、保洁、消杀等功能的自动驾驶作业车等 5 种车型，为区域内市民提供自动驾驶出行服务。在凤凰湖社区，百度的 Robobus 还为社区居民提供固定线路的无人驾驶摆渡服务，解决了社区出行"最后一公里"的问题。百度的 Robotaxi 可以连接 50 多个站点，为知识城区域的市民提供无人驾驶出租车，可以直达九龙湖广场，满足了市民赏花赏景的需求。

上海市的 MaaS 是以公共交通企业和汽车企业为主组建的公司形式提供服务的。2022 年 1 月，上海市成立了随申行智慧交通科技有限公司，其股东中，上海申通地铁集团和上海久事集团是公共交通企业，上汽集团是汽车企业。5 家股东都是上海市国有企业，突出市场主导、企业化运作的特点，以整合公共交通资源更好地为市民出行服务为己任，以 App 等信息服务方式提供门对门的出行服务。

在此之前，2021 年 6 月，上海市出台了《上海市综合交通发展"十四五"规划》。上海市在加速绿色低碳交通转型发展中，采取了一系列具体举措。到 2025 年，上海将推进一站式出行体系建设，重点打造"出行即服务"（MaaS）系统，实现实时、全景、全链交通出行信息数据共享互通，建设融合地图服务、公交到站、智慧停车、共享单车、出租车、充电桩等统一预约服务平台。2021 年 1 月，上海市发布《关于全面推进上海城市数字化转型的意见》。上海市为促进城市数字化转型采取了若干政策措施，如推进交通出行数字化升级，探索政企联合机制，推进"出行即服务"（MaaS）系统建设，完善数据归集共享和推进统一支付模式。上海市交通委员会牵头，采用"小切口"，实现"深突破"。

纵观各地的做法，虽然各具特色，但共同点是以公共交通为主来整合各种资源，达到一站式服务的目标，都是先以用户需求信息为起点，实现各相关机构的数据开放共享。建立公共服务平台必不可少，但是有不同的模式。政府相关部门牵头，参与者有公共交通企业、互联网企业、自动驾驶汽车企业等。各地都针对用户出行的"痛点"，由点到面、由浅入深地推进 MaaS，取得了成效。

目前各地的 MaaS 实践，只是对出行规划和预订方式在局部区域的探索，还没有在全市范围内实现各种交通工具的整合，更不用说跨区域出行的一站式服务了。但是只要走出了第一步，取得为用户所认可的成效，再进一步向广度和深度去延伸，就会有事半功倍的效果，平台企业积极性也会不断增加。换句话说，如果一开始就贪大求全，往往"理想很丰满，现实很骨感"，并不一定能够到达理想的彼岸。

在未来的发展中，还需要把握好竞争和垄断之间的平衡。互联网产业发展的特点就是只有头部企业可以生存，如果新进入者简单模仿成功企业的做法，往往会很快失败。但是互联网产业发展的另一个特点是创新持续不断，应用更是一片蓝海，市场上存在大量的新商机，就看新进入者能不能够发现并抓住，抓住了就可能开辟出一片新天地。从这一点上说，成功者形成"垄断"并由此获取高额利润，也是对技术创新和应用的一种回报，这与自然资源垄断和行政性垄断是不同的。如果新进入者在技术上取得新突破，或者在技术应用上开创新模式，往往会颠覆原有头部企业的"垄断"。

9.2.3　立足当下，畅想共享未来

经常有人憧憬未来无人驾驶汽车投入使用之后的美好场景，到那时人们可以将汽车作为第三空间，自动驾驶系统可以将人们从驾驶汽车的烦琐和紧张中解放出来，人们坐在汽车里可以上网办公，可以与熟人聊天，可以听听音乐看看大片，可以享受生活的一切。真会如此吗？

我相信很多人都有乘坐飞机长途旅行的经历，在飞机上我们有了大量的空闲时间。我们如何度过这段时光？我们的感觉好吗？人们十之八九会回答糟糕透了，巴不得早点结束旅程，赶快离开这个空间。唯一不同的是，汽车允许独处，飞机则是很多人共处一个空间。但是将来随着共享经济的发展，

绿色出行更多是鼓励多人共享一个交通工具，独处的经历会很少，那么所有现在我们在长途飞行过程中的感受都会转移到无人驾驶汽车上来。更何况飞机自动驾驶早就实现了，只是考虑到安全和旅客的感受，一直都没有取消飞行员的配备，在起飞和降落过程中还是由飞行员而不是机器操控。设想一下，如果无人驾驶飞机可以搭乘旅客，也同时有飞行员操控的飞机，你愿意做何选择？

通过上述对比，我认为在大多数场景下，L4自动驾驶已经很好了，没有必要片面追求L5无人驾驶，特别是作为载客汽车，一般情况下也没有必要取消转向盘、操控踏板，可以让驾驶人在必要时随时接管对汽车的操控。只要通过不断完善自动驾驶功能，降低驾驶人的操控强度就已经很好了，完全没有必要非要"以机器取代人"。让驾驶人变成安全监控员，在必要的时候随时可以接管机器来操控车辆，这可能是两全的选择。

对于一些特定的使用场景则另当别论。比如在社区里的摆渡汽车，因为行驶的路线固定、行驶的速度很慢，采用无人驾驶方式未尝不可。又比如，在载货物流车方面，可以采取更加开放的政策，无论是在园区内的自动售货车，还是快递送货车，都可以先行一步。再比如，在矿区、港口、环卫、消防等特殊使用环境下，使用无人驾驶汽车尽可以先行一步。

在自动驾驶汽车推广的过程中，确保安全是第一位的要求，路面的情况远比空中飞行时的情况复杂。随着自动驾驶汽车级别的提高，对安全性的要求也应该同步提高，特别是在没有信息引导的情况时，人的随机应变能力一定会比机器强，为了以防万一，权衡利弊，保留转向盘和操控踏板是一个更为稳妥的选择。

前文介绍了共享单车的发展历程，虽然第一批共享单车企业因为经营管理等诸多因素并没有坚持下来，但是后来又有一批企业加入进来，这种新的共享经济模式得以保留。共享单车仍然是一种绿色便捷的出行方式，在我国各地每天为用户提供服务。随着自动驾驶汽车的不断完善，共享汽车早晚会出现，要吸取共享单车的经验教训。将来这一切都会给人们现有的购买、使用汽车的方式带来一场革命性变化，就像共享单车给骑车人带来的变化一样。

一是观念上的变化。汽车不再被视为财富、身份的象征，它将回归交通工具的属性。恰恰是中等收入群体最会算经济账，究竟是买车合算还是租车合算，他们会有自己的盘算，如果在任何时间、任何地点都可以租到一辆适合自己的车型，谁又会坚持非要买一辆车，却让汽车大部分时间停在停车场"睡大觉"呢？现在的问题就在于，无论是巡游出租车还是网约车，都不能做到在任何时间、任何地点，用户所要的车型随叫随到，所以用户必须购买一辆汽车自己使用。这不是一个理想的解决办法，甚至是迫不得已的解决方案。随着智能交通的发展，这种自购汽车出行的模式也会改变。在节能减排降碳的大趋势下，新能源汽车取代燃油汽车呈现加速趋势，采用共享换电模式还不如采用共享新能源汽车模式来得更快、更直接。自动驾驶汽车的发展会进一步加速共享汽车的实现。从用户的角度来看，随时随地共享使用带有自动驾驶功能的新能源汽车，何乐而不为呢？

二是对交通拥堵状况的改善。一旦实现了共享汽车，一个城市内完全不需要私人保有那么多汽车，使用率那么低，还占用了大量的路面和场地停车。MaaS 应该以公共交通为主，但是公共交通不能解决所有人"门到门"的问题，一定要有共享汽车、共享单车作为补充。设想一下，如果每个城市将汽车使用率提高一倍，让汽车大部分时间都在载客，现有的保有量完全能够满足使用的需求。行驶起来的汽车还可以减少停车对道路的占用，用户可以更加容易找到停车位。这是从根本上扭转恶性循环的好方法，应该结合 MaaS 示范城市的实际经验，从共享单车发展中得到有益启示，推进 MaaS 在更大范围的应用。

三是推广绿色低碳的出行方式。新能源汽车在改变我国长期以来石油大量依靠进口的局面方面起到了积极作用。虽然我国现在的发电量中新能源发电所占比例还不高，但是从近些年的发展来看，却呈现不断加快的趋势，在

"十四五"及之后的发展规划中，我国制定了雄心勃勃的新能源发展目标。我们有理由相信，清洁能源的比例会不断提高，这也很好地回应了有些人的担心。新能源汽车在使用过程中减少了尾气排放，对城市空气质量的好转做出了积极的贡献，这已经经过实践检验。对于全生命周期的二氧化碳减排问题，中国汽车工业学会在 2019 年进行过详细的分析论证，总体结论是，越小尺寸的车型，减碳的效果越明显，B 级以上的车型呈现相反情况。近几年，社会各界高度重视这个问题，纷纷采取行动以达成减碳目标。整车企业从轻量化上采取措施，使用铝、镁、碳纤维等材料；电池企业不断提高能量密度，并且应一些地方政府的要求，使用水电这种清洁能源生产电池，还在电池模组结构上想了很多办法，对减碳起到促进作用。下一步如果能够尽快将共享汽车发展起来，节能减排降碳的效果就会进一步显现。有了清洁能源驱动的新能源汽车，有了共享单车、共享汽车的出行方式，绿色出行一定会在不久的将来实现。

四是管理也需要与时俱进。国内一些管理机构在进行行业管理时往往保持着强大惯性，认为过去行之有效的管理办法就应该坚持下来。岂不知在数字经济发展的时期，新技术新模式日新月异，我们的管理讲到底还是要促进发展。共享经济的特征之一就是由发散到规范。在新模式发展的初期，应该给予探索者"试错"的空间，不能一开始就强调规范。辩证地看，新模式往往是不规范的，可能就是对传统规范模式的一种挑战。应该抱持先看一看的态度，千万不能一棍子打死。现在还有一个问题，就是在对行业发展进行规范时，往往只有开始期没有截止期，所以在规范期间，很多企业只能等待，以防止"撞到枪口上"。等待有可能导致丧失商机，等待有可能对上市公司市值产生不利影响。这些都应该统筹兼顾，防止顾此失彼。还有一个问题，就是要防止"合成谬误"。有些事情从某个角度、某个部门的立场来看是合理的，但是放到全局去看就不一定了，特别是我国发展中还有许多困难和问题，出台鼓励发展的政策要更积极一些，出台"收缩性"政策应该更谨慎一些，特别要防止部门之间不协调，对某个行业的某些企业接连进行"规范"，造成不利的后果。

9.3 | 高质量发展智能网联汽车

我国持续将智能网联汽车纳入国家发展战略，力图把握智能网联汽车发展历史性机遇，以实际行动贯彻落实好高质量发展要求，达成超车目标，实现汽车强国夙愿。

9.3.1　紧抓人工智能技术发展机遇

人工智能是引领这一轮科技革命和产业变革的战略性技术，具有溢出带动性很强的"头雁"效应。加快发展新一代人工智能是事关我国能否抓住新一轮科技革命和产业变革机遇的战略问题。伴随汽车产品形态和功能属性的扩展，汽车与人工智能的结合是任何一家汽车企业都无法回避的现实，必须尽早做好准备。

首先，在智能驾驶芯片领域，我国企业正奋起直追。从全球市场来看，除特斯拉 FSD 芯片是自己设计、自己使用外，80% 的市场已经被英伟达、Mobileye 等国际巨头占据，但是我国企业，如华为、地平线、黑芝麻等，正在迎难而上，奋起直追，借助我国汽车大市场优势和国内汽车企业的支持，其芯片已经在一部分车型上得到应用。尽管如此，我们还要对美国限制英伟达、Mobileye 芯片出口等保持高度警惕，防止在智能网联汽车发展中被"卡脖子"。

其次，在高度关注算力的同时，要特别重视软硬件协同带来的垄断。在通用大模型领域，英伟达公司的"GPU+CUDA"已经初步展现产业发展生态的垄断之势。据报道，英伟达公司在最终用户许可协议中明确要求，用户在安装 CUDA 11.6 及更高版本时，"禁止通过使用转换层在其他硬件平台上运行基于 CUDA 的软件"，这在业界引起了不小的震动。英伟达公司出手封杀第三方 GPU 公司兼容 CUDA 的行为，目的应该是维护其 CUDA 生态系统的霸权，这对那些依赖于模拟转换运行 CUDA 软件的第三方 GPU 公司带来了很大的冲击。这也再次提醒我们，汽车行业必须群策群力，高度关注培育、壮大中国的核心算法和软件工具。

再次，建设开源开放的操作系统开发生态十分必要。近年来，我在很多场合都呼吁要重视操作系统的开发，已经引起广泛关注。一些汽车企业正采用全栈自研的方式从车载向车控操作系统演进。但是我认为，全球汽车行业中只有少数企业有能力采用不开源的操作系统，对大多数企业而言，还是更希望有开源开放的操作系统。在统一的操作系统之上，汽车企业可以开发属于自己的个性化功能软件，将来汽车性能的好坏将取决于功能软件的好坏。一个统一的操作系统可以兼容异构的芯片，一定程度上也可以补齐我们在先进制程芯片方面的短板。

最后，数据作为新型生产要素，在智能网联汽车发展中将发挥至关重要的作用。随着新一轮科技革命和产业变革的深入发展，数据作为关键生产要素的价值日益凸显。发挥数据要素的放大、叠加、倍增作用，促进道路基础设施数据、交通流量数据、驾驶行为数据等多源数据的融合应用，有助于提高智能网联汽车创新服务、主动安全防控等水平，也是推动汽车产业高质量发展的必然要求。目前，座舱智能化应用成为行业热点，大模型加速上车，提升人机交互体验。据分析，特斯拉公司通过"影子模式"一直在持续收集大量的真实场景数据，近两年正采用"端到端"的深度学习方法持续加强算法训练，不断提升车辆智能化水平，目前已经走在行业的前列。场景库是辅助驾驶、自动驾驶领域竞争的关键资源，对我国汽车、电子信息等行业企业而言，如何充分发挥我国的丰富应用场景、数据资源等优势，是行业面临的共性问题。我认为，应该采用系统工程方法，统一思想，加强协同，加快探索基于大模型的场景生成、基于数据确权和可信安全计算的场景资源共用等技术突破与合作机制，将大家组织起来，集各家所长，有效保障各方权益，联合共建智能网联汽车产业发展所必需的共用场景库，在"下半场"打团体赛。

9.3.2　汽车现代化的中国模式

党的十八大以来，习近平总书记多次对我国汽车工业的发展问题做出重要指示。2014 年 5 月 24 日，他在考察上汽集团时明确指出："发展新能源汽车是我国从汽车大国迈向汽车强国的必由之路。"这为中国汽车产业的转型发展指明了方向，擘画了中国新能源汽车快速发展的宏伟蓝图。

正是在方向明确的前提下，中国汽车产业经过不断探索、试错和总结，走出了一条发展新能源汽车的中国道路，在新能源汽车赛道上后来居上，实现了汽车产业的转型发展。

在"上半场"已经争取到新能源汽车发展战略主动的中国汽车产业，也有最大的机会获得"下半场"智能网联汽车产业竞争的胜利，实现真正意义上的超车，并将成功引领全球汽车产业的转型升级。

我认为，面对"下半场"的新挑战和新机遇，我们在着力发展新能源汽车过程中积累的"五大经验"完全可以参考并灵活复用到发展智能网联汽车的新征程中。

一是在党的领导下，发挥我国社会主义制度的显著优势，集中力量办大事。进一步加强多部门协同，强化合力。全面贯彻落实党中央、国务院决策部署，充分利用好部际协调机制，坚持系统观念，加强战略性、系统性、前瞻性谋划，明确战略重点、优先顺序、主攻方向和推进方式，强化政策协同，加快智能化网联化协同发展。同时加强中央政府与地方政府的工作联动。以智能网联汽车准入和上路通行试点、智能网联汽车"车路云一体化"应用试点等为抓手，鼓励地方政府针对行业热点、难点和痛点，出台相应支持政策，央地联合以加快促进产业创新发展、夯实安全底线。

二是抢抓人工智能技术爆发带来的智能网联汽车的发展机遇。汽车工业产业链长、辐射和带动作用强，对国民经济的拉动作用和贡献十分突出。因此，从全球维度看，目前发达国家无论如何都不会轻易放弃汽车工业。汽车工业也绝不仅限于企业间的技术产品竞争，而是充分体现了国与国之间的竞争。我们必须抓住机遇，在新能源汽车争取换道赛车战略主动后，进而在自动驾驶阶段扩大战果，实现汽车强国目标。

三是保持战略定力，坚持一张蓝图干到底。我国新能源汽车市场的迅速发育成长，是我国政府保持战略定力、持之以恒办成事的典型例证。我们既要看到我国发展智能网联汽车产业的优势和潜能，也绝不能忽视我国产业链尚不完善、关键技术方面产业链供应链存在"卡脖子"和断供风险。发展过程不可能一帆风顺，需要全社会坚持不懈地久久为功。

四是构建以企业为主的创新体系。我国新能源汽车的发展，得益于政府引导、市场主导、以企业为主体、产学研用紧密结合的技术创新体系的建立和不断完善。智能网联汽车是跨界融合的产物，我们必须支持鼓励跨行业跨领域的企业不断融合发展，强化企业创新主体地位，鼓励、支持相关企业坚持需求导向和问题导向，整合操作系统、算力、算法、数据等资源，加强战略协同，避免"百模大战"等低水平、雷同复制的不良竞争，杜绝资源浪费。

五是政府从顶层设计、技术创新、标准体系、财税政策等各方面积极引导。当然这些也都贯穿、渗透在前述四方面的成功经验中。

新能源汽车产业从无到有、从小到大、由大到强的"五大经验"，还将继续支持智能网联汽车产业的发展。如此持之以恒，我们终将走出一条"单车智能 + 车网互动 + 车路协同"的具有中国特色、适合中国国情的技术路线。

智能网联汽车的发展，在依靠汽车行业现有基础的同时，也远远超出了汽车行业自身，需要芯片、软件、操作系统、产业生态等跨领域及信息行业、能源行业等跨行业的协同，因而更需要政府部门的统筹、组织和推动。我们在芯片、软件、操作系统方面都有做得不错的企业，但普遍都是在局部领域、星星点点，现在需要做的就是把这些闪亮的"珍珠"找齐，穿成"项链"，使之形成合力，为智能网联汽车的发展提供支撑。

在这中间，政府部门要充分发挥统筹和引导作用，同时企业要在充分的市场竞争中实现优胜劣汰。

我在《换道赛车：新能源汽车的中国道路》一书中明确提出，汽车行业在多年的艰苦实践过程中，深刻体会并收获了"四个自信"：道路自信、理论自信、制度自信、文化自信。我坚信，不久的将来，我国一定会成为名副其实的全球汽车产业"火车头"，真正跻身汽车强国行列，实现中国模式的汽车现代化。

当今，人工智能技术的发展和应用对经济社会发展带来巨大的冲击和挑战，全球汽车版图正处在产业大变革的关键十字路口。智能网联新能源汽车的崛起和突破，标志着这场大变革日渐深入。

我们汽车人肩负着实现汽车强国的重大使命，务必在智能化和动力革命的浪潮中奋力前行，坚定不移地推动高质量发展，审时度势，主动作为，换道赛车，志在超车。我们要以无畏的勇气和广阔的视野，放眼全球市场，在与世界汽车强国的激烈竞争中，凭借卓越的创新能力和坚韧的开拓精神，不断积累专业实力，引领新一代汽车技术革命。因为我们深知，只有在市场化竞争中脱颖而出，中国汽车才能在全球汽车舞台上站稳脚跟，尽展风采。

与此同时，智能网联新能源汽车也为全球汽车业界开辟了广阔的合作空间，成为构建人类命运共同体的磅礴力量。我们要坚持高水平开放，秉持合作共赢的理念，与各国汽车业者紧密携手，共同应对全球气候变化、汽车安全和效率等严峻挑战，研发绿色技术，推广低碳出行，完善自动驾驶技术，为全人类提供绿色、智慧、安全的汽车产品和服务。这不仅是我们对未来的承诺，也是构建人类命运共同体的实际行动。

智能网联新能源汽车正成为汽车产业创新的核心，展现出软硬件协同、车路云能融合的丰硕成果，彰显机械、电子、信息技术的完美融合。它代表着新质生产力的发展方向，将成为增进人类福祉的重要载体，穿梭于世界各地，带去便捷和舒适；驰骋在广袤无垠的大地上，传递着绿色与希望；驶向未来，寄托着人类对美好生活的向往。在全体汽车人的共同努力下，这一伟大愿景必将实现！

后记

呈现在读者面前的这本书，是我继《换道赛车：新能源汽车的中国道路》之后，对汽车产业百年大变局的第二本行思录。这两本书的思考和写作，我基本上是同步进行、彼此照应的。在我看来，它们其实就是同一部书的上下两册，本质上是对这场史无前例的产业大变局不同侧面的逻辑阐释。二者的区别在于分别聚焦大变局的"上半场"和"下半场"：如果说《换道赛车：新能源汽车的中国道路》是对"上半场"的回顾梳理与思考总结，那我写作这本《志在超车：智能网联汽车的中国方案》的初衷是就将它定位为对"下半场"的前瞻研判和动员号角。

围绕汽车智能化网联化革命展开的"下半场"竞赛，事关我国汽车产业高质量发展的全局，是汽车强国建设的攻坚决战。作为一名汽车人，我深感责任重大，希望能继续奉献我的一份力量，剖析汽车产业大变革的新时代特征，阐释产业跨界融合的实践与挑战，探讨我国在智能网联汽车领域的特色化差异化发展路径、如何将难能可贵的"上半场"优势转化为"下半场"的胜势、如何推进和完善我国在这一领域的前瞻性布局，争取为我国汽车产业实现全球引领提供一些有参考价值的建议。至于我的写作目标是否最终达成，就有赖于各位读者朋友的评判了。

需要特别说明一点，本书书名里的"方案"一词，并不是指智能网联汽车领域的中长期"规划"或短期具体"计划"，也不是指产业发展"战略"或"模式"，而是指我国汽车产业投身汽车智能化网联化革命的"愿景"和"路径"，请各位读者在阅读过程中明鉴。

本书沿袭了《换道赛车：新能源汽车的中国道路》的体例，继续邀请

2022 年度"中国好书"《中国制造：民族复兴的澎湃力量》作者、赛迪研究院曾纯同志协助我搭建图书框架、整理素材、提炼观点、润色文字、完善书稿内容与形式，为此他倾注了大量的时间、精力和心血；本书同样收录了曾纯对我的 3 个专题访谈的内容，突出了本书期望强调的重要观点。书稿交到出版社后，国家智能网联汽车创新中心李克强院士，中国汽车工程学会张进华，工业和信息化部装备工业发展中心瞿国春、刘法旺，人民邮电出版社王威、王亚明、韦毅、王茜和其他编校、质检同事，在完善书稿内容、优化表现形式、修正遗漏失误、契合出版规范等方面做出了诸多贡献，在此一并向以上同志表示诚挚的谢意！

通用人工智能曙光乍现，自动驾驶技术逐步普及，智能网联汽车产业生态正在形成，智能汽车新时代需要更多研判行业发展新趋势的通识读本。我相信，在本书之后，一定会涌现出更多聚焦智能网联新能源汽车主题的优秀作品。

苗圩

2025 年 1 月